셀 교회론

박영철 지음

셀 교회론

2004년 9월 15일 · 제1판 1쇄 발행
2017년 2월 25일 · 제1판 9쇄 발행

지은이 | 박영철
펴낸이 | 이요섭
펴낸데 | 요단출판사

주 소 | 07238 서울특별시 영등포구 국회대로 76길 10
기 획 | (02)2643-9155
영 업 | (02)2643-7290~1   Fax (02)2643-1877
등 록 | 1973. 8. 23. 제13-10호

ⓒ 박영철 2004

정가   15,000원
ISBN 978-89-350-0949-7 03230

이 책의 저작권은 저자가 소유하고 있습니다.
저자와 출판사의 사전 승인 없이 책의 내용이나 표지 등을 복제, 인용할 수 없습니다.

요단인터넷서점 www.jordanbook.com

추천의 글

1989년 셀 교회의 아버지로 일컬어지는 랄프 네이버 박사가 쓴 「셀 교회 지침서」(원제 : 우리는 여기서 어디로 갈 것인가? *Where do we go from here?*)는 우리 시대에서 지상의 적지 않은 예수의 몸된 교회들로 하여금 신약 성경적인 교회의 본질이 무엇인가를 고민하게 하고 교회성장운동으로 더 이상의 성장을 가져오지 못하는 정체에 직면한 현대 교회들로 하여금 바람직한 지상명령 성취의 모델 교회를 찾아 나서게 한 직접적인 전기가 되었습니다. 저는 개인적으로 마르틴 루터의 95개조 반박문이 종교개혁의 도화선이 되었다면 랄프 네이버 박사가 쓴 이 책은 제2의 종교개혁의 도화선을 만든 책이 아니었나 싶습니다. 추천의 글을 쓰고 있는 저 자신도 1991년에 이 책을 처음 읽은 지 꼭 10년이 지난 후 마침내 나의 마지막 목회의 방향으로 셀 교회를 선택했기 때문입니다.

저의 존경하는 친구인 박영철 교수님은 한국 셀 교회 운동의 파이어니어라고 할 수 있습니다. 그는 신학자이지만 또 하나의 실천신학의 이론으로 셀 교회 비전을 붙잡은 분이 아닙니다. 그는 일찍부터 제자훈련에 개인적인 헌신을 하신 분으로 이제 개인적인 제자양육의 비전을 넘어서서 교회공동체의 질적 갱신과 공동체적인 울타리 안에서의 제자양육의 비전으로 셀 교회를 만나게 되신 것입니다. 그는 바쁜 신학교수의 삶의 마당에서도 친히 필요한 시간을 만들어 셀 교회를 실험하고 또 셀 교회를 개척하거나 셀 교회에로의 전환을 모색하는 모든 교회와 목자들에게 교파를 초월한 멘토의 역할을 기쁨으로 감당해 오셨습니다. 이제 그분의 셀 교회의 신학과 비전, 그리고 그 실천적인 대안과 전략이 한 권의 책으로 나오게 된 것을 한국 교회를 위한 비할 데 없는 축복이라고 생각합니다.

저는 전 세계 셀 교회의 비전을 위해 랄프 네이버를 예비하신 우리 주께서 한국 교회의 새로운 갱신과 도약을 위해 박영철 교수님을 준비하셔서 이 책을 주신 것으로 확신합니다. 지난 20여년 간의 박 교수님의 연구와 실험의 결정체인 이 책으로 저자는 복음의 본질에서 시작하여 만인 제사장의 교리에 입각한 성도의 진정한 정체성의 필연에서부터 셀 교회의 성경적인 필요를 우리에게 차분하게 설득합니다. 그리고 이 책을 놓는 순간 우리는 셀 교회의 거룩한 소명을 접하게 될 것입니다. 이 책은 단순하게 교회성장을 위한 또 하나의 전략을 모색하는 분들에게 반드시 적절한 책은 아닐지 모릅니다. 그러나 교회의 본질을 고민하고 진정한 인간 변화로서의 성장을 모색하는 이 시대 한국 교회의 모든 목자들에게 이 책은 지나칠 수 없는 필독서가 될 것입니다.

오늘의 한국 교회는 위기에 처한 한국 사회 못지않게 딜레마에 직면하고 있습니다. 더 이상의 성장의 조짐 없이 지루하게 지속되는 정체의 터널과 지도력의 윤리적인 붕괴로 한국 교회는 우리 사회의 희망이기보다 오히려 불편한 짐이 되고 있다는 느낌입니다. 그럼에도 불구하고 한국 교회는 다시 한번 성장해야 하고 다시 한번 새로워 져야 합니다. 교회는 마땅히 세상의 빛이어야 하고 소금이어야 하기 때문입니다. 셀 교회는 성장과 변화를 함께 약속하는 유일한 대안입니다. 한국 교회는 절망하기에는 그동안 너무나 과분한 주의 축복을 경험했습니다. 여기서 끝날 수 없지 않습니까? 그렇다면 우리는 랄프 네이버 박사가 던진 질문을 물어야 합니다. 이제 우리는 여기서 어디로 갈 것입니까? 이 절박한 물음에 대한 절박한 해답으로 저는 감히 이 한 권의 책을 추천하고 싶습니다.

주후 2004년 9월에
함께 셀 교회의 동역자 된
이동원 목사 | 지구촌교회

Contents

추천의 글 | 3
서문 | 7

제1부　그리스도인이여, 변화된 자여라! | 13

1장 복음이 가져다 주는 과격한 변화 · 17
2장 복음의 본질 · 47
3장 복음이 가져온 삶의 과정과 목적의 변화 · 76

제2부　그리스도인이여, 사역자여라! | 107

4장 모든 그리스도인이 제자이다 · 111
5장 전신자 제사장직 교리 · 126

제3부　그리스도인이여, 그리스도의 지체여라! | 151

6장 교회의 본질과 사명 · 154
7장 공동체 신학과 셀 교회 · 181
8장 역사 속의 셀 그룹 · 198

제4부　그리스도인이여, 셀이여라! | 227

9장 셀 교회의 기본 개념들 · 229
10장 셀 그룹의 실제 · 250
11장 셀 교회의 양적 성장과 질적 성장관계 · 276
12장 셀 교회에서의 성경교육 및 훈련 · 298
13장 셀 리더 양육방법과 과정 · 328
14장 셀 교회로의 전환 전략 · 347

참고문헌 | 364

서문

2005년도에 한국에서 시작되어 전세계에 충격을 준 단어가 있다면 그것은 "줄기세포"이다. 특히 한국인들에게는 자긍심을 갖게 해준 축복의 단어이기도 했다. 그러나 줄기세포 진위여부의 논란이 가중되면서 "줄기세포"라는 단어는 결국 온 국민들을 허탈과 분노와 좌절 속에 빠져들게 만든 허망한 단어가 되어버렸다. 줄기세포 연구결과의 진실여부를 확인하는 결정적 근거는 유전인자(DNA)를 검사하는 일이다. 생명체의 근원으로서 세포 속에 들어 있는 DNA를 밝혀야지만 그 진위여부가 밝혀지는 것이다. 그만큼 DNA의 존재가치는 근원적 의미가 있기도 하지만 중요한 것이다.

오늘날 한국은 물론이고 전세계적으로 기독교계에서 가장 관심을 집중시키고 있는 단어는 셀(CELL, 세포)이다. 어떤 이에게는 셀 교회가 교회성장의 마술적 힘을 가진 용어로, 어떤 이에게는 앞서가는 첨단교회 모델로 이해되어 관심을 집중시키고 있다. 마찬가지로 셀 교회에 대한 정확한 이해를 위해서는 셀 교회의 DNA를 파악해야만 한다.

본서는 기독교신앙의 본질인 복음과 교회와 전신자 제사장직 교리라는 세 가지 측면에서 셀 교회를 조명한다. 셀 교회는 단순한 교회성장방법이 아니라 신앙의 본질을 회복하고 그 본질을 실현시키고자 하는 정신을 중심으로 이루어진다. 따라서 이러한 정신을 이해하지 못한 채 조직과 구조를 셀 교회로 전환한다고 해서 셀 교회가 이루어지는 것은 아니다. 오늘날 많은 교회들이 셀 교회의 DNA에 해당하는 정신을 알지 못한 채 셀 교회로 전환하는 붐을 일으키고 있는데, 저자는 이러한 교회들을 "정신 나간 셀 교회", 또는 "정신 빠진 셀 교회"라고 부르기를 주저하지 않는다.

셀 교회의 세 가지 결정적 정신은 다음과 같다. 첫째, 그리스도의 주님 되심 앞에 철저히 복종하는 정신. 둘째, 모든 교인들이 복음의 사역자로서 사역하는 교회가 되는 정신. 그리고 셋째, 교회의 본질로서 영적 가족공동체를 실현하는 정신이다. 이러한 정신은 필자가 오랫동안 풀지 못한 몇 가지 숙제와 밀접한 관계가 있다. 그것 중 하나는 오늘날의 그리스도인의 모습이 신약성경에 나타나는 그리스도인의 모습과 왜 그토록 달라 보이는가라는 의문이었다. 이것은 그리스도인의 자기 정체성(self-identity)의 문제와 그에 따른 삶의 모습(라이프스타일: lifestyle)의 문제로 연결된다.

또 다른 숙제는 신약성서의 교회 모습과 오늘날의 교회 모습이 너무도 다르다는 사실이다. 물론 시대가 바뀌고 무려 2천 년이라는 긴 세월이 지나갔으니 교회의 여러 면들이 달라질 수밖에 없는 것은 사실이지만 문제는 교회의 본질과 사명에 있어서 성서가 말하는 교회의 그것들과 오늘날 교회의 모습이 너무도 다르다는 사실에 있다. 겉모습과 형식은 얼마든지 다를 수 있다 할지라도 내용과 본질은 아무리 시대가 달라졌다 할지라도 동일한 것이어야 하는데 바로 이 본질에 관한 내용상의 차이가 크다는 사실 앞에 큰 문제의식을 느끼지 않을 수 없는 것이다. 성경에서 보는 교회의 모습은 하나님의 가족으로서의 사랑을 나누는 사랑공동체로서의 유기적(organic) 관계를 보여주는데 반하여 오늘날의 교회는 조직과 기구 속에서 제한된 사랑의 관계만 있다고 생각한다.

셀 교회는 단순히 교회의 조직을 셀 중심으로 바꾼 교회가 아니다. 그것은 보다 본질적인 문제에 관하여 신학적 관심을 집중한 교회이다. 그리스도인 됨의 의미에 대한 재정립으로부터 그리스도인에게 발생한 제사장으로서의 신분의식 재규정, 그리고 더 나아가 하나님의 가족으로서의 교회공동체에 대한 새로운 이해로부터 셀 교회는 그 토대를 둔다. 따라서 셀 교회는 교회성장의 또 다른 모델이나 방법(know-how)이 아니라 기독교 신앙의 본질회복을 위한 노력이며, 하나님께서 창세로부터 그 마음에 품으셨던 교회의 실현을 위한 노력의 결정체라 할 수 있다.

성경은 그리스도인이란 삶의 목적과 동기와 이유가 그리스도를 위한 것으로 바뀌어 새롭게 된 자라고 명백히 가르치고 있다. 우리는 이따금 자신의 모든 재산을 팔아 다른 사람에게 나누어 주거나, 거액을 교회에 헌금하거나 또는 자신의 지위나 위치를 주님을 위해 포기하여 주님께 전폭적인 헌신을 하는 사람을 만나면 모처럼 대단한 간증거리를 만난 것처럼, 매우 특별한 헌신자를 만난 것처럼 생각하고 관심을 집중한다. 그러나 신약성서 시대의 그리스도인들은 어떠했는가? 전폭적인 삶의 헌신은 사도나 기타 교회의 중요한 지도자의 위치에 있던 사람들에게만 요구되고, 소위 "평신도"라 일컬어지는 일반적인 그리스도인에게는 전폭적인 헌신까지는 요구되지 않았단 말인가? 유대인들은 유대교로부터 출교당하는 위험부담을 무릅쓰는 한이 있더라도, 그리고 로마인의 경우는 더 이상 햇빛을 보지 못하고 지하묘지로 숨어

다니며 전전긍긍하는 삶으로의 전락을 무릅쓰는 한이 있더라도 당당하게 공중 앞에서 공개적으로 침례를 받음으로써 자신의 변화된 신분선언으로부터 순교의 잔을 마시기까지 "새로운 피조물"로서의 획기적이면서도 혁명적인 삶을 살았던 것이다.

오늘날의 그리스도인들은 어떠한가? 교회를 다닌 지 벌써 여러 해가 지났음에도 불구하고 아직도 구원의 확신조차 없거나, 또는 구원을 확신하고 기쁨과 감격의 새로운 삶을 시작했다 할지라도 그리스도를 자기 삶의 주인으로 인정하고 그분께 모든 삶의 통제권을 내어드리고 그분만을 위해 사는 헌신을 하지 못하고 있는 그리스도인이 얼마나 많은가? 그리고 주님만을 위해 사는 것은 결국 "성장한 소수 그리스도인들만의 것"이며, 모든 그리스도인이 주님만을 위해 사는 일은 불가능할 뿐 아니라 하나님께서도 모든 그리스도인이 그리스도의 절대주권을 인정하며 그분만을 위해 사는 삶 속으로 들어가도록 기대하지는 않으신다고 적당히 얼버무리고 있는 것은 아닌가?

"천하를 어지럽게 하며", "염병으로서" 엄청난 일대 파란을 일으키며 급속히 지중해 연안 일대로 번져가던 그 엄청난 복음의 가공할 만한 위력은 초대교회에만 있었던 시대적 상황이며 하나님의 특별한 섭리가 낳은 일시적 현상일 뿐, 결코 오늘날 그리스도인들에게는 해당되지 않는 먼 역사 속의 일에 불과할 뿐이란 말인가? 과연 우리는 얼마나 자주 그리스도인으로서 또는 교회로서 이 세상에 복음의 위력을 당당하게 펼쳐 보이고 있는가? 이와 같은 비성서적인 현상은 어디에 기인하는 것인가? 도대체 무엇 때문에 지극히 당연한 일이 매우 특별한 일인 것처럼 보이게 되었는가?

지금까지 지적한 개개 그리스도인의 차원에서의 문제와, 교회로서의 정체된 성장과 영적 생명력의 상실 문제, 그리고 모든 교인들이 복음의 제사장직분을 감당하는 교회로까지 성장하지 못하는 문제는 결국 여러 가지 문제들이 아니라 한 가지 문제로 귀결된다고 여겨진다. 왜냐하면 교회의 본질이 개개 그리스도인이며 그 본질인 개개 교인이 어떠한 영적 상태와 수준의 삶을 살아가고 있는가가 그 교회가 어떠한 교회인가를 결정짓기 때문이다.

필자는 이러한 문제의 근본 원인을 진단하고 문제의 해결책을 찾기 위해 지난 20여 년간 실로 다각적으로 연구하며 면밀히 조사해 왔다. 교회론과 그리스도인의 삶과 본질에 관한 신학적인 측면에서의 검토, 또한 그러한 문제들에 관한 성서적 검토, 그리스도인의 영적 성장을 돕기 위한 일대일 양육이나 소그룹 상황, 전체 교회생활과 교인들의 영적 성장과의 함수관계, 그리고 미국, 영국, 동남아, 남미 등지에 있는 셀 그룹교회들에 대한 현지방문 연구 등은 필자가 오랫동안 가져온 의문점을 해소하는 데 결정적인 도움을 주었다. 필자 나름대로 이해하고 파악한 내용을 교회에서 적용해보며, 그리고 신학교에서의 강의와 목회자들을 위한 세미나 등에서 발표하면서 거듭거듭 확인하며 확신하게 된 내용들을 보다 많은 동료 그리스도인들에게 나누어야 한다는 책임감을 통감하며 본서를 저술하게 되었다.

제1부에서 필자는 셀 교회의 근간을 이루는 그리스도인 됨의 의미와 복음의 본질을 신학적으로, 그리고 성서적으로 재조명하고 재해석함으로써 초대교회 그리스도인의 라이프스타일과 현대 그리스도인의 라이프스타일의 차이점의 근본 원인을 진단하고 그리스도의 주재권

회복이라는 셀 교회의 근본정신을 드러낸다.

제2부에서는 제자의 개념, 제자훈련의 필요성, 그리고 전신자 제사장직 교리를 성서를 바탕으로 집중적으로 검토함으로써 중생한 그리스도인이면 누구나 예외 없이 그리스도의 제자이며, 그리스도의 제자이면 누구나 예외 없이 복음의 제사장으로서의 사역을 평생토록 감당해야 한다는 성서의 기본명제를 입증함으로써 셀 교회가 지향하는 바 모든 그리스도인이 복음의 사역자로서의 역할을 감당하도록 한다는 셀 교회 정신을 조명한다.

제3부에서는 셀 교회가 뿌리를 두고 있는 교회론을 다룬다. 그리스도인의 영적 성장은 결코 개인적인 차원에서만 이루어지는 것이 아니라 대부분이 교회라는 신앙공동체를 통하여 이루어지기 때문에 신앙공동체로서의 교회 본질을 이해함은 셀 교회를 이해하고 그러한 교회 실현을 위해 절대적이다. 신약성서에 소개된 교회의 본질을 중심으로 특히 유기적 관계를 중심으로 한 영적 사랑공동체로서의 교회를 실현하는 정신을 심도 있게 다룬다.

제4부에서는 신앙공동체로서의 교회 모습인 셀 교회의 실제를 집중적으로 다루었다. 지난 25여 년간 전세계적으로 확산되고 있는 셀 그룹 교회의 구조, 기능, 활동, 프로그램 등이 소개된다. 아무쪼록 본서가 모든 그리스도인이 복음을 위한 제사장으로서의 자기 신분의식을 자각하고 그 신분의식에 걸맞게 평생 주님을 위해, 그리고 주님의 복음을 위해 헌신하는 교인들로 가득 차는 교회로 변화되는 일에 한 부분을 감당할 수 있기를 겸손히 기도한다.

제1부

그리스도인이여, 변화된 자여라!

셀 교회의 목적은
각각의 그리스도인의 영적 상태를 구체적으로 파악하고
그의 문제를 실제적으로 돕는 것이다.

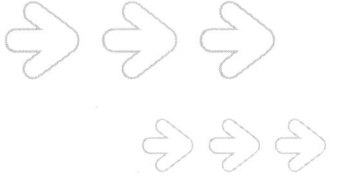

　예수를 그리스도로 믿는 사람들에게는 엄청난 변화가 일어나기 시작했다. 그리스도를 자신의 주님으로 모심으로써 일어나기 시작한 변화는 미장원이나 이발관에 다녀왔을 때 사람들이 달라졌다고 말하는 그런 종류의 변화가 아니다. 새옷을 입었을 때 달라지는 그런 종류의 변화도 아니다. 마음이 불편하고 도무지 밝은 미래가 보이지 않는 듯한 상태로부터 완전히 벗어나 밝은 앞길이 보일 때에 생기는 마음의 변화도 아니다. 초등학교나 중학교를 졸업하고 고등학교나 대학을 진학했을 때 보여주는 그런 종류의 변화도 아니다. 생애의 중요한 사건을 만났을 때에 느끼는 그런 변화도 아니다.

　그리스도를 주님으로 믿는 사람들의 변화는 너무도 엄청나서 성경은 아예 "새로운 피조물이 되었다"고 말한다. 즉 새로운 인간이 되었다는 말이다. 다른 말로 표현하면 존재 자체에 근본적인 변화가 생겼다는 말이다. 무엇이 얼마나, 어떻게 변화되었기에 그리스도인의 변화를 이렇게 표현하는가? 그리고 그러한 변화가 사실이라면 그리스도인이라고 말하는 모든 사람들에게 발생한, 그리고 지금도 계속적으로 발생하는 변화는 필연적으로 그리스도인 자신에게는 물론이고 그의 주변 사람들과 환경에도 엄청난 충격을 주어야 한다. 그러나 실제로는 그렇지 못한 상황이다.

그리스도를 주님으로 영접함으로써 시작된 변화는 내면의 변화와 그 내면적 변화에 필수적으로 따르는 외면의 변화로 구분할 수 있다. 내면 변화란 그 사람의 영적 세계에서 발생한 사건으로서 그리스도의 보혈로써 자신의 모든 죄가 용서되어 의인이라 칭함을 받았고, 하나님의 자녀로 인치심을 받았으며, 성령께서 그와 함께 하시는 사건이 발생한 변화이다. 더 이상 하나님과 원수가 아닌 화목한 상태가 되었고, 구원받은 중생한 자가 된 것이다. 그러한 변화는 자신을 주인으로 섬기고 살던 뿌리가 이제는 하나님으로 바뀐 것이다. 또한 하나님 나라 밖에 있던 사람이 하나님 나라의 사람이 된 자기 존재의 근원적 변화이다.

이러한 변화는 분명히 예수를 주님으로 모신 사람에게 실제로 발생한 영적 사건으로서 그에게 외적 변화를 필연적으로 가져다 줄 충분한 근거와 이유가 된다. 그럼에도 중생했다는 많은 그리스도인들에게서 그러한 혁명적 변화를 보기 어려운 것을 볼 때 혼돈스러움을 느낀다. 비록 그리스도인 당사자 외에 그 누구도 그에게 발생한 내면의 영적 변화를 정확히 알 수는 없어도 변화는 너무 혁명적이고 과격한 것이라 외적 변화가 필연적이다. 따라서 만일 예수를 주님으로 모셨다고 주장함에도 그 삶에 현저한 변화가 없다면 무언가가 잘못된 것이다.

신약시대의 그리스도인들을 생각해 보자. 그들은 예수 그리스도를 만난 즉시 그들의 삶의 자리에서 축출당하는 위험과 생명의 위협에도 더 이상 햇빛을 보지 못하고 어둡고 습한 카타콤에 숨어 살아도 공개적으로 침례를 받음으로써 자신에게 발생한 영적 변화를 온 천하에 당당하게 드러내지 않았던가? 생명의 위협에도 떳떳하게 그리스도로 인해 얻게 될 자신의 새로운 신분을 공적으로 선언할 정도의 혁명적 변화를 경험했다.

현격한 변화를 보여준 초대교인들에 비하여 오늘날의 교인들은 불분명하고도 불확실한 변화에 머물러 있다. 아마도 그 이유는 최선의 경우, 그들이 자신들에게 발생한 영적 변화의 의미를 충분히 인식하지 못하고 있거나, 최악의 경우, 그리스도를 불완전하게 믿고 있기 때문일 것이다. 바꾸어 말하면, 예수를 믿음으로써 구원받는 축복과 이 세상에서의 즐거움과 안일을 함께 누리려는 욕심이 있기 때문이다. 아니면 실제로는 변화하지 않았는데도 변화받은 것으로 속고 있는 것이다.

셀 교회의 목적은 각각의 그리스도인의 영적 상태를 구체적으로 파악하고 그의 문제를 실제적으로 돕는 것이다. 전체 교인 속에 개인이 감추어지거나 방치되는 일이 없도록 전체 교인들을 작은 소그룹(셀 그룹)으로 나누고 그 셀 그룹 속에서 개인을 돌보는 중요한 이유가 바로 여기에 있다. 따라서 우리는 셀 교회가 주목하는 개인의 신앙에 있어서 주님과의 바른 관계를 신중하게 검토해야 할 것이다. 제1부에서는 복음이 가져다주는 근본적인 변화와 그러한 변화가 교회 생활을 통해 지속적으로 발생할 수 있는 바탕을 검토하기로 한다.

제1장

복음이 가져다 주는 과격한 변화

확실히 복음은 과격하다고 말할 만큼 혁명적인 변화를 가져다주는 특성이 있다. 복음을 믿고 하나님의 자녀가 된 사람들은 누가 보아도 현저히 알 수 있는 변화가 있다. 이러한 사례는 신약성서를 통해 많이 접해 왔다. 예수님을 만남으로써 지금까지 살아온 삶의 방향을 바꾼 수많은 사람들의 간증을 신약성서 여기 저기서 읽을 수 있다.

신약성서를 읽을 때 우리는 그 변화의 주인공들을 특별한 사람들로, 그러한 사건을 특별한 사건으로 바라본다. 그리고 그것을 오늘 우리의 신앙의 보편적인 표준으로 받아들이지 않으려 한다. 그러나 그런 시각을 벗어버리고 객관적인 입장에서 주의 깊게 성경과 초대 그리스도인들의 삶을 살펴본다면 우리는 주님을 만난 사람마다 혁명적 변화를 경험했다는 것을 어렵지 않게 찾을 수 있게 된다.

요한은 그의 첫번째 서신서에서 이 점에 관해 다음과 같이 분명하게 선언하고 있다. "우리가 저에게서 듣고 너희에게 전하는 소식이 이것이니 곧 하나님은 빛이시라 그에게는 어두움이 조금도 없으시니라 만일 우리가 하나님과 사귐이 있다 하고 어두운 가운데 행하면 거짓말을 하고 진리를 행치 아니함이거니와 저가 빛 가운데 계신 것 같이 우리도 빛 가운데 행하면 우리가 서로 사귐이 있고 그 아들 예수의 피가 우리를 모든 죄에서 깨끗하게 하실 것이요"(요일 1:5~7).

신약성서에 나타나는 그리스도인의 삶은 적어도 어두움에서 벗어나 빛 가운데 행하는 삶이었다. 삶의 근본 변화가 없으면서도 빛 되신 주님과 관계를 맺었다고 주장하는 것은 거짓말이다. 물론 성장이라는 측면에서 볼 때 어떤 사람들의 경우는 다른 사람들의 경우에 비해 변화의 속도가 느릴 수 있다. 하지만 진정한 그리스도인이 되었다면 지금까지 살아온 삶의 방향이나 방식과는 근본적으로 다른 삶을 살아야 한다.

예를 들면 어떤 사람이 술집을 운영하다가 주님을 만나 죄 사함을 받고 구원을 확신한 그리스도인이 되었다. 그가 그리스도인이 되었음에도 술집을 운영하는 것에 관하여 아무런 가책도 없이 살아갈 수 있는가? 가책을 받는다 할지라도 아직 믿음이 충분히 성장하지 않았기 때문에 충분한 믿음이 생길 때까지 그냥 그대로 술집을 운영해도 괜찮은 것인가? 교회를 다니면서 신앙이 약간 자랐기 때문에 매일 1,000병의 술을 팔던 것을 회개하는 마음으로 결단하여 하루에

700병만 팔고, 또 몇 개월간 신앙 훈련을 받고 성장한 결과로 500병으로, 그 다음에는 300병으로 줄이는 것이 그리스도인의 신앙의 성장인가?

진정으로 그리스도인이 되었다면 그가 빛 되신 그리스도를 만나는 순간, 예수님께서는 지금까지 자신의 삶의 주인 노릇하며 살아온 자기중심적인 잘못된 삶의 방식을 그에게 지적해 주시고 그것에서 떠날 것을 요구하신다. 이러한 요구는 특별한 사람들에게 국한되는 것이 아니라 예수님을 삶의 주님으로 모신 사람들이라면 누구나 예외 없이 요구되는 기본적 요건이다. 다음에 제시되는 사례들은 주님을 만난 사람들의 혁명적인 삶의 변화를 극명하게 보여준다. 이러한 예들을 오늘 우리의 신앙 표준으로 받아들일 때 우리는 복음이 가져다주는 혁명적인 삶의 변화를 누릴 수 있다.

삭개오

과격한 삶의 변화를 가져오는 복음의 능력을 분명하게 보여주는 사건들 중 하나는 삭개오가 주님을 만난 사건이다. 뽕나무에 올라감으로써 시작된 주님과의 만남의 사건은 즉각적으로 삭개오의 삶을 바꾸어 놓았다. 그는 세관원이라는 자신의 지위를 이용하여 백성들을 늑탈하던 당시의 전형적인 세리들 중 하나였다. 그러한 그의 신분은 당시 백성들로부터 심한 정죄와 함께 매국노라는 비난까지 받았다. 그러나 주님은 착취자로서의 삶을 완전히 청산하게 만드셨다.

그가 자신의 재산 절반을 가난한 자들에게 주고 다른 사람의 것을 토색했다면 네 배로 갚겠다고 했다. 그런 결단을 하기까지 일 년이라는 성장의 시간이 필요하지 않았다. 한 달이라는 시간도 일 주일이라는 시간도 아니었다. 예수님을 만난 바로 그 저녁 그 시간에 그의 인생관이 혁명적으로 바뀌고 그의 가치관은 과격하게 바뀌었다.

삭개오에 관한 기록을 세밀하게 살펴보면 그가 예수님을 만나기 위해 거리로 뛰어나간 이유는 그분을 만나 자신의 인생을 변화 받으려는 거룩한 동기가 아니었다. 그가 예수를 보러 나간 것은 아마도 당시에 유명 인사인 예수를 한번 직접 보고 싶다는 호기심 때문이었을 것이다. 왜냐하면 그가 진정으로 예수님을 만나 자신의 인생의 곤고함을 해결받으려 하거나 진정한 구도자의 입장으로 예수님을 만나려 했다면 단순히 나무에 올라가 구경하는 자가 아닌 보다 적극적으로 주님을 만나 자신에게 도움을 주시도록 요청할 수 있는 자리를 만들어야 했기 때문이다. 그러나 성경 본문에는 그러한 단서들이 없다. 단순히 유명한 예수님의 얼굴을 직접 보고 싶은 호기심 정도로 나무에 올라간 것으로 보인다. 물론 그에게는 삶의 깊은 갈증과 곤고함이 있었음이 분명하지만 말이다.

성경에 나오는 어떤 적극적인 젊은 관원이나, 자기 아들을 고쳐달라며 예수님께 나와 엎드려 사정하는 어떤 아비나, 자신들을 불쌍히 여겨달라고 소리를 고래고래 지르던 소경이나 문둥병자들과 다르게 그는 가로수인 뽕나무에 매달려 지나가는 예수님을 단순히 '한번 구경하려' 했다. 물론 그러한 자세도 결코 소극적인 것은 아니다. 그런데 여리고 성의 세리장이라는 지위는 삭개오가 그 지방의 유지급 인사임을 암시해주고 있는데 그러한 위치에 있는 그가 당대의 유명인사를 구경하기 위해 가로수에 올라가 매달렸다는 것은 사실상 그의 적극성을 나타내는 행동이다. 또한 그런 모습은 예수님의 주목을 끌기에 충분한 장면이었을 것이다. 점점 다가오던 예수께서 삭개오가 매달린 나무 밑에 오셔서 그를 쳐다보는 순간, 그와 예수님의 시선이 마주치던 순간, 아마도 삭개오는 숨이 멈추는 느낌을 받았을 것이다. 그리고 예수님께서 "삭개오야"라고 부르셨을 때 삭개오는 거의 나무 밑으로 떨어질 뻔 했을 것이다. "속히 내려오라. 오늘밤 내가 너의 집에 유해야 하겠다"는 예수님의 말씀을 들었을 때 삭개오는 아마도 정신이 아득했을 것이다. 그 유명한 예수께서 자기의 이름을 알고 계시며 또한 자기 집에 오시겠다는 말을 듣는 순간 그는 감격하고 영광스러웠을 것이다.

그날 삭개오는 예수님을 자기의 집으로 모셨고 그분 발치에 앉았다. 그분을 가까이서 뵐수록 삭개오는 더욱 더 자신의 삶의 비참함과 자신의 처절한 삶의 자리를 발견하게 되었다. 그분의 밝은 빛에 비추어진 자신의 삶을 더 이상 감출 수 없었던 것이다. 예수께서는 그날 밤 삭개오와 함께 식사하시면서 그에게 재산을 가난한 자들에게 나누어 주라거나 토색한 일을 회개하고 네 배로 갚으라고 명령한 일이 없으셨다. 자신의 일그러진 삶의 모습을 발견하고는 자발적으로 그러한 결단을 했다. 예수님을 만나는 순간, 그분의 존재와 직면하는 순간, 그는 자기 자신을 보게 되었다. 그리고 그 순간 무엇을 해야 하는지를 스스로 알고 스스로 결단했다. 예수님을 진정으로 만난 사람들은 삭개오처럼 삶의 변화가 매우 자연스럽고 분명하게 일어난다. 혹자는 삭개오의 이러한 급격한 변화를 그에게서만 찾아볼 수 있는 특별한 사건일 뿐 모든 그리스도인에게 해당하는 일이 아니라고 단정하면서 자신의 삶이 변화되지 않거나 아주 미미한 변화를 그다지 문제 삼지 않고 넘어가려 할지는 모르겠다. 하지만 삭개오의 변화는 예수님을 만나 혁명적으로 그 삶이 바뀐 수많은 그리스도인들의 간증들 중 하나일 뿐이다.

옥합을 깨뜨린 여인

그리스도와의 만남으로 혁명적으로 삶이 변한 또 다른 예는 예수님의 발에 값비싼 향유를 부은 여인이다. 그 여인에게 옥합에 담긴 향유는 매우 소중한 물건이었다. 아마도 그 여인이 가지고 있던 물건 중에서 가장 소중한 물건이었을 것이다. 예수께서 베다니의 한 문둥병자의 집에서 식사하실 때 한 여인이 옥합에 담긴 '매우 값진' 향수를 아낌없이 깨뜨려 부은 사건 속에서 우리는 그리스도인의 혁명적인 가치관의 변화를 볼 수 있다. 그 사건 현장을 지켜본 제자들에게조차 그 여인의 헌신과 드림은 매우 충격적이었다. 어떤 제자는 "무슨 의사로 이 향유를 허비하였는가?" 하며 분개하기조차 했다고 성경은 기록하고 있다. 제자들에게 있어서 향유는 너무도 엄청난 고가품(高價品)이었기 때문이다.

사실 이 여인이 깨뜨린 옥합(옥으로 만든 일종의 향수병)도 엄청나게 비싼 물건이었다. 거기다 예수님의 발 위에 부어서 '허비된'

향유는 더욱 고가(高價)였다. 가룟 유다는 그 향유의 값을 300데나리온으로 추산했다. 데나리온은 당시 통용되던 은전의 명칭이다. 300데나리온을 오늘날의 화폐 가치로 환산하면 무려 1500~3000만 원 상당이다(한 데나리온의 가치는 한 사람의 하루 품삯).

예수를 믿고 그분을 사랑한다는 이유 때문에 한순간에 수천만 원 상당의 고가품을 포기할 수 있다는 사실은 무엇을 의미하는가? 그것은 예수 그리스도에게서 그 이상의 고귀한 가치를 발견했음을 의미한다. 또 지금까지 소중하게 여겼던 것에 대한 가치판단 기준에 현격한 변화가 생겼음을 의미한다. 이렇듯 그리스도와의 만남은 가치관의 변화와 세계관의 변화를 수반한다. 자기 존재의 의미와 자기 존재의 근거가 자기 자신에서 그리스도로 바뀌었기 때문에, 삶의 주인이 자신에서 그리스도로 바뀌었기 때문에 삶을 바라보는 시각과 그에 따른 과격한 삶의 변화는 그리스도인에게 너무도 당연하고도 자연스러운 현상이다. 우리 그리스도인들은 예수님을 주님으로 모시고 그분을 주님으로 부르며 사는 자들이다. 주님으로 부르면서도 그분으로부터 시작되는 가치관의 변화가 없다면 우리가 진정으로 그분을 주님으로 믿고 부르고 있는 지를 신중하게 검토해야 할 것이다.

예루살렘 교인들

제사장, 율법사, 바리새인들과 같은 유대교 지도자들의 본거지였던 예루살렘에서 그리스도인의 삶을 살아간다는 것은 결코 쉬운 일이 아니었다. 예수를 믿는다는 사실이 알려질 경우 자신의 삶의 터전인 유대교로부터 출교 당함으로써 유대인이 누릴 수 있는 모든 특전을 상실당했다. 또한 그 사회로부터 축출당해야 했다. 이러한 사실들은 누구보다 잘 알았던 그들이었으나 그들은 비굴하지 않았고 자신들에게 발생한 혁명적 변화를 표현하는 데 주저하지 않았다. 뿐만 아니라 서로에 대한 사랑을 표현하는 일에도 실로 과격하면서도 혁명적인 방법으로 변화된 자신들의 모습을 드러냈다. 그들은 "한 마음과 한뜻이 되어 모든 물건을 서로 통용하고 제 재물을 조금이라도 제것이라 하는 이가 하나도 없더라 … 그들 중에 핍절한 사람이 없으니 이는 밭과 집이 있는 자는 팔아 그 판 것의 값을 가져다가 사도들의 발 앞에 두매 저희가 각 사람의 필요를 따라 나눠주었기 때문이었다"(행 4:32~37).

예루살렘 교인들이 보여준 예수를 믿음으로써 시작된 변화 중 하나는 "날마다 마음을 같이 하여 성전에 모이기를 힘쓰고 집에서 떡을 떼며 기쁨과 순전한 마음으로 음식을 먹는 것"이었다. 날마다 모였다는 사실은 그들에게 있어서 신앙이 차지하는 비중이 컸음을 보여주고 교회가 그들의 삶의 중심이며 삶의 전부였음을 의미한다. 이러한 삶의 과격한 변화는 사도행전에서 거듭 확인할 수 있다. 예루살렘 교회에 대한 핍박이 시작되었을 때 나타난 교회의 반응에서도 이를 확인할 수 있다.

"그날에 예루살렘에 있는 교회에 큰 핍박이 나서 사도 외에는 다 유대와 사마리아 모든 땅에 흩어지니라"(행 8:1).

오순절 마가 다락방에서 시작한 예루살렘 교회는 불과 2~3년 안에 수만 명의 그리스도인을 만드는 폭발적 성장을 보여주었다. 하루에 3천 명이 침례를 받고 주님의 제자가 되었고 "주께서 구원받는 사람을 날마다 더하시며"(2:47), "말씀을 들은 사람 중에 믿는 자가 많으니 남자의 수가 약 오천이나 되었으며"(4:4), "믿고 주께로 나오는 자가 더 많으니 남녀의 큰 무리였으며"(5:14), "하나님의 말씀이 점점 더 왕성하여 예루살렘에 있는 제자의 수가 더 심히 많아지고 허다한 제사장의 무리도 이 도에 복종하는"(6:7) 일들이 연속적으로 발생했다. 이로써 예루살렘 교회는 상상을 초월하는 성장을 했다. 바로 이러한 시점에서 그들이 감당하기 어려울 정도의 큰 핍박이 일어났다. 분명히 수만 명 이상의 그리스도인들이 핍박을 당할 때 그들 중 일부가 아닌 '사도 외에는 다 유대와 사마리아 모든 땅에' 흩어졌다. 어떤 이는 이것을 문학적인 과장법으로 본다. 그리고 모든 교인이 흩어진 것이 아니라 과반수 정도의 숫자가 흩어졌을 것이라고 말한다. 설사 그렇다고 할지라도 여전히 수만 명의 그리스도인들이 신앙의 이유 하나만으로 예루살렘을 떠났던 것이 아닌가!

사도가 아닌 수만 명의 그리스도인들이 예루살렘을 빠져나가 여러 곳으로 흩어진 모습을 상상해 보라! 혹자는 그 당시의 사회적 생활 여건이 오늘날에 비해 훨씬 단조로웠기 때문에 이주가 그다지 어렵지 않았을 것이라고 말한다. 하지만 외지인(外地人)에 대하여 대단히 배타적이었던 당시의 관례로 미루어 볼 때 많은 어려움이 있었을 것은 분명하다. 그들 모두는 거룩한 예루살렘 성도(聖都)의 시민이라는 자긍심을 포기하고 이방 지역으로 이주하는 결단을 내렸다. 자신들의 삶의 뿌리를 다른 곳으로 옮기는 일을 주님 때문에 주저하지 않았던 것이다.

도대체 예수를 믿는다는 것이 어떠한 의미를 지니고 있기에 이토록 과격한 삶의 변화를 가져다주는 것일까? 진정으로 예수를 믿는다는 것이 본질상 과격한 변화를 가져다줄 수밖에 없음에도 불구하고 어째서 오늘날의 그리스도인들에게는 그러한 과격한 변화를 보기 힘든 것일까?

에베소의 마술사들

사도 바울의 사역 속에서도 복음으로 인한 과격한 변화를 쉽게 찾아 볼 수 있다. 바울은 다메섹 도상에서 주님을 만남으로써 그의 삶이 혁명적으로 변했다. 그리스도인을 핍박하던 사울이 핍박받는 자 바울로 변했으며 철저한 유대교 옹호자로 기독교의 잔혹한 박해자였던 그가 철저한 기독교 옹호자로, 그리고 기독교를 위한 순교자로 변했던 것이다. 삶을 혁명적으로 변화시키는 복음의 위력은 그를 통하여 그리스도를 만나게 되는 수많은 사람들의 생애를 혁명적으로 바꾸기 시작했다. 세 차례에 걸친 바울의 선교 여행으로 많은 이들이 변화되었다. 그중 두드러진 사건이 사도행전 19장 19절에 있다. 사도 바울은 에베소의 두란노 서원에서 3년간 말씀을 가르치며 사역했다. 그의 사역의 결과로 예수를 믿게 된 "마술을 행하던 많은 사람이 그 책을 모아 가지고 와서 모든 사람 앞에서 불사르니 그 책값을 계산한즉 은 오만이나" 되었다. 성경 본문은 짧게 한 문장으로 표현하고 있다. 이 사건은 과격한 변화를 불러오는 복음의 본질적 특성에 관하여 많은 것을 시사해 준다.

마술은 마술사들에게 생계 수단이었다. 마술로 그들은 먹고 살아왔다. 그런 그들이 마술 책들을 불태웠다는 말은 예수를 믿음으로써 자신들의 직업이 하나님께 범죄하는 것은 물론 많은 사람들을 범죄케 하는 잘못된 직업임을 알았다는 것이다. 결국 그들은 생업 자체를 포기하는 과감한 결단을 내렸다. 그리고 마술 책들도 모두 불살라 버렸다. 자신의 목숨보다 주님을 더 사랑하는 결단의 적극적 표현이 아닐 수 없다. 다른 어떤 이유도 아닌 예수를 믿은 한 가지 이유 때문에 자신의 생업을 포기하게 만드는 복음의 위력은 도대체 어디에서 오는 것일까? 그리고 이러한 분명한 삶의 결단은 특별한 사람들에게만 요청되는 일인가?

마술사들이 보여준 과감하고도 과격한 변화는 단순히 생업을 바꾼 사실에서만 드러나지 않는다. 불살라 순식간에 재로 변한 책들에 관해 잠시 묵상해 보자. 당시에 책을 소장한다는 것은 결코 쉬운 일이 아니었다. 오늘날과 같은 형태의 책은 1450년 구텐베르그(Gutenberg)의 이동 금속활자 발명 이후에나 가능했다. 초대교회 시대에 책은 매우 희귀했다. 또한 돈 많은 사람들이나 귀족들만이 소장할 수 있었다. 왜냐하면 종이가 아닌 양피지나 파피루스에 활자가 아닌 사람의 손으로 일일이 썼기 때문에 책(오늘과 같은 형태의 책이 아니라 두루마리 형태의 책이었다) 한 권을 만드는 일은 엄청난 시간과 노력, 재료비가 들었다. 이토록 귀중한 책을 미련 없이 불태워 버린 마술사의 모습에 충격을 받은 듯 본문의 기자인 누가는 불태운 책의 시가를 은 5만으로 소개했다. 당시 헬라 지역에서의 은 하나의 가치는 일반 근로자 한 사람의 하루 노임이었다. 이러한 사실에 근거하여 계산해 보면 오늘날 한국 근로자 하루 품삯을 5만 원 내지 10만 원이라고 할 때 그들이 불태운 책값은 무려 25억~50억 원 상당의 어마어마한 재산이다. 그것들을 팔아 자신들의 생업을 바꾸는 데 필요한 자본금으로 사용할 수도 있었음에도 그들은 다른 사람들이 그 책들을 사용하여 죄 짓는 일을 하지 못하도록 아예 불태워 버렸다. 주님께 대한 사랑과 믿음은 수십억 원의 대가를 지불하고서라도 소유하고 유지할 가치가 충분하다고 믿었기 때문이다. 오늘날 우리들의 눈으로 볼 때 이들의 결단이 너무 과격해 보이기까지 한다. 오히려 그 책들을 헐값에라도 팔아 사도 바울과 그 일행의 선교여행 경비로 사용한다면 더 의미 있는 일이 아니었을까? 과연 엄청난 고가품을 불사를 필요가 있겠는가 하는 반문을 불러일으키기에 충분한 상황이다. 그러나 분명한 사실은 복음은 너무 심하다고까지 느껴질 만큼의 혁명적이면서 과격한 변화를 가져오는 본질적 특성이 있다. 이러한 점에서 누군가가 말한 것처럼 우리는 온건파이고 예수님은 과격파이신 것이 맞는 말이다.[1]

데살로니가 교인들

복음을 받아들인 초대 그리스도인들의 혁명적인 삶의 변화는 데살로니가 교인들에게서 더 분명하게 드러난다. 바울이 데살로니가에서 복음을 전한 기간은 그다지 길지 않았다. 사도행전 17장 2절은 "바울이 자기 규례대로 저희에게로 들어가서 세 안식일에 성경을 가지고 강론하며"라고 기록하고 있다. 이것을 근거로 어떤 사람들은 바울이 데살로니가에서 3주 동안 복음을 전했다고 보기도 한다. 그러나 회당에서 말씀을 강론한 것이 세 번이었다면 아마도 바울은 데살로니가에서 길어야 한두 달 정도 체류하면서 복음을 전했던 것 같다. 그리고 사도 바울의 사역의 결과로 데살로니가 교회가 세워진 것 같다.

사도 바울이 사역한 기간이 3주이든 2개월이든 확실한 것은 그 기간이 교회를 세우기에는 너무 짧은 시간이라는 것이다. 또한 복음을 받아들인 사람들의 삶이 변화될 수 있도록 성장하기에는 너무나도 짧은 시간이었음이 분명하다. 그럼에도 데살로니가 교인들이 복음을 받아들이고 보여준 변화된 삶의 질과 과격성은 매우 뚜렷했고 놀랄만 하다.

데살로니가에서의 핍박을 피해 베뢰아와 아덴을 거쳐 고린도에 간 바울은 데살로니가 교인들을 격려하기 위해 편지를 썼다. 그 편지인 데살로니가전서에 따르면(바울이 이 편지를 기록할 당시는 그들에게 복음을 처음 전한 시기로부터 3~4개월 또는 그 보다 짧은 시간이 흐른 것 같다) 예수를 믿기 시작한 지가 이제 겨우 수개월 밖에 안 되는 교인들은 "많은 환난 가운데서 성령의 기쁨으로 도를 받아 우리(사도 바울 일행)와 주를 본받은 자가 되었다"(살전 1:7). 그뿐 아니라 적극적으로 복음을 전했고(살전 1:8) 더 나아가 "마게도냐와 아가야의 모든 믿는 자의 본이 되었다."

데살로니가 교인들은 그들의 믿음의 이야기가 헬라 전국으로 퍼질 만큼 놀라운 변화의 삶을 보여주었다. "주의 말씀이 너희에게로부터 마게도냐와 아가야에만 들릴 뿐 아니라 하나님을 향하는 너희 믿음의 소문이 각처에 퍼진고로 우리는 아무 말도 할 것이 없노라"(살전 1:8). 소문은 그들이 "어떻게 우상을 버리고 하나님께로 돌아와서 사시고 참되신 하나님을 섬기며" 예수 그리스도의 재림을 기대하는 것이었다(살전 1:9~10).

또한 그들은 갓난 어린아이와 같은 새신자들이었으나 처음부터 핍박을 견디는 믿음의 놀라운 담력을 보여주었다. 이러한 사실은 "너희는 많은 환난 가운데서 성령의 기쁨으로 도를 받았다"(살전 1:6)는 말씀과 "형제들아, 너희가 그리스도 예수 안에서 유대에 있는 하나님의 교회들을 본받은 자 되었으니 저희가 유대인들에게 고난을 받음과 같이 너희도 너희 나라 사람들에게 동일한 것을 받았느니라"(살전 2:14)는 말씀에서 잘 드러나고 있다.

데살로니가 교인들의 삶이 변화하는 데에는 결코 오랜 시간이 걸리지 않았다. 바울이 데살로니가 교인들에게 쓴 편지가 그들에게 복음을 전한 지 불과 수개월 지나서라는 사실은 복음의 현격한 변화의 능력을 적절히 입증해주고 있다. 물론 그리스도인의 삶의 변화는 성장이라는 시간이 필요하다. 하지만 변화는 믿는 순간부터 시작되며 시작은 아무도 알지 못할 정도로, 심지어 자기 자신도 알지 못할 정도로 불분명하고 불확실하지 않다.

복음이 가져다주는 현격한 삶의 변화에 대한 지적은 종종 반론을 제기 받기도 한다. 어떤 이들은 사람이 복음으로 말미암아 변화되는 정도가 전적으로 개인의 성격이나 기질 등에 달려있다고 말한다. 이러한 주장은 타당성이 있어 보인다. 왜냐하면 실제적으로 그리스도인들 중 어떤 사람들은 변화되기는 하지만 다른 사람들에 비하여 그 변화 속도가 느리며 상당한 시간이 걸리기 때문이다. 그러나 이 경우에도 시간상의 지체가 있긴 하지만 그 결과적인 변화의 내용과 질은 본질적으로 과격하다. 이를테면 적당한 수준에서 변화가 끝나지 않는다는 말이다.

변화 전후의 상태를 비교할 때 변화 속도에 관계없이 주변 사람들뿐 아니라 그 사람 자신조차도 자기 자신에게 발생한 변화에 놀라지 않을 수 없다. 왜냐하면 속도는 느려도 그 변화의 정도는 엄청나기 때문이다. 그러나 분명히 구원을 경험한 사람들 중 어떤 이들은 그 변화의 속도가 너무 느려서 그의 생애가 다할 때까지도 현저한 변화가 이루어지지 않는 모습을 보일 수도 있다. 이러한 사람들은 비록 구원받은 그리스도인이라 할지라도 결코 성공하거나 승리한 삶을 살았다고 말할 수 없다. 또한 그들을 구원하신 하나님의 사랑과 섭리에 못 미친 삶을 산 사람들이라는 오명을 씻을 수 없을 것이다. 따라서 비록 성격상의 이유로 삶의 변화 속도가 느릴 수 있다는 사실을 인정한다 할지라도 지나치게 느린 변화나 변화를 거의 감지할 수 없다면 그 사람의 영적 상태를 정당화할 수 없다. 또한 그런 사람은 하나님의 나라를 확장하는데 도움이 되지 못함은 분명하다.

　안타까운 것은 지금까지 많은 그리스도인들이 너무 느린 변화를 보여 왔으며 심지어는 그 변화의 내용과 질에 있어서도 혁명적이지 못했다. 이 때문에 느린 변화 또는 혁명적이지 못한 미미한 변화가 그리스도인들의 보편적인 삶인 것처럼 인식되고 있다. 이 문제는 종교와 정치가 괴상한 방법으로 한데 뒤섞이기 시작한 4세기 초, 콘스탄틴 황제의 기독교 공인 이후 오늘날까지 그리스도인들의 삶과 생각 속에 고착되어 왔다. 이러한 이유 때문에, 그리고 인간의 근본적인 보수적 성향 때문에 오늘날 많은 그리스도인들이 지금까지 자신들이 익숙하게 보아온 적당한 변화(자기 스스로 정해 놓은 기준을 잣대로 적당하다고 그어 놓은 선 안에 들어가는 정도의 변화)를 선호하고 혁명적이거나 과격한 삶의 변화를 두려워 하며 기피하는 것 같다. 그리고 한 걸음 더 나아가 자신들에게 익숙한 주변 환경이나 현상을 자신들의 신앙 기준으로 삼으려고까지 한다.

　이제 우리는 지금까지 우리가 익숙하게 보아온 주변 사람들의 신앙 모습을 기준으로 삼거나 우리가 어려서부터 매우 자연스럽게 접하면서 보아온 세상의 상식이라는 기준으로 그리스도인의 삶의 본질을 이해하려는 나쁜 습관을 버려야 한다. 성경을 통하여 하나님께서 그리스도인의 삶이 어떤 것이라고 가르쳐주신다면 우리는 그것이 그리스도인의 삶인 줄 알고 그것을 우리의 표준으로 삼고 살아야 한다.

　예수께서 자신을 따르는 제자들에게 요구하신 표준은 무엇인가? 주님께서 우리에게 요구하시는 헌신의 수준은 어느 정도인가? 그리고 그러한 헌신의 정도는 복음의 본질인가 아니면 부가적인 것인가? 그러한 수준의 헌신은 그리스도인 누구에게나 요구되는 것인가? 아니면 어느 정도의 영적 성장을 이루었을 때 그 성장 정도에 따라 요구되는 선택적인 것인가? 복음은 본질이 무엇이기에 그리스도인들의 생애를 그토록 혁명적으로 변화시키는 것일까? 여기서 우리는 복음의 본질과 그리스도인이 된다는 말의 의미를 검토할 필요가 있다.

과격한 헌신을 요구하시는 주님

주님께서 자기를 따르는 자들에게 요구하신 헌신의 수준은 명확하다. 그리스도인들에게 요구되는 헌신의 수준은 이미 율법의 핵심적 요구에서도 명백히 드러나 있다. 이러한 사실을 예수께서는 율법 중 어느 계명이 가장 큰가를 물어 온 한 율법사에게 대답하는 말 속에서 분명하게 드러내셨다.

> "네 마음을 다하고 목숨을 다하고 뜻을 다하여 주 너의 하나님을 사랑하라 하셨으니 이것이 크고 첫째 되는 계명이요 둘째는 그와 같으니 네 이웃을 네 몸과 같이 사랑하라 하셨으니 이 두 계명이 온 율법과 선지자의 강령이니라"(마 22:37~40).

예수께서 요약하신바 율법이 요구하는 헌신의 수준은 무엇인가? 그것은 하나님을 사랑하고 섬기되 자신의 마음과 목숨과 뜻을 다하여 하나님을 섬기는 것이다. 즉 자신이 죽기까지 목숨을 걸고 하나님을 사랑하는 헌신의 수준을 요구하셨다. 이러한 헌신의 수준은 자신의 모든 것을 걸고 하나님을 섬기며 사랑하는 삶이다. 그리고 그 자체가 삶의 목표이어야 함을 의미한다.

이러한 수준의 요구는 어떤 것으로도 대치할 수 없다. 또한 어떤 경우라도 그 수준을 낮출 수 없다. 환언하면 이러한 절대적 헌신의 기준에 못 미친다면 그 사람은 하나님께서 의도하시고 기대하시는 수준의 삶에 미치지 못한 것이다. 사람이 구원을 받는 것은 율법의 요구를 충족시켜서가 아니다. 구원은 전적으로 하나님의 은혜이다. 그러나 그 은혜로 구원 얻은 사람은 그분의 능력과 사랑으로 말미암아 하나님께서 요구하시는 수준의 삶을 살게 되는 것이다. 율법이 요구하기 때문이 아니라 자신을 위해 목숨을 버리신 그리스도의 감격스런 사랑에 대한 응답으로 율법 속에 나타난 헌신의 수준 그 이상까지 이르는 것이 그리스도인의 삶이다.

이러한 점은 예수께서 자신을 따르는 제자들을 향하여 친히 과감하게 전폭적인 헌신을 요구하신 사실 속에 잘 드러나 있다. 그분께서는 여러 차례에 걸쳐 동일한 수준의 헌신을 요구하셨다.

"무릇 내게 오는 자가 자기 부모와 처자와 형제와 자매와 및 자기 목숨까지 미워하지 아니하면 능히 나의 제자가 되지 못하고 누구든지 자기 십자가를 지고 나를 좇지 않는 자도 능히 나의 제자가 되지 못하리라"(눅 14:26~27).

이 말씀에 따르면 제자들이 그리스도께 마땅히 드려야 할 헌신의 수준은 인간이 가장 중요하게 여기는 가족관계를 넘어선 수준이다. 심지어 자기 자신의 목숨까지 포기하는 수준이어야 한다. 우리는 이러한 헌신의 수준과 율법이 요구하는 자신의 마음과 목숨과 뜻을 다하여 하나님을 사랑하라는 헌신의 수준이 동일한 것임을 확인할 수 있다.

자신의 목숨까지 미워하는 수준의 헌신은 그분의 제자라면 '누구에게나' 요구되는 수준이다. "누구든지 자기 십자가를 지고 … 능히 나의 제자가 되지 못하리라." 이러한 헌신의 요구에서 제외되거나 그 헌신의 수준을 낮추어 요구당할 사람은 아무도 없다. 목회자이든 교인이든, 영적으로 성숙한 사람이든 아니면 그리스도인으로 태어난 지 불과 며칠 안 된 사람이든 그가 진정으로 그리스도를 자신의 주님으로 믿고 모셔 들인 사람이라면 전폭적이고 유일한 사랑을 그리스도께 바쳐야 한다.

한 부자 청년 이야기

과격한 헌신은 영적으로 일정 수준에 도달한 사람에게 국한되는 것이 아니라 그분을 믿는 모든 사람들에게 해당된다는 사실을 주님과 한 부자 청년과의 대화 속에서 확인할 수 있다. 자신의 구원 문제를 가지고 예수님을 찾아온 한 부자 청년의 이야기가 있다(마 19장). 그는 자신의 구원 문제와 관계해서 "선생님이여, 내가 무슨 선한 일을 하여야 영생을 얻으리이까?'라는 질문을 예수께 드렸다. 같은 사건에 대한 또 다른 기록인 마가복음 10장 17절을 보면 그는 단순히 주님께 나와 질문한 것이 아니라 '예수께 달려와서 꿇어 앉아' 영생을 얻는 방법을 물었다. 영생을 얻는 문제에 관한 그의 태도는 매우 진지했다. 많은 사람들이 보는 앞에서 예수님 앞에 꿇어 앉을 만큼 그의 열망은 심각하고 진정한 것이었다.

만일 누군가가 이러한 태도로 우리에게 구원의 문제를 질문해 온다면, 그리고 그가 이 젊은 관원처럼 돈 많은 고위 공무원이라면 아마도 '대어가 스스로 걸려들었구나'라고 생각하며 그의 비위를 건드리지 않으면서도 매우 예의 있고 조심스럽게 그가 죄인인 것과 예수께서 그 죄를 위해 죽으신 사실을 중심으로 복음을 간결하고도 분명하게 전할 것이다. 그리고 그에게 예수님을 영접하는 결단의 기도를 하도록 기회를 줌으로써 구원을 얻도록 인도할 것이다.

얼마나 간단하고 쉬운 일인가? 또 얼마나 좋은 사람을 제자로 받아들일 기회인가? 그러나 주님은 마치 그를 구원하지 않겠다고 작정하신 양 그에게 어려운 조건들을 제시하셨다. 주님께서는 그 청년의 마음과 영적 상태를 정확하게 아시고 계셨기 때문이다. 그의 질문에 첫번째로 답하시기를 "네가 생명에 들어가려면 계명을 지키라"고 하셨다. 이러한 답을 들은 청년이 즉각적으로 그 모든 계명들을 어려서부터 다 지켜 행했다고 답했을 때 그의 답이 참되다는 사실을 아셨기에 '그를 보시고 사랑하는' 마음을 가질 수밖에 없었다. 즉 그의 진지한 삶의 태도로 말미암아 주님께서 그 영혼을 사랑하시고 그를 구원하시려는 마음을 가지셨던 것이다.

이러한 의도가 있으신 주님은 그에게 이렇게 말씀하셨다. "네게 오히려 한 가지 부족한 것이 있으니 가서 네 있는 것을 다 팔아 가난한 자들을 주라. 그리하면 하늘에서 보화가 네게 있으리라. 그리고 와서 나를 좇으라." 이 말을 들은 부자 청년은 재물이 많은 이유 때문에 근심하며 예수님을 떠났다. 무슨 뜻인가? 그 청년은 예수님을 믿는 일에 장애물로 놓여진 재물을 사랑하는 마음을 포기할 수 없었던 것이다. 예수께서조차 인정하시고 그 영혼을 사랑하실 만큼 철저히 계명을 지키며 진지하게 살아온 그였으나 재물은 그가 주님을 따르는데 장애가 되었다. 그는 구원도 받고 세상 재미도 누리겠다는 욕심을 떨쳐버리지 못해 구원을 얻지 못했다. 그가 영원한 생명을 얻고 하나님의 자녀가 되기 위해서는 자신이 가장 아끼던 재물을 포기하는 과격한 헌신을 드려야만 했는데 그렇게 하지 못함으로써 영원한 축복을 놓치고 만 것이다.

예수께서는 구원 문제를 질문한 그 청년에게 재산을 포기하는 대가 지불을 요구하셨다. 신약성경에서는 구원받는 조건이 이보다 훨씬 쉽고도 단순하게 "주 예수를 믿으라, 그리하면 너와 네 집이 구원을 얻으리라"고 말하고 있다. 그런데 이 청년에게는 재물까지 포기하는 헌신을 요구하셨을까? 예수님이 편파적이라 그런가? 결코 아니다. 아마도 다른 사람들은 가장 소중한 부분을 이미 포기했기 때문에 굳이 언급할 필요가 없었으나 부자 청년의 경우는 가장 중요한 부분을 감추고 덜 중요한 부분에만 집착하고 있었기 때문일 것이다. 자신에게 가장 소중한 부분인 재물에 관한 한 결코 포기할 수 없었던 그에게 천국이 위치할 장소가 없었던 것이다. 그는 모든 율법을 다 지켰다고 자신만만했지만 사실상 십계명 중 마지막 계명인 탐심의 우상을 버리지 못하는 죄인이었던 것이다. 그가 예수님께 화를 내고 가지 않고 근심하며 떠나간 것을 보면 그 자신이 자신의 문제가 재물을 포기하지 못하는 것임을 잘 알고 있었던 것 같다.

그렇다면 여기에서 우리는 또 다른 중요한 질문에 봉착하게 된다. 예수께서 하나님의 아들이신 것과 그분께서 우리의 죄를 위해 돌아가신 것을 믿고 구원의 확신을 가지고 있다고 하는 사람들 중 예수께서 자신을 따르는 사람들에게 요구하신 과격한 헌신을 드리지 못하는 사람들이 진정으로 구원받은 사람인가라는 문제이다. 물론 이 문제는 많은 신학적 논쟁을 불러일으킬 수 있는 민감한 주제임에 틀림이 없다.

바로 이 문제에 관하여 90년대 초반의 4~5년 동안 미국의 일련의 신학자들은 소위 '은혜 구원'(grace salvation)이냐 아니면 '주재권 구원'(lordship salvation)이냐라는 뜨거운 논제로 대두되기도 했다.[2] 즉 사람이 구원을 얻는 것은 어떠한 행위에 근거하는 것이 아니라 전적으로 하나님의 은혜로 구원 얻는 것이라는 주장과 그러한 은혜로 말미암아 구원을 받았다고 하면서도 실질적으로 그분께서 삶을 통치하고 다스릴 수 있도록 자신의 가장 중요한 삶의 위치를 내어드리지 않고 있다면, 이를테면 주님 되심(주재권)을 인정하고 자신의 삶을 그분께 내어드리지 않고 있다면 구원받은 사람이라 할 수 없다는 두 주장의 날카로운 대립이 있었던 것이다. 이러한 논쟁이 벌어지게 되는 이유는 아마도 그리스도께서 요구하시는 과격한 헌신은 목사나 선교사와 같은 특정한 사람들에게만 해당되고 평범한 교인들의 경우는 그토록 철저한 헌신을 요구받고 있지 않다고 생각하는 사람들이 적지 않게 존재하고 있기 때문일 것이다.

이러한 논쟁은 사실상 의미가 없다. 왜냐하면 이 두 가지 관점은 결코 두 가지가 아니라 한 가지 사실에 대한 두 가지 표현이기 때문이다. 즉 자신이 죄인임을 회개한다는 말은 자기 자신을 자신의 삶의 주인으로 여기고 살아왔던 자신의 과거를 뉘우친다는 뜻이다. 또 예수를 주님으로 모신다는 말은 이제 그분을 자신의 삶의 주인으로 모시고 살아간다는 뜻이다. 그리고 그렇게 믿기로 작정한 사람은 지금까지의 삶이 어떠했든지 그 모든 죄를 용서받고 전적으로 하나님의 은혜로 구원 얻은 자가 되었다. 따라서 예수를 주님으로 모신 사람들은 은혜로 구원을 얻은 자들이다.

하지만 문제가 그렇게 간단하지는 않다. 왜냐하면 예수를 주님으로 믿는 것은 분명함에도 여전히 삶이 변화되지 않는 사람들이 있기 때문이다. 말로만 믿고 실제로는 믿지 않는 사람들이라면 그들의 근본 문제가 무엇인지 쉽게 알 수 있다. 하지만 자신이 예수님을 주님으로 모셨고 구원의 확신이 있다고 분명하게 주장함에도 불구하고 실질적인 삶에 있어서는 변화를 거의 보이지 않는 사람들의 경우가 적지 않기 때문이다. 이러한 사람들의 경우 가장 좋게 이해해 준다면 그리스도인이 된 것은 분명한 사실이지만 그들에게 그리스도인의 삶의 본질을 제대로 가르치지 못했기 때문에 변화가 없다고 말할 수 있을 것이다. 그러나 이것은 속고 있는 것이다. 그 사람이 아무리 자신이 그리스도인이 되었음과 구원받았음을 확신해도 자신을 속이거나 또는 누구에게 속고 있는 상태이기 때문이다.

다시 말하면 그리스도인으로의 신분 변화는 죄로부터의 구원을 의미하고 영원한 형벌로부터의 구출을 의미하며 자신의 생애의 주인이 바뀌었음을 의미하기 때문에 한 사람이 진정으로 자신의 죄인 됨을 고백하고 예수를 자신의 주님으로 모신다면 그 시점 이후의 삶이 혁명적으로 바뀌는 것은 너무나도 당연한 일이라는 것이다. 예수를 자신의 주님으로 모셨다고 하면서 여전히 과거의 죄악된 삶 가운데 머물러 있다면 그는 거짓말하고 있는 것이다. 그리스도인이 되었다면 지금까지의 삶의 스타일이 바뀌고 근본적인 가치관에 엄청난 변화가 시작되었기 때문이다.

삶에 혁명적인 변화가 생겨난 사람들은 그 변화를 감출 수 없다. 따라서 그리스도인의 가족들은 그의 새로운 삶의 출발을 그 누구보다도 민감하게 감지할 것이다. 일상적인 삶에 크고 작은 변화가 가정생활 속에서 드러나기 때문이다. 따라서 다른 사람이, 그것도 자신과 가까이 있는 가족들이 알아차리지 못하는 '비밀한(은밀한) 그리스도의 제자'란 있을 수 없다. 예수께서도 이 점을 분명하게 언급하셨다.

> "내가 또한 너희에게 말하노니 누구든지 사람 앞에서 나를 시인하면 인자도 하나님의 사자들 앞에서 저를 시인할 것이요 사람 앞에서 나를 부인하는 자는 하나님의 사자들 앞에서 부인함을 받으리라"(눅 12:8~9).

자신에게 발생한 엄연한 변화를 자연스럽게 그리고 담대하게 다른 사람들 앞에서 증언하고 나타낼 때 그리스도인으로서의 영적 성장이 이루어진다. 당당한 자기 신분 선언이야말로 세상 속에서 하나님의 백성으로 세워져 나가는 일의 기초가 된다. 그리스도를 기초로 한 새로운 삶은 실로 혁명적이며 과격하기 때문에 숨길래야 숨길 수 없다. 자신 속에 역사하는 새로운 생명을 숨기는 일은 어두움 속에서 불빛을 감출 수 없는 것처럼 불가능하다. 성경은 그리스도를 은밀히 믿는 일을 격려한 적이 한 번도 없다. 오히려 침례를 받음으로써 자신에게 발생한 신분상의 변화를 공적으로 선언하고 그리스도인 됨을 선포함을 기점으로 하여 그리스도인의 삶이 시작된다고 공식화 했다.

오늘날 그리스도인들의 삶을 망치고 있는 원흉이 '구원의 확신'인 것 같다. 이 말은 구원의 확신이 불필요하다는 말이 아니다. 구원의 확신을 잘못 사용하기 때문에 역설적으로 하는 말이다. 분명히 그리스도인으로의 새로운 삶은 '구원의 확신'으로부터 시작한다. 예수 그리스도께 자신의 삶의 주재권을 드리지 않고 단순히 인지수준에서 구원을 이해하고 받아들인 것은 구원이 아니다. 앞서 말한 바와 같이 구원은 삶의 길을 바꾸고 목적과 동기와 이유를 자기 자신으로부터 그리스도께로 바꾸는 것이다. 구원(영생)은 단순히 시간상의 길이를 말하는 것만이 아니라 삶의 질을 의미한다. 삶의 변화 없이 구원의 확신이라는 말 속에 변화되지 않는 자신의 삶을 은폐한다면 그것은 오히려 그리스도인의 삶을 황폐케 할 것이다. 셀 교회는 셀을 통하여 교인들의 구원문제부터 시작하여 주님과의 계속적인 관계를 점검하고 육성, 발전시키는 일을 보다 효과적으로 수행할 수 있다.

그리스도인의 변화, 보편적인가 아니면 특별한 사건인가?

앞서 말한 그리스도인의 혁명적 변화에 관하여 어떤 이들은 혁명적 변화가 결코 보편적이지 않다고 한다. 혁명적 변화는 특정 인물이나 가능한 특별한 일이라고 주장하기도 하다. 다시 말해, 혁명적이고 과격한 변화는 그리스도인 누구에게나 발생하는 일이라기보다 특정인에게 특정한 상황과 목적 때문에 발생하는 일이라는 것이다. 그리고 신약성서에 기록된 몇몇 특정 사건이 모든 그리스도인들의 보편적인 일이라고 주장하는 것은 지나친 과장이라고 주장한다. 현실 속의 많은 그리스도인들이 혁명적 변화를 경험하지 못한다는 사실로 이런 주장을 하는 것 같다.

오늘날 과격한 변화를 경험하는 그리스도인들의 숫자가 매우 적은 이유에 관하여 적어도 두 가지 사실을 언급할 필요가 있다. 첫째, 스스로 그리스도인이 되었다고 확신하지만 실제로는 아직 예수님과의 진정한 관계를 맺지 못한 사람들이 있다. 이 경우에 사람들이 그리스도인으로서 경험해야 할 급격한 변화를 경험할 수 없음은 지극히 당연한 일이다. 생명이 없는 사람에게서 생명의 변화를 기대한다는 것은 있을 수 없는 일이기 때문이다. 아마도 사람들은 그리스도를 이해하고 믿는다고 고백했으나 그것은 관념일 뿐이었을 것이다. 그리고 이들은 예수님을 삶의 주님으로 모시지 못했을 것이다. 영적 분별력이 없다면 생명을 아직 받지 못한 사람들을 구원받은 그리스도인으로 인정해줌으로써 '양'이 아닌 '염소'를 양으로 간주하는 실수를 범할 것이다. 이러한 숫자가 많을수록 기독교는 생명력을 발휘하지 못할 것이다. 그리고 혁격한 삶의 변화를 경험하지 못하는 것이 오히려 정상적인 그리스도인의 삶이며 반대로 혁명적인 삶의 변화와 결단을 이루는 삶을 비정상적으로 여기게 될 것이다.

둘째, 비록 진정으로 주님과 만난 경험이 있고 또한 그분을 삶의 주님으로 모셨음에도 뚜렷한 변화를 경험하지 못하는 사람들이 있다. 이는 그 속에서 시작된 변화가 교회 속에서 격려 받거나 장려되기보다 대부분의 교인들이 변화의 삶을 살지 않고 있다는 전체적인 분위기 속에서 위축되는 경우이다. 교회의 영적 토양이 문제된다는 말이다. 새로 그리스도인이 된 사람들은 먼저 그리스도인이 된 사람들을 삶의 모델로 삼는다. 재물을 사용하는 방법, 주님을 위해서 가족을 포기하는 방법, 자신의 직업이나 지위를 주님 앞에서 포기하는 방식을 교회 안의 다른 그리스도인들에게 배운다. 그 배움은 다른 그리스도인들의 간증을 통해서 배우고 본받는다. 간증이 자연스럽게 발산되는 토양의 교회에서 새신자는 예수님의 주님 되심과 신앙고백을 어렵지 않게 한다.

혁명적인 변화가 여전히 특별한 사람들의 간증으로 여기는 이들을 위해 오늘날 중국의 가정교회를 예로 들어본다. 지난 50여 년 동안 중국 정부는 기독교를 핍박했다. 1980년 개방 전까지 그리스도인들은 모두 지하로 숨어들어야 했다. 1966년부터 13년간 계속된 문화혁명이라는 거친 회오리는 핍박의 절정이었다. 그리스도인은 공안당국에 발각될 경우 체포되어 고초를 당하고 심할 경우 처형을 당하는 등의 박해를 받았다. 나는 1999년 여름에 중국을 방문하여 실제적으로 문화혁명 기간 중 13년 동안 옥고를 치른 목사를 비롯하여 많은 사람들을 만났다. 그런데 그러한 위협과 핍박이 중국이 개방한 뒤로도 끝나지 않았다. 오늘날 중국 정부는 삼자(三自)교회를 공인하고 있다. 하지만 삼자교회 교인들의 5배 이상의 지하교인들이 여전히 공안당국의 감시를 피하여 신앙생활을 하고 있다. 이러한 핍박을 받고 있는 지하교회 교인들에게 예수 믿는 것은 자신의 삶을 담보로 하는 일이며 자신의 목숨을 거는 일이다. 그야말로 예수 믿는 일 때문에 자신의 생명과 삶을 포기하는 것이다.

자신의 모든 것을 걸고 예수를 믿는 것은 단순히 영적 지도자의 위치에 있는 사람들이나 특별히 영적으로 성숙한 사람들에게만 해당되는 것이 아니다. 그리스도를 믿는 많은 중국 교인들이 자신의 모든 것을 걸고 예수를 믿고 있다. 어떻게 이러한 일이 가능한가? 지난 50년 동안 먼저 믿은 중국의 그리스도인들이 그러한 영적 토양을 만들었기 때문이다. 이러한 토양에 새로운 영혼이 들어왔을 때 그 영혼은 매우 자연스럽게 그리스도인 됨의 의미와 그리스도인의 삶의 양식을 몸으로 배우는 것이다.

영적 토양이 새신자들에게 끼치는 영향력은 교육적으로 매우 중요하다. 정의적인 영역(情意的 領域:affective domain)에 있어서의 학습, 예를 들면 태도나 가치관, 신념체계, 라이프스타일 등의 영역에서의 변화를 목적으로 하는 학습이라면 학습효과를 극대화하기 위해 모방의 원리를 적용한다. 모방학습이란 학습자가 본으로 삼을 수 있는 모델을 관찰하여 모방하면서 학습이 이루어지는 이론이다. 기독교 신앙교육은 그 내용상 주로 정의적 영역의 학습이다. 자신이 지식과 이해 차원에서 배운 신앙생활이 다른 사람의 삶에서 실제적으로 그 본을 볼 수 있을 때 비로소 자신의 삶으로 또는 확신체계로 학습되어진다는 말이다. 따라서 먼저 믿은 사람들 대부분이 자신의 삶을 그리스도께 전폭적으로 헌신하고 그러한 헌신을 삶의 각 영역에서 구체적으로 이루어 갈 때 새로 믿는 사람들이 그대로 따라가게 된다. 분명히 초대교회나 오늘날의 중국 교회 교인들은 생명을 담보로 예수를 믿었다. 그리고 그러한 헌신이 있는 믿음을 하나님께서는 사용하신다. 그리고 그러한 영적 토양은 계속해서 특정 그리스도인이 아니라 그리스도인이면 누구나 그분께 온전한 헌신을 하며 그분께서 온전히 통치하시는 삶에로의 변화를 경험하게 된다는 사실을 보편적으로 만드는 소중한 통로가 된다. 셀 교회는 이러한 토양을 일구어 냄으로써 모든 그리스도인들이 주님을 위해 전폭적 헌신을 하게 하며 서로가 서로에게 소중한 모델이 되도록 한다.

후주

1) Tom sine, 「하나님 나라를 이루는 제자도」, 주순희 역(서울:두란노서원), 10.
2) 이 논쟁은 John MacArthur의 *The Gospel According to Jesus* 책에서 다시 점화된 것으로 *Christianity Today*지는 이 주재권 구원을 '화산과 같은 주제'라고 불렀다. MacArthur의 저서에서 밝히고 있는 주재권 구원에 대하여 반대하는 입장에서 저술된 저서로는 Charles Ryrie의 *Basic Theology*(1986)와 *So Great Salvation*(1989), 그리고 Robert P.

Lightner의 *Sin, the Saviuor, and Salvation*(1991) 등이 있으며 이 주제에 관한 논쟁은 90년대 초에 활발하게 이어지다가 90년대 중반에 이르러 별다른 결론 없이 끝났다. 이에 관한 서적으로는 Kenneth L. Gentry, Jr., *Lord of the Saved: Getting the Heart of the Lordship Debate*(Phillipsburg, NJ: P & R Publishing, 1992), Earnest C. Reinsinger, *Lord & Christ* (Phillipsburg, NJ: P & R Publishing, 1994), Curtis I. Crenshaw, *Lordship Salvation* (Memphis, TN: Footstool Publications, 1994) 등이 있다.

제2장

복음의 본질

그리스도인의 삶이 혁명적으로 변하는 이유는 복음의 본질 그 자체의 과격성 때문이다. 복음의 본질이 과격성이라면 그 복음으로 '새로운 피조물'이 된 사람들의 삶이 혁명적으로 변하는 것은 너무나도 당연하다. 그러나 일부 그리스도인들만 혁명적인 변화를 보이는 이유는 무엇인가? 예수 그리스도를 주님으로 모시고 구원받았다고 하면서도 구원받은 그 시각으로부터 획기적인 삶의 변화를 보이지 못하는 이유 중 하나는 그리스도인으로서 복음의 본질을 제대로 이해하지 못하기 때문일 수 있다. 물론 삶의 변화가 일순간에 완전하게 이뤄지는 것은 아니다. 변화는 획기적이고 분명하게 이루어져야만 한다. 그리스도의 복음이 삶에 과격한 변화를 가져오기 때문이다. 그러면 복음의 본질이 무엇이기에 과격한 삶의 변화를 가져 올 수밖에 없는 것일까?

복음은 그리스도의 십자가상(十字架上)에서 표현하신 것이다. 죄로 말미암아 하나님과 원수되었던 인간의 모든 죄악을 그리스도의 십자가에 담당시키심으로써 우리의 모든 죄를 용서해 주시고 우리를 하나님의 자녀로 삼아주신 하나님 사랑의 소식이 곧 복음이다. 십자가에서 아들을 죽이시는 하나님의 사랑은 얼마나 충격적이며 과격한가? 하나님 자신이 사람의 몸을 입고 이 세상에 오셨다는 사실과 우리를 위해 하나님이 우리의 죽음을 대신 받으셨다는 사실은 분명 과격한 소식이다. 이와 같은 복음의 본질적 과격성이 모든 그리스도인의 삶에 충격적 능력을 발휘하려면 무엇보다 먼저 복음을 구성하는 본질적 요소들의 의미를 철저히 이해해야 한다.

복음의 본질적 요소는 적어도 네 가지로 요약할 수 있다. 그 첫번째 요소는 죄다. 복음이란 죄인들에 대한 하나님의 주도권적인 사랑의 행위라는 점에서, 죄 때문에 하나님의 사랑이 움직이기 시작했다. 두번째 요소는 하나님의 사랑이다. 하나님께서는 자신의 독생자를 죽이기까지 우리를 사랑하신다. 세번째 요소는 그분의 사랑에 대한 죄인의 반응이다. 그 놀라운 사랑의 소식을 들었을 때 우리 자신의 죄인 됨을 뉘우치고 겸손히 감사하면서 그 사랑에 반응하고 그분을 주님으로 모셔들이는 결단을 해야 한다. 복음의 마지막 요소는 복음에 응답한 사람들에게 주어지는 복과 그에 따른 삶의 변화이다. 이제 이 네 가지 복음의 본질적 요소들을 구체적으로 살펴보면서 왜 복음이 과격한 변화의 근원이 되는지 알아보자.

죄의 본질

복음을 이해하려면 우선 죄의 개념을 이해해야 한다. 성경은 무엇을 죄라고 말하는가? 우리는 죄라고 하면 인간들 사이에서 행해지는 도덕적, 윤리적 죄들을 떠올린다. 다른 사람을 속이고, 도적질하고, 미워하고, 질투하고, 악을 도모하고, 부모를 거역하고, 약속을 어기고, 교만하고, 자랑하고, 비방하고, 살인하고, 간음하는 그런 종류의 죄들을 생각한다. 물론 이것들로 인해 인간은 자신의 죄인 됨을 구체적으로 인식하고 인정하고 있다. 그것이 계기가 되어 그리스도의 십자가의 사랑을 믿음으로 받아들이게 되는 것도 사실이다. 하지만 죄에 대한 인식이 여기에 머무른다면 문제가 있다.

성경이 지적하는 죄는 본질적으로 창조주 하나님을 우주의 중심으로 모시고 살아가기보다 자기 자신을 우주의 중심으로 살아가는, 이를테면 '자기중심적인 삶'(egocentric life)의 태도다. 자기중심성이 바로 죄의 근본이다. 신학자들의 죄에 관한 정의는 거의 일치한다. 어원학적이든 신학적이든 성서적이든 하나님 중심의 삶이 아닌 자기중심의 삶이 죄의 본질이라고 말한다. 즉 자기가 우주의 중심이 되어 자기 뜻대로 사는 것이 죄다. 하나님께서 인간을 창조하신 목적이 있다. 목적 없이 아무렇게나 인간을 한번 창조해 보는 그런 종류의 창조는 하나님과 어울리지 않는다. 하나님은 그분의 목적을 성취하기 위해 인간을 창조하셨다. 이러한 창조의 목적을 수행할 수 있으려면 그분 안에서의 삶의 질서가 이루어져야 한다. 그렇기 위해서 그분과 사랑으로 관계 맺어야 한다. 그러나 인간은 하나님의 사랑을 박차고 자신이 주인 행세를 했다. 그리고 불순종하고 범죄함으로서 자기가 자기 인생의 주인이 되는 중한 죄를 짓게 되었다. 따라서 죄의 본질은 하나님을 무시하고 자신을 하나님의 자리에 올려놓는 자아숭배이다. 이러한 자기중심성(self-centeredness)을 가리켜 신학자들은 '근본적인 죄'(The Sin)라고 부른다. 침례교의 조직신학자였던 커너(W. T. Conner) 박사는 이를 일컬어 하나님께 대한 인격적 거역과 반역, 고의적인 하나님께 대한 반역(rebellion against God)이라 한다.[1]

  10계명의 핵심도 이러한 자기중심성을 드러내면서 죄가 무엇인지를 가르쳐준다. 율법 중에 어느 계명이 가장 큰지를 물으면서 예수님을 시험했던 율법사에게 예수님은 율법의 핵심을 두 가지로 요약하면서 인간 죄악의 중심이 곧 자기중심성임을 적나라하게 드러내셨다. 예수님이 말씀하신 두 가지 계명은 타자중심성의 삶이었다. 이러한 근본적인 죄악(The Sin)인 자기중심성으로부터 수많은 윤리적, 도덕적 죄악들(sins)이 발생한다. 근본 죄악인 자기중심성을 뿌리삼아 수많은 죄악이 자연스럽게 뒤따르는 것이다.

  로마서 1장 28~32절은 이러한 사실을 분명하게 나타내준다. 본문은 인간이 저지르는 21가지 죄악을 소개한다. 이 21가지 죄악은 인간들 사이에 발생하는 윤리적, 도덕적 죄악이다. 본문은 28절에서 이러한 죄악들의 근본 원인을 다음과 같이 밝히고 있다.

> "또한 저희가 마음에 하나님 두기를 싫어하매 하나님께서 저희를 그 상실한 마음대로 내어버려두사 합당치 못한 일을 하게 하셨으니."

신학자들은 한결같이 하나님과의 관계에서 발생한 근본 죄악을 우선적으로 지적한다. '하나님께 대한 인간의 인격적 거역', '자신을 우주의 중심으로 삼는 것', '창조주 하나님께 대한 배반', '하나님을 배역하고 자신을 하나님의 위치에 올리는 행위' 등은 죄의 본질이 일차적으로 하나님과의 관계에 있어서 발생한 문제이며 인간 간의 관계에서 발생한 것은 이차적이라는 사실을 보여준다.

이러한 죄의 본질적 개념은 십계명에서도 잘 드러난다. 일반적으로 십계명은 크게 두 부분으로 나뉘어진다. 첫째 부분은 제1계명에서 제4계명까지의 계명으로 인간과 하나님과의 관계를 다루고 있다. 둘째 부분은 제5계명에서 제10계명까지의 계명으로 인간들 간의 윤리적인 죄악들을 다루고 있다. 엄밀한 의미에서 인간들 간에 저지르는 죄악들은 하나님과의 관계에서 발생한 근본 죄악에 따르는 열매들인 셈이다.

이 점에 관하여 예수께서도 분명하게 교훈하셨다. 율법사가 예수님을 찾아와서 "선생님이여, 율법 중에 어느 계명이 큽니까?" 하고 예수님을 시험했다. 이 질문은 예수님에게서 흠을 찾아 그분을 공격하려는 의도로 한 것이었다. 예수가 진정으로 하나님의 아들이라면 율법을 정확히 알 것이고 만일 율법 중에 가장 큰 계명이 무엇인지에 대해 조금이라도 틀린 대답을 하면 이것을 빌미로 예수를 공격하기 위함이었다. 따라서 이 질문에 대해 주님은 반드시 정확하고 율법의 핵심을 밝히 드러내는 대답을 해야 했다. 예수께서는 주저하지 않고 대답하셨다.

"네 마음을 다하고 목숨을 다하고 뜻을 다하여 주 너의 하나님을 사랑하라 하셨으니 이것이 크고 첫째 되는 계명이요 둘째는 그와 같으니 네 이웃을 네 몸과 같이 사랑하라 하셨으니 이 두 계명이 온 율법과 선지자의 강령이니라"(마 22:37~40).

예수님은 이 말씀으로 십계명의 두 부분을 핵심적으로 요약하셨고 하나님의 계명을 선명하게 드러내 주셨다. 하나님을 사랑하되 자신을 사랑하는 것보다 더 사랑하는 것, 즉 죽기까지 하나님을 사랑하는 것이 하나님의 명령이며 이 명령에 순종하지 않는 것이 가장 큰 죄임을 말씀하셨다. 이런 삶을 살려면 우리의 삶이 하나님 중심의 삶이어야 하며 자기중심적인 삶은 포기해야 한다. 그렇기 때문에 복음의 감격 속에 새로운 삶이 시작된 그리스도인을 "이제는 내가 산 것이 아니오 오직 내 안에 그리스도께서 사신 것이라"(갈 2:20)는 고백을 자연스럽게 할 수 있는 것이다. 새로운 피조물은 바로 삶의 주인이 바뀐 사람들, 삶의 동기와 목적이 바뀐 사람들이다.

자신이 죄인임을 알았다는 말은 도덕적, 윤리적인 차원을 넘어서 근본적인 죄의 개념을 이해하고 자신과 하나님과의 관계가 잘못되었음을 알았다는 것이다. 그리고 회개는 자기중심적인 삶으로부터 돌이켜 하나님 중심의 삶으로 전환한다는 말이다. 따라서 죄에 대한 이와 같은 이해와 그에 따른 회개는 필연적으로 그 사람을 획기적으로 변화시킨다. 왜냐하면 지금까지의 자신의 삶을 그토록 비참하게 만들었던 근원이 바로 자신과 하나님과의 관계에 있었던 죄악 때문이었음을 깨달았기 때문이다. 즉 그 사람의 생애의 주인이 바뀌었기 때문이다. 그 사람의 삶을 주관하고 인도하는 근본 원인자가 자신이 아닌 그리스도가 되었고 또 존재하며 살아가는 이유와 목적과 동기가 더 이상 자신이 아니라 그리스도이시기 때문이다.

 삶의 동기와 이유와 목적이 자신에서 예수님으로 바뀌었다는 말을 보다 쉽게 이해할 수 있게 해주는 비유가 결혼이다. 한 남자가 한 여자를 만나 결혼하면 그는 지금까지 살아왔던 자세나 태도로부터 획기적인 변화를 한다. 결혼 전에는 자신이 원하는 대로 살았지만 결혼한 후에는 배우자를 중심으로 삶의 스타일이 바뀌게 되는 것이다. 결혼 후에도 결혼 전처럼 살아간다면 그 사람의 결혼은 머지않아 파국을 맞을 것이다. 남녀가 만나 결혼하여 한 몸을 이루어도 삶이 이렇듯 변하는데 천지를 지으신 하나님을 만났으면서 변하지 않는다면 그 사람의 신앙은 근원적인 문제에 부딪혀 있는 것이다.

 많은 사람들이 예수님을 '주님'이라고 부르지만 진정으로 그분께 삶의 모든 영역을 내어드리고 자신의 삶의 모든 영역을 주장하시도록 그분께 주재권(통치권)을 드리고 그분께 굴복하고 사는 그리스도인은 많지 않은 것 같다. 바울은 자기중심성의 삶을 가리켜 다음과 같이 말했다.

> "너희의 허물과 죄로 죽었던 너희를 살리셨도다 그때에 너희가 그 가운데서 행하여 이 세상 풍속을 좇고 공중의 권세 잡은 자를 따랐으니 곧 지금 불순종의 아들들 가운데서 역사하는 영이라 전에는

우리도 다 그 가운데서 우리 육체의 욕심을 따라 지내며 육체와 마음의 원하는 것을 하여 다른 이들과 같이 본질상 진노의 자녀이었더니"(엡 2:1~4).

바울은 이러한 자기중심성이 충만한 상태로 말미암아 생활 속에서 자연스럽게 생겨나는 죄악들로 특징짓는 삶의 모습을 로마서 1장에서는 다음과 같이 표현한다.

"곧 모든 불의, 추악, 탐욕, 악의가 가득한 자요 시기, 살인, 분쟁, 사기, 악독이 가득한 자요 수군수군하는 자요 비방하는 자요 하나님의 미워하시는 자요 능욕하는 자요 교만한 자요 자랑하는 자요 악을 도모하는 자요 부모를 거역하는 자요 우매한 자요 배약하는 자요 무정한 자요 무자비한 자라 저희가 이 같은 일을 행하는 자는 사형에 해당하다고 하나님의 정하심을 알고도 자기들만 행할 뿐 아니라 또한 그 일을 행하는 자를 옳다 하느니라"(롬 1:29~32).

하나님을 그 마음에 모시고 그분을 중심으로 살아가기를 거부한 인간은 필연적으로 수 많은 죄악(sins)을 범할 수밖에 없다. 따라서 인간이 죄인이라는 말은 도덕적, 윤리적인 죄보다는 하나님과의 잘못된 관계를 의미하는 것이다.

하나님의 과격한 사랑

하나님을 무시하고 자기 마음대로 살아가는 사람들을 향한 하나님의 마음은 참으로 아프고 안타깝다. 자신의 형상을 닮은 인간을 어떻게 해서라도 살리시고자 하는 하나님의 사랑은 그 아들을 보내셔서 우리를 위해 대신 죽으신 사랑이다. '피 흘림이 없이는 죄 사함이 없기' 때문이다. 그리고 그 아들 예수 그리스도께서는 아버지의 말씀을 순종하여 우리를 위해 스스로 목숨을 버리셨다. 이러한 하나님의 사랑의 위대한 능력은 우리를 구속하시기에 충분했다. 하나님께서는 하나님을 떠나 자신이 주인이 되어 마음대로 살던 인간을 구원하시려고 그리고 하나님 중심으로 살게 하시려고 십자가에 스스로 달리셨다. 그 결과 우리는 하나님과 화목하게 되었다.

인간을 사랑하기 때문에 자신의 아들을 십자가에서 죽도록 내어주신 하나님의 사랑은 아무리 보아도 과격하다. 누군가를 위하여 대신 죽는 일은 결코 쉬운 일이 아니다. 자신이 좋아하며 존경하는 사람을 위해 몇 시간 또는 며칠을 헌신하는 일도 쉽지 않은데 죽기는 얼마나 어려운 것인가! 우리를 위한 하나님의 사랑은 당신의 아들을 세상에 보내셔서 우리를 위해 죽게 하신 과격한 사랑이었다.

미국에서 공부할 때 한번은 달라스 러브필드(Love Field) 공항에서 비행기를 타고 코퍼스 크리스티(Corpus Christi)라는 도시로 여행을 간 적이 있다. 약 한 시간 남짓 걸려서 옆에 앉은 사람에게 전도하기 위해 말을 걸기 시작했다. 그리스도인이고 한국인임을 밝혔을 때 그는 유대인이라고 대답했다. 내가 구약 창세기부터 시작하여 유대인의 조상 아브라함에 관한 이야기를 했을 때 놀랍게도 그는 구약성경은 물론이고 자신의 조상인 아브라함도 모른다고 했다. 내가 유대인인 그 사람에게 그의 조상의 이름을 가르쳐주는 것부터 시작하여 예수 그리스도의 십자가의 죽으심과 부활하심을 설명했을 때 그는 깜짝 놀랄 정도로 감탄하며 소리를 질렀다. "그렇게 아름다운 이야기가 있을 수 있습니까? 누군가가 나를 위해 대신 죽다니요! 예수 그리스도의 십자가가 그렇게 아름다운 사랑의 이야기인줄 몰랐습니다." 순간 나는 "아, 그렇지. 내가 전하는 예수 그리스도의 십자가 이야기는 정말로 아름다운 사랑 이야기이지. 세상에서 제일 아름다운 이야기지"라는 생각에 가슴이 뜨거워졌다. 나는 그때 새삼스럽게 복음은 그 어떤 것과도 비교할 수 없는 아름다운 이야기라는 사실을 깨닫게 되었다.

다른 사람을 위해 자기 목숨을 바치는 사랑은 분명 예사로운 사랑이 아니다. 예수님 자신도 "친구를 위하여 목숨을 버리면 이에서 더 큰 사랑이 없다"고 말씀하셨다. 이 얼마나 과격한 사랑인가? 그리스도께서 우리에게 베푸신 사랑이 얼마나 아름다운지 알 때, 그리고 주님의 사랑은 아름다움 그 이상의 사랑임을 알 때 우리는 그분의 사랑에 녹아질 수밖에 없다.

선한 사람이나 의로운 사람을 위해 대신 죽는 것도 많은 사람들에게 감동을 준다. 사도 바울은 로마서 5장 6~8절의 말씀을 통하여 이러한 사랑을 그리스도의 사랑과 비교했다.

"우리가 아직 연약할 때에 기약대로 그리스도께서 경건치 않은 자를 위하여 죽으셨도다"(6절).

그리스도께서 우리에게 베푸신 사랑은 오히려 경건치 못한 자, 죄인인 자, 의롭지 못한 자를 위해 죽으시는 사랑인 것이다.

"의인을 위하여 죽는 자가 쉽지 않고 선인을 위하여 용감히 죽는 자가 혹 있거니와"(7절).

자신보다 나은 자, 자신보다 선한 자, 자신보다 의로운 자, 자신보다 위대한 자를 위하여 용감히 죽는 경우는 더러 있을 수 있다. 예를 들면 자신이 섬기던 임금을 위해 목숨을 바치는 충정 어린 신하나 부하들, 자신이 존경하는 위대한 스승과 같은 인물들을 위해 자기 목숨을 희생하는 사람들이 간혹 있다. 이런 사랑은 너무도 고상해서 오랜 시간이 흘러도 그 사랑 이야기는 계속 전해진다.

우리 나라 역사 속에서 만나게 되는 이러한 사랑 이야기의 대표적인 예가 사육신(死六臣)이다. 단종을 위한 사육신의 충정과 사랑은 스스로 죽음을 택하여 그들의 사랑과 충정을 입증했다. 임금을 위해 죽기까지 한 그들의 사랑 이야기는 많은 세월이 지난 지금까지도 전해지고 있다. 어쩌면 그 당시의 상황에서 임금을 위해 죽음으로써 자신들의 충정을 다하는 것은 너무도 당연한 일이었을 것임에도 불구하고 말이다.

백성을 통치하고 다스리는 중요한 위치에 있는 임금을 위한 신하들의 죽음도 매우 소중하지만 말 못하는 개가 주인이 위급한 상황에

처했을 때, 이를테면 주인이 풀밭에서 정신을 잃고 있는 사이에 산불이 나서 무섭게 타오르는 불이 잠자는 주인을 태워 죽일 수 있는 상황에서 개가 호수로 뛰어 들어가 자신의 온몸에 물을 적셔 주인이 쓰러져 있는 주변 풀밭을 모두 적셔놓음으로써 주인을 살리고 자신은 너무도 지친 나머지 쓰러져 죽었다는 전라북도 오수마을의 오수개에 관한 이야기 역시 우리에게 진한 감동을 준다. 개의 아름다운 이야기를 오랫동안 전하기 위해 기념비까지 세울 만큼 다른 사람을 위해 자신의 목숨을 버린다는 것은 아름다운 이야기이다.

다른 사람들을 위해 죽은 아름다운 이야기는 종종 군인들 사이에서 생겨나기도 한다. 월남전에 파병되기 위하여 훈련을 받던 부하중 하나가 잘못 던진 수류탄을 자신의 몸으로 덮쳐 자신은 산화하고 부하들을 살린 고 강재구 소령의 이야기를 우리는 아직도 기억하고 있다. 그야말로 목숨을 건 사랑을 보여준 아름다운 이야기이다. 부하가 상관을 살리기 위해 죽었다는 이야기와는 다르게 상관이 부하들을 위해 죽었다는 이야기는 또 다른 차원의 감동을 준다.

그러나 사도 바울은 우리에게 우리의 사랑과는 비교할 수 없는 그리스도의 사랑을 강조하고 있다. 하나님의 아들이신 예수께서 우리를 위해 죽으셨음을 강조한다. 그것도 우리가 아직 죄인일 때, 아직 경건치 못할 때, 아직 의롭지 못할 때 우리를 위해 죽으셨다.

"우리가 아직 연약할 때에 기약대로 그리스도께서 경건치 않은 자를 위하여 죽으셨도다"(롬 5:6).

사도 바울은 또 다음과 같이 기록하고 있다.

> "의인을 위하여 죽는 자가 쉽지 않고 선인을 위하여 용감히 죽는 자가 혹 있거니와 우리가 아직 죄인 되었을 때에 그리스도께서 우리를 위하여 죽으심으로 하나님께서 우리에게 대한 자기의 사랑을 확증하셨느니라"(롬 5:7~8).

우리는 누군가가 우리를 위해 죽어 줄만큼 가치 있는 사람들이 아니다. 오히려 죄인이다. 하나님을 거역하고 거부한 경건치 못한 사람들이다. 이런 우리들을 위해 그리스도께서 자신의 목숨을 버리셨음은 아무리 보아도 과격한 사랑이다. 또 유익이 없어 보이는 사랑이다. 우리는 이익을 따지는 일에 익숙해 있기 때문에 다른 사람에게 무엇인가 호의를 베풀거나 도움을 줄 때는 나중에 그러한 행동이 나에게 가져다 줄 결과와 이득을 먼저 따지는 경우가 많다. 즉 유익과 이익의 유무를 따져서 어떤 일을 하려는 경향이 있다. 그러나 하나님의 사랑은 우리의 사랑과는 근본적으로 다르다. 하나님께서 유익이 있는지 없는지 따져보고 아들을 이 세상에 보내셔서 십자가에 못 박아 인류를 구원하려고 했다면 아마 아직도 하나님의 아들은 이 땅에 오지 않았을 것이다.

현대제자훈련운동의 아버지인 네비게이토(Navigators) 선교회의 창시자 도우슨 트로트맨(Dawson Trotman)의 죽음은 하나님의 유익을 바라지 않는 사랑이야기다. 그는 1956년 여름 어느 날 수양회를 인도하고 있었다. 휴식 시간에 그는 한 소녀가 호수에 빠져 허

우적거리는 모습을 보았다. 그는 즉시 소녀를 구하기 위하여 호수에 뛰어 들었고 소녀를 물 밑에서 떠받쳤다. 이들을 구하기 위해 모터보트가 달려와 소녀를 구조하고 도우슨 트로트맨을 구조하려 했으나 그는 죽고 말았다. 그렇게 하나님의 위대한 사역자 트로트맨의 생애가 마감되었다.

나는 이 이야기를 처음 들었을 때 혼란스러웠다. 왜냐하면 그의 생명과 소녀의 생명을 맞바꾼 일이 아무리 생각해도 유익이 없다고 생각했기 때문이다. 그 소녀가 지금까지 살아 있다면 60대 부인일 것이다. 이 사건 이후 그 소녀의 이름조차 알려지지 않은 것으로 보아 도우슨의 남은 생애를 대신하여 그 여자가 큰 일을 했을 리는 없다. 그토록 위대한 하나님의 종의 생명을 포기하면서 그 여자를 살리신 하나님의 사랑은 나를 혼란스럽게 했다. 차라리 그 소녀가 죽고 도우슨이 살아있었더라면 적어도 20년 이상 주님의 사역을 했을 것이다. 그러나 이것이 바로 하나님의 사랑이다. 그리고 이 사랑에 견줄 수 있는 사랑은 없다.

하나님 사랑의 과격성은 우리를 위해, 그것도 죽어 줄만한 가치도 없고 의롭지도 못하고 경건치도 못한 우리를 위해 죽으시는 일 가운데 분명하게 드러났다. 그러나 그 사랑의 과격성은 거기서 그치지 않는다. 우리와 같이 하시며 우리와 동행하시면서 계속 그 사랑을 나타내신다. 천지만물을 만드신 하나님께서 낮고 천한 인간에게로 찾아오셔서 우리와 동행하신다는 사실은 우리를 위해 죽으신 사건만큼이나 과격한 사랑이다.

죄인의 반응

하나님을 떠나 하나님과 무관하게 살아가던 죄인이 하나님께로 돌아가는 행위를 회개로 정의할 때 한 영혼이 회개한다는 말은 그가 자신의 삶의 주인의 위치에서 내려와 하나님께로 그 주인의 위치를 되돌려 드림을 의미한다. 도덕적으로 윤리적으로 죄인임을 뉘우치고 회개했어도 하나님께 자신의 삶의 주인의 위치를 돌려 드리지 않았다면 그것은 결코 회개가 아니다. 근본 죄는 감추거나 회피하면서 파생적이고도 지엽적인 죄부터 돌이킨다는 말은 어불성설이다. 회개란 하나님께로의 돌이킴이지 단순히 어떤 특정한 죄나 잘못을 인정하는 것이 아니다.[2] 즉 회개란 인격자에게로의 돌이킴을 의미하는 것이지 단순한 사건이나 사물로부터 물러나는 것을 의미하는 것이 아니다. 따라서 자신이 죄인임을 깨닫고 회개한다는 말은 하나님을 무시하고 자기가 우주의 중심이 되어 살아온 삶의 자리로부터, 그러한 자리 때문에 파생된 수많은 죄악들의 자리에서 돌이켜 하나님께로 돌아가 그분을 삶의 주인으로 모시고 그분을 위한 삶으로 방향을 전환함을 뜻한다. 즉 주인을 바꾼다는 말이며 삶의 중심을 바꾼다는 말이다.

하나님의 엄청난 사랑을 이미 받은 우리가 마땅히 하나님께 드려야 할 반응은 무엇인가? 큰 은혜와 사랑을 받고도 반응이 없다면 사랑을 베푼 분을 크게 섭섭하게 해드리는 일이다. 그분을 기쁘시게 해드리는 일이 곧 그분의 사랑을 받아들이고 그분께 감사하는 것이다. 문 밖에 서서 두드리는 주님의 음성을 듣고 그분을 마음속에 주님으로 받아들이는 일을 해야 한다. 순종하면 구원을 받고 모든 죄로부터 해방되는 복을 누리지만 거절하면 저주와 화가 있다. 이것은 자신의 영원한 삶과 관계된 중대한 선택이다.

복음에 순종한다는 말은 자신이 죄인임을 인정하고 죄에서 돌아서서 자신의 모든 죄와 허물을 용서하신 그리스도의 사랑에 자신의 문제를 전폭적으로 맡기는 것이다. 자신이 죄인임을 지적받으면서도 그 말을 진지한 태도로 대하지 않고 지적받은 죄에 대하여 인정은 하면서도 그 죄에서 돌아서려는 의지가 없다면 복음에 불순종하는 것이다. 복음에 순종하려면 무엇보다 먼저 자신이 죄인임을 철저하게 깨닫고 회개해야 한다. 예수는 의인을 부르러 오신 것이 아니라 죄인을 부르러 오셨다. 따라서 그분의 사랑에 응답하려면 자신이 죄인임을 겸손하게 인정하고 구원을 갈망해야 한다.

회개란 지금까지 가던 삶의 길에서 돌이키는 것이다. 자기 중심의 삶에서 하나님 중심으로 방향을 전환하는 것이다. 또한 자신의 삶이 잘못된 것임을 깨닫고 고개를 끄덕이는 것이 아니라 그 길에서 돌아서는 것을 의미한다. 따라서 진정으로 회개한 사람이라면 변화가 생길 수밖에 없다.

진정한 회개는 예수님을 자신의 인생을 주관하시는 주님으로 모셔들이게 한다. 자신이 죄인임을 깨달았다 할지라도 그 죄를 해결할 수 있는 능력이 자신에게 없음을 인정하고 예수님의 십자가가 자신의 죄 문제에 대한 하나님의 완전한 해결책임을 믿고 그분을 자신의 인생에 분명하게 모셔들이는 결단이 있어야 한다. 그분을 주님으로 모셔들인다는 말은 그분과 영원한 의존 관계를 맺는다는 말이다. 또 그분 중심으로 살아간다는 말이다.

이러한 관계는 남녀의 결혼에 비유할 수 있다. 일단 결혼을 하면 누구나 자신이 결혼한 사실을 한시도 잊지 않고 살아간다. 예를 들어 한 남자가 결혼한 후 친구들과 어울리는 일이 너무 재미있어서 하루, 한 주간, 또는 한 달 동안 자신이 결혼한 사실을 까마득히 잊고 있다가 갑자기 누군가 가정 이야기하는 것을 듣고 비로소 자신이 결혼했다는 사실이 생각나서 얼른 집으로 돌아가는 그런 우스꽝스러운 일은 없다.

결혼한 사람은 결혼 한 그날부터 자신과 배우자를 생각하며 생활한다. 그리고 남편으로서, 아내로서, 아빠로서, 엄마로서의 신분의식 속에서 살아간다. 마찬가지로 예수님을 주님으로 모신 사람은 삶의 바쁜 과정에 휩싸여 정신없이 살아가다가 주일이 되면 자신이 교인인 것을 깨닫고 교회에 나간다. 그는 그리스도인으로서의 신분의식을 가지고 순간순간을 살아간다.

예수님을 주님으로 모셨다는 말은 자신의 전 생애를 그분께 건다는 뜻이다. 그분만이 자신의 삶의 길을 인도하는 목자이시며 그분 안에서 자신의 존재 이유와 목적을 발견한다는 뜻이다. 그리스도께서는 우리의 죄를 용서하시고 우리의 영혼을 구원하시는 분일뿐, 나의 삶을 관여하거나 나의 삶을 통치하고 다스리는 분은 아니라는 생각은 그분을 주님으로 모시는 일에 있어서 절대로 합당치 않다. 바울이 말한 바와 같이 "우리가 그를 힘입어 살며 기동하며 존재"(행 17:28)해야 한다. 이것은 단순히 근본 입장이 그렇게 바뀌었음을 의미하는 것만이 아니라 매순간의 삶이 그분의 통치 하에서 이루어짐을 의미한다. 사실상 그리스도인의 삶은 그분의 능력과 역사함에 의해서만 가능하다.

요한복음은 우리의 단순한 지적 동의나 사실 인정이 믿음이 아니라고 말한다. 그리고 인격적이면서도 전폭적인 신뢰와 의탁관계가 참다운 믿음이라고 한다. 예를 들면 요한복음 8장에서 예수께서는 자신이 하나님께로부터 오신 하나님의 아들이심을 유대인들에게 열심히 가르치셨다. 그 결과 많은 사람이 믿었다고 기록하고 있다(30절). 31절에서는 '예수께서 자기를 믿은 유대인들에게' 계속해서 자신이 하나님의 보내심을 받은 아들이며 아브라함보다 먼저 있는 자이며 더 나아가 하나님과 함께 하는 자이심을 증거했다. 그러자 유대인들이 "돌을 들어 치려했다"(8:59). 그렇다면 30절에서 믿었다는 말과 59절에서 돌을 들어 치려했다는 그들의 태도를 어떻게 이해할 것인가? '자기를 믿은 유대인들' 이 예수께서 자신이 곧 하나님 아들이심을 증거했을 때 그분을 돌로 쳐 죽이려 했음은 정녕 그들이 믿었다는 30절의 말씀이 그분을 하나님의 아들로 또는 그리스도로 믿었다는 뜻이 아니라 그분을 단순히 지식적 차원에서 인정하는 수준이었음을 보여주는 증거다. 이렇듯 구원을 얻는 믿음은 자신의 영원한 생명과 삶의 문제를 예수님께 완전히 의탁하고 의뢰하는 것이다.

요한복음 9장의 눈을 뜬 소경의 이야기에서 구원받는 참된 믿음이 무엇인지를 배울 수 있다. 나면서부터 소경된 그는 거리에 앉아 구걸하며 살아가는 비참한 생을 살았다. 그러한 그가 예수님을 만나게 되었다. 제자들은 소경을 앞에 두고 나면서부터 소경된 것이 누구 죄 때문인지를 예수께 질문했다. 예수께서는 그 누구의 죄도 아니라 "그에게서 하나님의 하시는 일을 나타내고자 하심이라"고 답하셨다(3절). 모든 질병을 죄 때문이라고 보는 당시의 통념을 벗어난 뜻밖의 말씀을 들은 이 소경은 매우 감격했을 것이다. 자신이 소경된 것이 죄 때문이 아니라는 이야기를 처음 들었기 때문이다. 이어서 주님은 흙에 침을 뱉어 반죽을 해서 그의 눈에 붙여주셨고 실로암 못에 가서 씻으라고 하셨다. 그는 예수의 말씀에 순종하여 그 연못까지 가서 눈을 씻고 난생 처음으로 세상을 보게 되었다. 그의 감격은 어떠했을지 상상해 보라!

그러나 그날이 안식일이었기에 소경을 고친 일은 안식일을 범한 일이라고 정죄받았다. 그리고 이 사건은 바리새인들에게 신학적인 딜레마를 제공했다. 바리새인들은 소경이었던 자를 즉각 소환하여 눈을 뜨게 된 경위를 물었다. 소경이었던 사람은 주저하지 않고 예수께서 어떻게 자신의 눈을 뜨게 해주셨는지를 증언했다. 그러한 바리새인들은 그가 예수를 누구로 생각하는지를 물었다. 그는 선지자라고 대답했다(17절). 그러자 바리새인들은 부모를 소환하여 물었고 다시 소경이었던 자를 소환하여 계속 심문했다. "그 사람이 네게 무엇을 했느냐?"는 질문을 다시 받은 그는 "내가 이미 일렀어도 듣지 아니하고 어찌하여 다시 듣고자 하나이까? 당신들도 그의 제자가 되려 하나이까?"라고 답하면서 오히려 되물었다. 이러한 태도는 예수님을 옹호하는 입장에서 말한 용감한 행동이었다. 그러자 바리새인들은 그를 윽박지르며 위협적으로 대했다. 그러자 그는 창세 이후로 소경의 눈을 뜨게 한 일을 들어보지 못했다면 자신의 눈을 뜨게 한 이 사람이 어디로부터 오신 분인지가 뻔한 일인데 그것을 모르다니 참으로 이상하다는 반응을 보였다. 그러자 바리새인들은 그를 내어 쫓아버렸다.

소경이었던 자를 바라새인들이 쫓았다는 말을 들은 예수께서는 다시 그를 만났을 때 "네가 인자를 믿느냐?"고 질문하셨다(35절). 그는 "주여, 그가 누구시오니이까? 내가 믿고자 하나이다"고 답했다(36절). 예수께서는 "네가 그를 보았거니와 지금 너와 말하는 자가 그이니라"고 답하셨다(38절). 그러자 그는 "주여, 내가 믿나이다" 하면서 그분 발 앞에 무릎 꿇고 엎드려 절했다. 자신의 인생을 예수님 앞에 무릎을 꿇은 것이었다. 이 사람은 언제 예수님을 믿고 구원을 받았을까? 그는 눈을 뜨는 엄청난 경험을 했음에도 불구하고, 그리고 예수님을 옹호하는 입장에서 답했음에도 불구하고 그의 예수님에 대한 이해는 선지자였다. 그러나 두번째 예수님을 만났을 때 비로소 그분 앞에 무릎을 꿇으면서 메시아를 만나게 되었다. 이렇듯 눈을 뜨는 경험도, 예수님을 옹호하는 입장에서 대적자들과 맞서는 일도 그에게 구원을 주지 못했다. 그는 그분 앞에 자신의 인생을 굴복하는 일을 통해 진정한 구원을 얻었다.

믿는 자가 받은 축복

복음으로 시작된 혁명적 변화의 원인은 영적 변화라는 분명한 역사적 사건이 발생했기 때문이다. 따라서 그리스도를 믿는 사람들이 변화의 복을 누리기 위해서는 믿는 자에게 발생한 여러 가지 영적 사실들에 대한 인식과 확신이 필요하다. 이 점에 관하여 사도 요한은 "내가 하나님의 아들의 이름을 믿는 너희에게 이것을 쓴 것은 너희로 하여금 너희에게 영생이 있음을 알게 하려 함이라"(요일 5:13)고 밝힘으로써 아들을 믿는 자들에게 영생이 있음을 아는 것의 중요성을 피력했다. 사도 요한은 그리스도인들에게 영생이 있음을 알게 하려고 요한일서를 기록했다. 사도 바울도 이 점에 관해서는 같은 입장이다. 그는 우리에게 성령을 주신 이유를 다음과 같이 말한다.

> "우리가 세상의 영을 받지 아니하고 오직 하나님께로 온 영을 받았으니 이는 우리로 하여금 하나님께서 우리에게 은혜로 주신 것들을 알게 하려 하심이라"(고전 2:12).

바울은 같은 서신서 6장 19절에서도 "너희 몸은 너희가 하나님께로부터 받은바 너희 가운데 계신 성령의 전인 줄을 알지 못하느냐"고 질문함으로써 바른 지식과 이해력이 결여된 고린도 교인들을 각성시키고 있다.

그는 문제가 많은 고린도 교인들을 향해 두 편의 편지를 쓰고 마지막으로 그리스도인들이 마땅히 알아야 할 것을 매우 도전적으로 반복해서 강조했다.

> "너희가 믿음에 있는가 너희 자신을 시험하고 너희 자신을 확증하

라 예수 그리스도께서 너희 안에 계신 줄을 너희가 스스로 알지 못하느냐 그렇지 않으면 너희가 버리운 자니라"(고후 13:5).

사도 바울의 이와 같은 강력한 도전은 죄 가운데서 헤매고 있는 교인들의 문제가 바로 그리스도께서 그들 안에 거하신다는 사실을 모르고 있기 때문이라고 진단한 결과이다.

변화를 수반하는 담대한 믿음은 자신의 죄인 됨을 처절하게 인식한 사람이 그러한 비참함으로부터 구원되었다는 확신으로부터 시작된다. 이러한 확신은 일생동안 지속되고 순간순간을 하나님께 순종한다. 한편, 하나님으로부터 선물로 받은 구원은 어떠한 일이 있어도 결코 상실되거나 무효화 되지 않고 영원히 우리 안에 있다. 구원의 영원성에 대한 확신은 그리스도인들에게 절대적으로 필요하다. 예수께서는 제자들을 가르치실 때 당신께서 양들에게 영생을 주신다고 하시면서 그 영생은 그 누구도, 그 어떤 것도 멸망시킬 수 없다고 확증하신 일이 있다.

"내가 저희에게 영생을 주노니 영원히 멸망치 아니할 터이요 또 저희를 내 손에서 빼앗을 자가 없느니라 저희를 주신 내 아버지는 만유보다 크시매 아무도 아버지 손에서 빼앗을 수 없느니라"(요 10:28~29).

그리스도인들은 그리스도로 말미암아 하나님의 자녀가 되었다는 사실을 반드시 알고 확신해야 한다. 그리스도를 영접하는 자 곧 그 이름을 믿는 자들은 '하나님의 자녀'이다(요 1:12). 하나님의 자녀가 된 사실을 확신하는 일은 우리에게 엄청난 가치 감정을 불러일으킨다. 죄인의 신분에서 하나님의 자녀라는 놀라운 신분 상승을 경험하는 복을 얻었다는 사실 때문에 이제는 하나님의 자녀로서 하나님의 명예에 걸맞는 삶을 살아야 한다. 하나님의 자녀라는 사실은 그 어떤 것으로도 부여할 수 없는 자긍심을 불러일으킨다. 또한 스스로 존귀한 삶을 살아야겠다는 거룩한 결심을 세우게 한다. 이 점에 관하여 시편 기자는 "존귀에 처하나 깨닫지 못하는 사람은 멸망하는 짐승 같도다"(시 49:20)라고 말한다. 따라서 하나님의 자녀인 그리스도인들은 하나님의 자녀라는 확신 하나만으로도 능히 세상과 구분된 삶을 살 수 있는 힘을 얻는다.

그리스도를 주님으로 모신 사람들은 죄 사함을 받은 확신으로 죄책감에서 자유로워진다. 인간의 삶을 황폐케 하는 요인 중 하나가 죄책감이다. 죄책감에서 벗어나는 길은 오로지 하나님의 사죄 뿐이다. 죄 사함을 받고 자유함을 얻은 사람은 건강하게 인생을 산다. 인간을 근본적으로 억누르며 자유를 상실하게 만드는 죄의 문제로부터의 해방은 건전하고 자유로운 삶을 위해 너무도 중요하다.

예수께서는 우리를 용서하시되 염소와 송아지의 피로 아니하고 오직 자기 피로 단번에 성소에 들어가 영원한 속죄를 이루어 주셨다(히 9:12). 그분의 사죄는 영원하다. 이제 그리스도 안에 있는 자에게는 결코 정죄함이 없고 온전한 자유함만이 있다(롬 8:1~2). 언제나 모든 죄에서 깨끗케 해주시는 길이 열려져 있어서(요일 1:9) 거룩하고 의로운 삶으로만 나아갈 수 있는 복을 얻은 자가 된 것이다. 이러한 점에서 하나님의 용서는 매우 과격하며 적극적이다.

우리를 혁명적인 변화의 삶으로 인도하는 또 다른 복은 하나님의 성령께서 우리 안에 거하신다는 사실이다. 구약의 신관은 '하늘에 계신 하나님'이었다. 하지만 예수께서 세상에 오심으로써 신약의 신관은 임마누엘 하나님, 즉 '우리와 함께 하시는 하나님'이다. 그리고 사도 바울이 설명한 신관은 한 단계 더 나아간 신관으로 '우리 안에, 우리가 그분 안에 거하는' 하나님이다. 우리 안에 거주하면서 우리의 삶을 인도하고 다스리시는 성령 하나님이야말로 우리의 삶을 혁명적으로 변화시키는 모든 힘의 근원이시다. 우주 만물을 만드시고 다스리시는 하나님께서 우리 안에 성령으로 거하신다는 사실은 우리가 조금도 두려워 하지 않고 삶을 살 수 있도록 도와준다.

우리 몸은 하나님이 거하시는 장소다. 성경은 우리 몸이 하나님의 성전이라고 말씀하신다. 사도 바울은 우리의 몸이 하나님의 성령께서 거하시는 성전이기 때문에 성전된 거룩한 몸으로 하나님께 영광을 돌리는 일에 사용해야 한다고 가르친다.

> "너희 몸은 너희가 하나님께로부터 받은 바 너희 가운데 계신 성령의 전인 줄을 알지 못하느냐 너희는 너희의 것이 아니라 값으로 산 것이 되었으니 그런즉 너희 몸으로 하나님께 영광을 돌리라"(고전 6:19~20).

우리가 우리의 몸이 하나님의 성전인 것을 진정으로 안다면 우리는 우리의 몸을 귀중하고 소중하게 여길 것이다.

미국에서 공부할 때, 나는 가족들과 함께 미국 동부지역으로 여행할 기회가 있었다. 텍사스를 출발하여 중부 대륙을 가로질러 북으로 향했다. 켄터키 주를 지날 때 우리는 링컨의 오두막을 머리 속에 그리며 이정표를 따라 링컨의 생가를 찾아 갔다. 그러나 막상 그곳에 도착해 보니 아름답게 조경된 그곳에 그 옛날 링컨이 살던 오두막집이 있을 것 같지 않았다. 차에서 내려 표지판을 따라 링컨의 생가가 있는 곳을 찾았을 때 나는 매우 실망스러웠다. 오두막집이 아닌 거대한 석조 건물이 있었기 때문이다. 실망감을 누르며 그 석조 건물 안으로 들어갔을 때 나는 그곳에서 링컨의 초라한 통나무 오두막집을 보았다. 석조 건물 안에 오두막집이라니 참으로 어색한 광경이었다. 초라한 통나무 오두막집을 그토록 소중하게 보관한 것이 충격적이기도 했다. 그 집은 참으로 볼품없는 작은 오두막집이었다. 하지만 링컨의 생가라는 사실 때문에 미국인들이 그 오두막을 소중히 여기고 보물처럼 보관하려고 석조 건물을 세운 것이다. 나는 석조 건물 안의 오두막집을 통해 하나님의 은혜를 깨달았다. 하나님의 성전으로 불리우기에 부적합하고 초라하기 짝이 없는 몸이라도 성령님을 모셨다는 이유 때문에 우리는 하나님의 성전이 된 것이다. 바로 이 사실에 너무도 가슴이 벅찼다.

십자가를 통해 나타난 그리스도의 과격한 사랑을 믿고 복음에 순종한 사람에게 주어진 또 다른 과격한 복이 에베소서 1장 3절에 있다. "찬송하리로다 하나님 곧 우리 주 예수 그리스도의 하나님께서 그리스도 안에서 하늘에 속한 모든 신령한 복으로 복 주시되." 이 말씀은 하나님께서 그리스도인들에게 하늘에 속한 모든 신령한 복을 주셨음을 선언하고 있다. 신령한 복은 육적이고 세상적인 복과는 근본적으로 다르다. 이 서신을 기록한 바울은 감옥에 갇혀 쇠사슬에 묶인 자신의 형편과 처지에도 불구하고, 터져나오는 감사를 주체하지 못했다. 바로 주님께서 우리에게 주신 신령한 복은 모든 환경에 얽매이지 않는 환경을 뛰어넘는 복이다.

수형자의 가장 큰 소망은 출옥이다. 그런데도 바울은 출옥할 수 있는 상황이 아님에도 불구하고 영혼 깊은 곳에서 솟구치는 감격과 감사로 하나님을 찬양했다. 바울이 감사와 찬양을 할 수 있었던 것은 예수님이 그에게 주신 복이 얼마나 큰 것인지를 알았기 때문이다. 그는 하늘에 속한 신령한 복을 받았음을 알고 있었다. 또 그 복은 어떠한 상황에도 얽매이거나 좌절하지 않는 힘을 주었고 감옥에서도 감사와 찬양을 드릴 수 있게 했다.

그리스도인들은 누구든지 "우리 주 예수 그리스도의 하나님께서 그리스도 안에서 하늘에 속한 모든 신령한 복으로 복 주신다"는 약속의 말씀을 믿고 신령한 복이 자신에게 이미 임했다는 사실로 인하여 기쁨과 감사의 삶을 살아야 한다. 하늘에 속한 신령한 복은 이 세상 그 어떤 복과도 비교할 수 없는 복이다. 신령한 복을 소유했음을 믿는 사람들은 세상 일로 사람들과 다투지 않는다. 너무도 귀중한 것들을 이미 얻었기 때문에 그보다 덜 중요한 일로 아웅다웅하는 삶을 살지 않는다는 말이다. 마치 썰물 때 갯벌에서 조개를 캐던 사람이 진주조개를 발견했다면 조개 몇 개를 가지고 다른 사람들과 싸우지 않는 것처럼 현실 속의 문제들을 뛰어넘는 풍요로움을 갖게 된다. 성령을 모신 그리스도인이 과격한 변화로 삶을 능력 있게 살 수 있게 하는 이유는 우리 속에 하나님의 놀라운 능력이 역사하고 있기 때문이다.

바울은 그의 생애가 마칠 즈음에 쓴 에베소 교인들에게 보낸 편지에서 에베소 교인들을 향한 자신의 기도제목을 밝히고 있다.

> "그의 힘의 강력으로 역사하심을 따라 믿는 우리에게 베푸신 능력의 지극히 크심이 어떤 것을 너희로 알게 하시기를 구하노라"(엡 1:19).

사도 바울은 하나님의 지극히 크신 능력이 그들에게 임하기를 기도한 것이 아니라 이미 임하여 역사하고 있는 능력이 얼마나 큰 것인지를 알게 되기를 기도했다. 우리는 이러한 그의 기도 속에서 그리스도인들에게 하나님께서 베풀어 주신 능력을 이미 받았음을 확인할 수 있다. 그리스도인 속에 역사하는 능력은 어떠한 능력인가? 바울은 그 다음 구절에서 그 능력이 설명해준다.

> "그 능력이 그리스도 안에서 역사하사 죽은 자들 가운데서 다시 살리시고 하늘에서 자기의 오른 편에 앉히사 모든 정사와 권세와 능력과 주관하는 자와 이 세상뿐 아니라 오는 세상에 일컫는 모든 이름 위에 뛰어나게 하시고 또 만물을 그 발 아래 복종하게 하시고 그를 만물 위에 교회의 머리로 주셨느니라"(엡 1:20~22).

우리는 여기서 우리 속에 역사하는 능력의 특징을 알 수 있다.
첫째, 그리스도인들 속에서 역사하는 능력은 바로 그리스도 안에서 역사하던 능력과 동일하다.

둘째, 그리스도인들 속에서 역사하는 능력은 그리스도를 부활시키신 능력과 동일하다.

셋째, 그리스도인들 속에서 역사하는 능력은 그리스도를 승천시켜 하나님 우편에 앉히신 능력이다.

넷째, 그리스도인들 속에서 역사하는 능력은 모든 정사와 권세와 능력과 주관하는 자와 이 세상과 오는 세상의 모든 이름 위에 그리스도를 뛰어나게 하신 동일한 능력이다.

다섯째, 그리스도인들 속에서 역사하는 능력은 만물을 그 발 아래 복종하게 하신 능력이다.

여섯째, 그리스도인들 속에서 역사하는 능력은 그리스도를 만물 위에 교회의 머리로 주신 능력이다.

그리스도를 믿고 그분께 순종한 단 한 가지 사실로 얻은 복은 너무도 엄청나다. 그리스도인들이 자신에게 주어진 복을 제대로 이해하고 헤아린다면 그들의 삶은 혁명적으로 변하지 않을 수 없다. 그리스도인의 과격한 삶의 변화는 바로 신령한 하나님의 복을 받은 사실을 알고 믿는 것에서 시작된다.

그리스도를 주님으로 모셔들이는 믿음의 결단을 한 자들은 복된 위치에 서게 된다. 거듭난 자로 심판에 이르지 않기 때문이다. 하나님은 이런 사람들을 "사망에서 생명으로 옮겨졌다"고 말씀하신다. 사망의 그림자가 덮을 수 없는 하나님의 자녀가 된 것이다. 이러한 신분상의 변화는 성령에 의해 인침을 받음으로써 영원히 보증된다. 이 얼마나 과격한 복인가? 신분과 지위가 바뀔 수 있었던 이유는 오직 한 가지, 예수 그리스도의 십자가의 보혈이 나를 향한 하나님의 사랑이었음을 믿는 믿음이다. 엄청난 복이 자신에게 임했음을 안다면 신분에 걸맞게 행동을 하는 과격한 변화는 당연하지 않은가?

   그리스도인답게 살기 위해서는 복음의 핵심을 이해하고 예수께 온전히 의지해야 한다. 셀 교회는 교회의 본질을 회복하는 일도 하지만 그리스도인 됨의 의미와 복음의 본질을 이해하도록 돕는다. 복음의 핵심이 빠진 상태에서 셀 교회와 유사한 구조와 프로그램을 도입한다고 해서 셀 교회가 되는 것은 아니다. 그리스도인답게 살겠다는 정신, 그리고 내가 속한 교회가 그러한 교인들로 가득 차게 하겠다는 정신은 셀 교회의 영적 다이나믹스를 이루는 기초이다.

후주

1) W.T. Conner, 「기독교교리」, 권오갑 역 (서울: 침례회출판사, 1962), 126.
2) Edgar Young Mullins, 「조직신학원론」, 권혁봉 역 (서울: 침례회출판사, 1982), 463.

제3장

복음이 가져온 삶의 과정과 목적의 변화

주님과 사랑의 관계 속으로 들어간 것이 영생이다. 바로 지금 주님과의 영생 관계를 누리는 것이 구원의 핵심이다. 구원의 확신은 이것을 바탕으로 주장할 때 의미가 있다. 구원의 사건은 죄로부터의 구원이며 어두움으로부터 빛 된 삶으로의 구원이다. 때문에 죄로부터 멀어지고 하나님의 의와 사랑으로 특징지어지는 삶을 살 때 실제적인 구원의 은혜를 누릴 수 있다. 하나님은 빛이시기 때문에 빛의 자녀들이 어두움에 거하는 것을 용납하지 않으신다. 이러한 의미에서 복음으로 인한 변화는 삶의 목적 뿐 아니라 그 목적에 이르는 삶의 과정까지 변화하게 한다.

오늘날 구원의 확신을 갖고 스스로 그리스도인임을 자처하는 교인들 중 많은 이들이 혁명적이고도 계속적인 변화를 경험하지 못하고 있는 이유는 무엇일까? 구원의 사건은 단순히 미래를 보장받는 것만이 아니다. 지금까지 살아온 삶의 길에서 벗어나 그분의 빛 안에서 사는 것이다. 따라서 그리스도인 됨을 선언한 후에도 여전히 죄와 어두움의 삶을 산다면 그 사람의 구원을 재점검할 필요성이 있다. 그런 점에서 구원은 인생의 목적의 변화이며 삶의 과정의 변화이다. 과정의 변화란 삶이 날마다 새로워지는 계속적인 변화다. 따라서 아무리 구원을 확신해도 삶의 과정이 변하지 않는다면 그 구원이 참된 것인지를 의심해야 한다. 야고보서에서 말하는 바, "내 형제들아 만일 사람이 믿음이 있노라 하고 행함이 없으면 무슨 이익이 있으리요 그 믿음이 능히 자기를 구원하겠느냐"(약 2:14)는 말씀은 이러한 맥락에서 이해할 수 있다.

우리는 "예수를 믿기만 하면 구원 얻는다"는 말을 너무도 많이 들어왔다. 그래서 그 말에 조금이라도 위배되거나 배치되는 말을 하는 사람을 만나면 여지없이 이단으로 몰아붙이려 한다. 사람이 구원을 받는 유일한 방법과 조건은 확실히 믿음이다. 오직 믿음으로 구원을 얻는다는 이신득의(以信得義, salvation by faith) 교리에 반대하는 말을 할 사람은 아무도 없을 것이다. 구원은 "믿음으로만 아니라 행위로 얻는 것"이라는 말을 한다면 틀림없이 이단이라고 할 것이다. 그토록 우리는 믿음으로 구원 얻는다는 교리를 철저히 믿어왔다. 그런데도 여기서 굳이 이러한 말을 하는 이유는 오늘날의 그리스도인들이 구원을 확신하지만 실질적인 삶의 변화 없이 행위 없는 믿음을 주장하기 때문이다. 그러나 성경은 사람이 믿음으로만 아니라 행위로 구원 얻는다는 말씀을 하고 있다.

야고보서에서 하나님은 "이와 같이 행함이 없는 믿음은 그 자체가 죽은 것이라"(약 2:17)고 말씀하셨다. 야고보서는 행위로 말미암아 하나님께서 의롭다 하신 아브라함의 경우를 예로 들면서 "이로 보건대 사람이 행함으로 의롭다 하심을 받고 믿음으로만 아니니라"(약 2:24)고 단언하셨다. 성경을 통하여 의롭게 되는 것이 믿음으로만 아니라 행위로 말미암는다고 하나님께서 친히 말씀하시는데 누가 성경에 위배되게 행위의 증거를 배제하고 관념상의 믿음을 구원의 조건이라고 말하겠는가?

그러면 믿음으로 구원 얻는다는 사실과 행위로 말미암아 의롭게 된다는 사실을 어떻게 조화 있게 받아들일 수 있는가? 우선 우리는 오늘날 우리에게 전해지는 복음 메시지의 불완전성(不完全性)내지는 불균형성(不均衡性)을 조심스럽게 주목해야 한다. 이 점에 관하여 마이클 호튼(Michael Horton)의 지적은 매우 적절하다. 그는 그의 저서 「미국제 복음주의를 경계하라」에서 오늘날 미국에서 정리된 복음 메시지는 회개의 과정을 생략하거나 약화시킨 채 미국의 상업주의, 실용주의, 개인주의, 그리고 즉흥주의의 영향을 받아 복음을 30분 내지 1시간에 전할 수 있도록 간략화 해서 값싼 복음으로 전락시켰으며 복음의 바겐세일을 이루었다고 지적한다.[1] 이 책에서 호튼은 미국의 복음주의가 하나님을 민주주의의 시녀로 격하시켰으며, 복음을 소비자 중심의 것으로 바꾸었으며, 하나님의 절대주권적 구원을 자아중심, 감정중심으로 대치시키고 그 본질에 있어서 이교도적인 것으로 복귀시켰다고 혹평한다.

이러한 복음 메시지의 전달을 통하여 믿게 된 사람들에게서 우리는 자신들이 구원받은 사실을 확신하지만 회개의 과정이 생략된 결과로 말미암아 삶의 변화가 결여된 모습을 너무도 자주 접할 수 있다.

복음의 양면성

복음은 구원을 얻는다는 특권이 있다. 아울러 더 이상 자신의 삶의 주인이 자기가 아닌 예수님이 되신다. 따라서 그분께 삶을 온전히 드리는 책임과 의무가 따른다. 이것은 마치 동전의 양면과 같다. 이 둘 중 어느 한쪽만을 강조한다면 복음의 본질은 균형을 잃고 만다. 오늘날 한국 그리스도인들의 가장 심각한 문제를 손꼽는다면 신앙과 생활의 괴리현상이다. 이 현상이 바로 복음의 책임과 의무를 소홀히 한 결과이다.

다시 말해서 복음의 핵심인 그리스도의 주재권(lordship of Christ)을 제대로 강조하지 않았다는 말이다. 그리스도의 주재권에 관한 오해와 혼돈은 심각하다. 이 문제를 확실하게 정리하지 못하면 그리스도인의 삶은 그 출발부터 문제가 있는 것이다. 첫 단추 구멍을 잘못 끼웠을 때 연쇄적으로 문제들이 발생하는 것처럼 말이다. 따라서 우리는 이 문제에 관하여 진지하게 논의해야 할 것이다.

그리스도의 주재권을 강조하는 이유가 무엇인가? 자신이 자신의 삶의 주인 역할을 하면서 남는 시간에 혹은 특별히 헌신한 시간 동

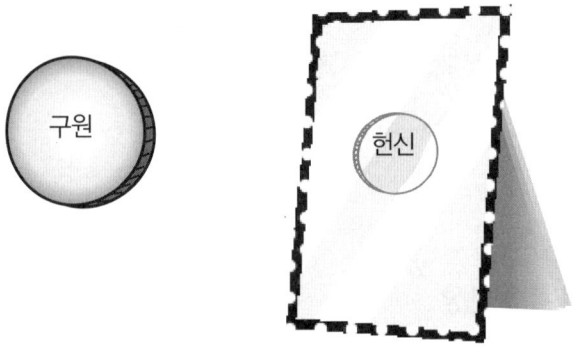

- 복음의 양면성 -

안에만 하나님의 사역에 동참하는 것은 주재권이 그리스도께 있는 것이 아니다. 자신의 전 생애를 하나님 나라의 사람으로서 살겠다고 고백하고, 무엇을 하든지 어디에 있든지 그분의 사랑과 은혜에 응답하여 그분의 사역을 자신의 사역으로 알고 그 사역을 자신의 라이프 스타일로 받아들여야 그리스도께 주재권이 있는 것이다. 이러한 헌신은 특별한 소수의 사람에게만 요구되는 것이 아니다. 그리스도인 누구에게나 요청되는 일이다. 이러한 헌신을 모든 그리스도인들에게 반드시 있어야 할 공통 분모로 인식한 사람들의 모임이 교회이다. 또는 이러한 교회를 통하여 교회의 본질을 실현할 수 있기 때문에 그리스도의 주재권을 강조해야 한다. 따라서 그리스도의 주재권을 소홀히 다루거나 그리스도인의 신앙의 선택으로 이해한다면 결코 성경이 말하는 그리스도인의 삶은 이루어질 수 없다. 셀 교회의 기본 정신이 바로 이 점에 있다.

그리스도의 주재권을 논할 때 종종 부정적 반응을 만나게 되는데 아마도 그 이유는 주재권과 구원 문제를 연결시켜 "예수 그리스도의 주님 되심이 삶에 나타나지 않는 경우 그가 아무리 구원을 확신한다고 주장하고 성경구절을 그 근거로 암송하여 들이댄다 할지라도 그는 진정으로 구원받은 사람이 아니다?"라는 말이 거센 반발과 논쟁의 장으로 우리를 내몰아친다고 생각된다. 이 말을 액면 그대로 받아들여 생각하면 구원은 믿음으로 말미암는 하나님께서 값없이 주시는 은혜요 선물인데 그러한 믿음으로는 충분치 못하고 반드시 주님 되심을 행위로 입증해야만 구원받는다고 말하는 것으로 해석되기 때문이다. 즉 구원은 전적으로 하나님의 은혜요 선물이며 하나님께서 믿음을 통하여 우리에게 수여하시는 것인데 여기에 행위가 있어야 한다는 말로 들릴 수 있으며 이는 루터의 종교개혁 이후 개신교가 확신하며 강조해온 이신득의 교리와 정면으로 배치되는 것으로 보이기 때문이다. 따라서 그러한 주장을 하는 사람들이 심지어 이단으로 보여질 정도로 심각한 교리적 왜곡과 곡해로 보일 수 있다. 그러나 이러한 관점은 오해에서 기인한 것이기 때문에 이에 대한 논란은 아무런 문젯거리가 될 수 없다. 왜냐하면 진정한 믿음의 내용은 그리스도의 주님 되심에 대한 믿음이며 이러한 믿음이 곧 우리를 구원하는 유일한 조건이기 때문이다. 그리고 그러한 믿음을 가진 사람은 필연적으로 그리스도의 주재권에 굴복함으로써 삶의 변화가 뒤따른다는 사실을 강조한 것이지 주재권의 행위가 있어야 구원 얻는다는 말은 아니다.

반대로 자신이 아무리 구원을 확신해도 그 진실성을 입증할 만한 삶의 변화가 없다면 우리는 그 사람의 믿음의 참 됨을 확인할 길이 없다. 인격적으로 그의 말을 믿어 주는 길 밖에 없다.

지난 수십 년 동안 한국 교회는 구원의 확신은 있지만 삶의 변화가 드러나지 않는 성도들이 많았다. 진정으로 구원받았는지는 하나님 외에는 아무도 장담할 수 없는 것이다. 하지만 그의 삶을 자세히 관찰하면 그에게 본질적 변화가 발생하고 있는지의 여부는 분별할 수 있다. 비록 완전한 변화는 아닐지라도(사실상 완전한 변화란 있을 수 없다) 뚜렷한 변화가 있고 무엇보다 가치관의 변화가 있는지의 여부를 아는 방법은 한 가지 뿐이다. 그것은 바로 그 사람을 가까이에서 지켜보면서 그에게 발생한 영적 변화를 감지하는 방법이다. 셀 교회가 셀이라는 작은 그룹을 중심으로 서로의 삶을 나누고 서로의 신앙을 가까이에서 지켜보고 서로 돕는 영적 가족을 이루는 이유가 바로 여기에 있다.

복음이 주는 본질적 변화

자신이 죄인임을 깨닫고 회개하고 예수님을 자신의 주님으로 모셔들인 사람이 얻는 가장 큰 변화는 중생(重生:born again)이다. 중생은 거듭난 삶이라는 뜻이다. 육적인 삶에서 영적인 삶으로 태어남을 의미하며 자기중심성(自己中心性:self-centeredness)의 삶에서 타자중심성(他者中心性:others centeredness)의 삶으로 다시 태어남이다. 자신이 자신의 삶의 주인 노릇하던 삶에서 하나님이 주인되신 삶으로의 태어남이다. 이러한 복음의 본질을 가장 잘 나타내는 성경말씀이 고린도후서 5장 15~21절 말씀이다. 거듭남의 의미를 보다 명백히 설명해 주기 위해 바울은 그리스도인들을 새로운 피조물이라고로 표현했다(고후 5:15~17).

"그런즉 누구든지 그리스도 안에 있으면 새로운 피조물이라 이전 것은 지나갔으니 보라 새 것이 되었도다."(고후 5:17)

바울은 그리스도 안에 있음을 '새로운 피조물'이라는 매우 강한 말로 설명하고 있다. 마음이나 생각이 바뀐 정도가 아니라 아예 새롭게 재창조된 존재임을 선언한 것이다.

15절은 예수께서 모든 사람들을 대신하여 죽으신 이유를 설명하고 있다. "저가 모든 사람을 대신하여 죽으심은" 여기까지 성경을 읽었다면 이 구절의 뒷부분은 자신이 알고 있고 또 믿고 있는 바, 그리스도께서 모든 사람들을 대신하여 죽으신 이유를 기록하여 15절을 완성한다면 어떻게 기록하겠는가? 아마도 죄인들을 구원하시기 위해서라고 답할 것이다. 그러나 본문은 다른 이유를 명백하게 제시했다. "저가 모든 사람을 대신하여 죽으심은 산 자들로 하여금 다시는 저희 자신을 위하여 살지 않고 오직 저희를 대신하여 죽었다가 다시 사신 자를 위하여 살게 하려 함이니라."

지금까지는 자신을 위해 살았고 자신이 자신의 주인이었지만 다시는 자신을 위해 살지말라고 했다. 즉 이전에는 자신의 인생의 주인이 자신이었으나 이제부터는 자신의 삶의 목적과 이유와 근거를 자신이 아닌 그리스도로 바꾸시려고 그리스도께서 모든 사람을 위해 죽으셨다는 말이다. 그렇다면 그리스도인은 자신의 삶의 목적과 이유, 동기가 자신이 아닌 그리스도가 된 사람들이다.

계속해서 16절은 그렇기 때문에 우리가 이제부터는 누구를 보더라도 인간적인 면, 육체적인 면으로 보거나 대하지 않겠다고 말한다. "그러므로 우리가 이제부터는 아무 사람도 육체대로 알지 아니하노라 비록 우리가 그리스도도 육체대로 알았으나 이제부터는 이같이 알지 아니하노라." 우리가 다른 사람들을 육체로 알고 대한다는 말은 다른 사람을 자신과 비교하여 자기보다 외모가 좋은 사람으로, 자기보다 공부를 더 많이 한 사람, 자신보다 돈이 더 많은 사람, 자신보다 재능이 더 많은 사람으로 본다는 말이다. 그러나 예수님을 주님으로 모신 사람들은 그런 시각을 더 이상 가지지 않고 영적으로 본다는 말이다. 그럴 때 우리는 비로소 다른 사람들을 귀하게 보며 그들을 하나님의 사람으로 보는 것이다. 유대인들은 예수님을 육체대로 알았을 때 그분을 십자가에 못 박아 죽이기까지 했다. 하지만 더 이상 그렇게 보지 않고 하나님의 아들이시며 메시아로 보게 되었다.

이러한 문맥 속에서 사도 바울은 그렇기 때문에 그리스도 안에 있는 사람은 새로운 피조물이라고 선언한다. 여기서 새로운 피조물이라는 말은 '이전 것이 지나간' 것이다.

15절에 따르면 이전 것은 자신이 자신의 주인 노릇하며 자신이 자신의 삶의 동기이며 목적이며 이유였던 삶이다. 그런데 그것이 이제 지나가 버렸고 새 것이 되었다고 선언했다. 그리스도 안에서 발생한 변화는 단순히 삶의 한 부분이 아닌 근본이 바뀐 변화이며 인생의 주인이 바뀐 변화이며 삶의 목적과 동기와 이유가 바뀐 변화이다.

예수님을 주님으로 모셔 죄 용서함은 받았지만 아직 중생하지는 못했다든지, 하나님의 자녀는 되었지만 아직 새로운 피조물은 아니라는 말은 있을 수 없다. 변화는 총체적이며 동시에 이루어진다. 구원받음, 영생, 죄 용서, 하나님의 자녀 됨, 거듭남, 영접, 성령을 모심, 성령의 침례 등은 모두가 동시적인 사건이며 동일 사건에 대한 다른 각도에서의 설명이다.

우리가 분명하게 이해해야 할 것은 거듭남이란 예수님을 자신의 삶의 주인으로 모신 삶으로 다시 태어남을 의미한다는 사실이다. 그렇기 때문에 예수님을 영접할 때 단순히 죄에서 구원해 주신 고마운 분으로 인정하는 것만이 아니라 나의 삶의 주님으로 모시고 이제부터는 그분께서 나의 삶을 통치하고 다스리시는 주님이 되시도록 내 자신을 내어드려야 한다. 이러한 차이를 드러내기 위하여 예수님을 영접할 때 죄에서 나를 구원해 주시는 구세주(saviour)로 모셨느냐, 아니면 나의 삶을 통치하시고 다스리시는 주님(lord)으로 모셔 들였느냐는 질문을 한다. 그러나 이런 질문은 그 자체가 잘못되었다. 죄와 회개에 대한 바른 이해를 가졌다면 예수님이 어떤 분이신가는 명확하게 드러나기 때문이다. 예수님의 존재를 이분화(二分化) 하는 일은 큰 잘못이다.

요한복음 9장의 나면서부터 소경인 사람이 눈을 뜬 사건에서 우리는 예수께서 기대하시는 믿음의 수준을 배울 수 있다. 종교지도자들이 그를 불러 예수를 누구로 생각하는지에 관한 질문을 했을 때 그는 놀랍게도 "선지자니이다"라고 대답했다. 처음에는 치료자에 대한 이해가 단순히 하나님의 종이었다. 그는 예수님을 하나님의 한 일꾼, 선지자 정도로 생각했다. 위협적인 상황 하에서도 예수님을 옹호하며 그분에게 유리한 변호를 할 만큼 그는 예수님 편에 서서 그분을 인정했다. 하지만 예수께서 다시 그를 만나서 자신이 인자인 것을 가르쳐 주셨을 때 그는 비로소 예수님을 메시아로 믿는다. 그리고 이와 동시에 그분 앞에 무릎을 꿇고 엎드려 절하는 믿음의 수준까지 이르게 된다.

믿는다는 말은 단순한 지적 동의나 긍정적 이해가 아니다. 예수님께 자신의 인생을 굴복시키고 그분께서 인도하시는 대로 순종하는 삶의 길로 들어서는 것이다. 그런데 이렇게 혁명적인 삶의 변화가 시작되었음에도 실질적인 변화가 없다면 그의 신앙고백은 공허할 뿐이다.

앞에서 그리스도의 주재권 문제가 논란의 소지가 없다는 결론을 제시한 바 있다. 예수님을 주님으로 모시지 않고는 다른 어떤 방법으로도 구원받을 수 없다. 주님 되심과 구세주 되심을 구분할 수 없음에도 현실적으로 많은 사람들이 예수님을 구세주로 영접하고 점진적으로 주님 되심으로 성장한다고 주장한다. 즉 그리스도인으로 태어나게 하는 것은 구세주로 믿는 믿음이며 주님 되심의 신앙은 그 후에 뒤따르는 성장의 결과라고 말한다. 비록 이러한 주장의 의미와 주장의 이유를 이해할 수 있다 해도 이러한 주장은 전혀 성경의 뒷받침을 받지 못한다. 이러한 견해와 주장은 성경에 근거한 것이라기보다 현상으로부터 유추한 것이다. 성경 어느 곳에서도 '예수를 구세주로 믿으면 구원 얻는다'는 말은 없다. 구원의 조건으로 제시하는 믿음에 관한 성경의 모든 언급은 '주'(lord) 예수를 믿는 것이다.

예수를 주님으로 영접했다면 그 사람의 생애는 현저하게 변화한다. 삶의 주인이 바뀌었기 때문이다. 만일 어떤 사람이 자신이 예수님을 주님으로 모시고 구원받았다고 확신해도 그의 삶에 변화가 없다면 우리는 예수님을 믿는다는 그의 말이 진실한지를 의심할 수밖에 없다. 그가 구원받은 사실은 영적으로 그에게 발생한 역사적 사건이며 실제이지만 그러한 영적 실제로서의 사건이 그에게 발생한 여부를 주변 사람들이 알 수 있는 방법은 두 가지이다. 그의 고백과 그의 고백에 뒤따르는 삶의 증거이다. 아무리 그가 자신의 신앙을 말씀에 근거하여 주장해도 그의 삶이 뒷받침하지 못하면 그의 고백이 진실한지 의심하지 않을 수 없다.

물론 어느 정도 삶이 변해야만 고백이 진실한지 입증할 수 있냐고 반문할 수 있다. 하지만 그와 함께 지내는 사람들이라면 그 중심에 주님을 모신 사람으로서의 자연스러운 변화가 있는지를 알 수 있다. 따라서 어느 정도의 변화를 변화로 인정할 것인지의 문제는 객관적인 물량적 계량화(計量化)의 문제가 아니다. 그가 생각하고 느끼고 행동하고 생활하는 모든 면이 주님을 중심으로, 주님을 사랑하는 마음에서 하고 있는지, 그리고 변화된 가치관과 세계관에 근거해 살고 있는지를 보아야 한다.

그리스도의 주재권이 실천되지 못하는 경우

그리스도를 주님으로 모셔들이는 문제가 곧 그리스도의 주재권을 인정하며 그분께 자신의 모든 삶의 통치권을 내어드리는 것이라는 사실이 분명함에도 불구하고, 그리고 그러한 헌신의 상태에 들어간 사람이 구원받은 사람임에도 불구하고 주님 되심이 자신의 삶 속에 제대로 이루어지지 않는 사람들이 그토록 많다는 사실 또한 엄연한 현실임을 부인할 수 없다. 왜, 무엇 때문에 이러한 현상이 보편화되었을까? 우리는 이러한 현상에 관하여 왜곡된 인식 없이 바른 이해와 문제의 핵심 파악이 있어야 한다. 자신이 예수를 주님으로 믿는다고 고백하고 있음에도 불구하고 삶에 혁명적인 변화가 뒤따르지 않는 것은 아마도 다음과 같은 몇 가지 사례 중 하나에 속하기 때문일 것이다.

사례 1 : 진정으로 구원받지 못했기 때문

의외로 많은 사람들이 자신을 속이거나 스스로에게 속고 있다. 예수님을 주님으로 믿고 있는 줄 알지만 사실은 그분을 잘못 믿고 있거나 자기 방식대로 믿고 있는 것이다. 성경을 통하여 하나님께서 가르쳐주신 구원과는 거리가 먼 사람들이 여기에 해당된다. 신약시대에 많은 유대인들이 열심히 하나님을 섬기며 종교생활을 했다. 그러나 예수께서 오셨을 때 그들의 종교적 열심을 인정하지 않으셨다. 이처럼 복음의 용어를 써가면서 예수님을 믿는다고 하지만 사실상 주님과 아무런 관계도 맺지 못하고 있는 사람들이 이 경우에 해당한다. 마지막 날에 많은 사람들이 예수님께 "주여, 주여, 우리가 주의 이름으로 선지자 노릇하며 주의 이름으로 귀신을 쫓아내며 주의 이름으로 많은 권능을 행치 아니하였나이까"(마 7:22)고 말할 것이다. 주님의 "저희에게 밝히 말하되 내가 너희를 도무지 알지 못하니 불법을 행하는 자들아 내게서 떠나가라"(23절)는 말씀을 들을 것이다. 바로 이들이 여기에 속한다.

어려서부터 교회에서 성장한 사람들 중 크게 기독교 밖으로 뛰쳐나간 일 없이 자신과 주변 사람들이 보기에도 선하고 열심 있는 교회생활을 했다면 이 유형의 사람이 되기 쉽다. 이들은 스스로를 그리스도인이라 믿으며 살아가지만 예수 그리스도와의 인격적으로 만난 적이 없다. 이러한 사람은 자신을 속이고 있는 사람이다.

당신이 여기에 속한다면 자신의 죄인 됨을 정직하게 고백하고 자기 의를 포기하고 예수님을 그리스도로 모시는 결단의 시간을 가져야 한다. 부분적인 인식의 변화나 부분적인 처방으로 해결할 수 있는 상태가 아니기 때문이다. 복음의 본질에 대한 새로운 시각에서의 도전을 통하여 우리는 예수님을 주님으로 만나야 한다.

사례 2 : 주님 되심의 의미를 제대로 배우지 못함

예수께서 나 자신의 죄를 대신하여 십자가에 돌아가셨음을 진지하게 믿고 자신의 구원을 확신함에도 불구하고 처음 복음을 소개받을 때부터 죄인 됨의 의미를 하나님과의 관계성보다 인간 간의 도덕적, 윤리적 관계성 속에서 소개받은 경우이다. 이들은 하나님과의 영적 관계성에 있어서 불분명한 이해를 가지고 신앙생활을 시작한다. 이 경우의 사람들은 최선의 경우, 사실상 구원받은 사람들일 수 있다. 그리고 주님 되심의 의미를 새롭게 발견하고 그리스도의 주재권을 출생의 문제가 아닌 성장의 문제로 이해한다. 사례 2에 속한 사람이라면 그리스도를 믿는 의미를 다시 설명해 주고 주님으로서의 의미를 이해한 후 예수님을 주님으로 고백할 수 있도록 권면하고 가르쳐야 한다.

대개 이 경우에 해당하는 사람들은(적절한 교육과 양육을 받지 못한 사람들의 경우) 하나님께서 예수님을 위하여 목숨까지 바치는 순종과 헌신을 요구하지는 않는다고 믿는 경향이 있다. 자신들과 같은 평신도는 그러한 수준에 도달할 수 없고 하나님께서 그러한 수준의 헌신을 요구하시지도 않았다고 단정짓는다. 주님 되심에 순종하지 않는 자신의 상태를 합리화하거나 자신의 내면 세계의 갈등을 스스로 위로한다. 이들은 그리스도인을 이분화하고 계층화하여 주님 되심의 철저한 헌신은 목회자들에게나 요구되는 것이며, 평신도들은 일 주일에 한두 시간 또는 교회의 두세 가지 프로그램에 참석하는 정도의 헌신을 요구받고 있다고 본다. 그래서 주님께 전폭적으로 헌신하지 못한다. 그러나 이 경우에 해당하는 사람들은 최악의 경우 하나님과의 관계를 아직 맺지 않은 상태일 수도 있다.

사례 3 : 주재권에 복종하는 삶을 사는 모델이 없음

예수님을 주님으로 이해하고 영접했음에도 먼저 믿은 교인들의 삶 가운데서 주님 되심에 순종하여 사는 모습을 거의 보지 못했기 때문에 자기중심성의 삶으로 오해한다. 그리스도를 영접한 순간에는 헌신하는 삶이 무엇인지를 이해하고 또 그렇게 살기를 열망했지만 시간이 지남에 따라 주변 사람들이 그렇게 살지 않는 것을 보고 차츰 헌신된 삶을 살고자 하는 목표와 이상을 스스로 낮추거나 포기하고 적당한 수준에서 신앙생활하는 것이다. 그리고 이러한 삶에 문제의식도 없다. 그러다가 주님 되심에 온전히 굴복하고 사는 사람들의 간증을 듣거나 보면 그들을 부러워 하고 그런 삶을 갈망한다. 그러나 그렇게 살 힘과 능력이 없음을 발견하고는 좌절한다. 이러한 실패와 좌절이 거듭 됨에 따라 심한 자기 갈등과 죄책감에 시달린다.

이 사람들은 비록 구원은 받았지만 구원하신 주님의 목적을 삶 속에서 실현하지 못하고 패배에 적응해서 살아가고 있다. 이러한 상태에 빠지게 된 중요한 원인은 그 사람 개인에게보다 그 사람이 속한 공동체에 있다. 교회공동체에 들어갔을 때 먼저 믿는 사람들이 그리스도를 주님으로 모신 삶의 모범을 보이지 않았기 때문이다. 만약 모범이 될 만한 사람이 있었다면 새신자는 어렵지 않게 그러한 삶을 본받아 주님을 진정으로 삶의 중심에 모시고 살 수 있다. 이는 마치 한국에서 미국으로 이민 간 사람들이 영어에 젖어드는 일과도 같다. 자신이 이주한 미국에서 만나는 사람 누구나 영어를 사용하는 것을 보고 자신도 열심히 영어를 배움으로써 일정한 시간이 지나면 자연스럽게 영어를 사용할 수 있게 되는 것과 같은 이치이다.

미국으로 유학 갈 당시 우리 아이들은 초등학교 1학년과 2학년이었다. 처음에는 아이들이 빨리 영어를 배울 수 있도록 집에서 영어만 사용하도록 요구했다. 어느 정도 시간이 지나서 아이들이 영어에 익숙해졌을 때 이제는 반대로 집에서 우리 말을 사용토록 요구했다. 그러나 아이들은 할 수 없이 우리 말을 하긴 했지만 가급적이면 영어를 사용하려 했다. 영어가 훨씬 더 편하게 느껴졌기 때문이었다.

3년 반의 유학생활이 끝나고 다시 한국으로 돌아왔을 때 아이들의 행태는 또 다시 달라졌다. 처음에는 자기들끼리는 영어를 사용했지만 얼마가지 않아 우리 말을 사용하는 것이었다. 집에서 형제들끼리만이라도 영어를 계속 사용해서 이중언어(二重言語) 사용 능력을 계속 유지시키고 발전시켜 줄 수 있다고 믿고 영어를 사용하도록 요구했었다. 처음에는 아이들이 호응했으나 얼마 가지 않아 더 이상 영어를 사용하지 않았다. 이유인즉, 다른 아이들과 어울리는 일에 있어서 영어를 사용하는 것이 전혀 도움이 되지 않을 뿐 아니라 오히려 자신들이 이상한 아이처럼 보여지기 때문에 굳이 영어를 사용하지 않으려는 것이었다.

이 사례에 해당하는 사람들은 하나님의 특별한 은혜를 체험하고 결단을 거듭함에 따라 그리스도의 주님 되심을 점차적으로 이루어 간다고 생각한다. 그러나 한순간에 온전히 자신을 드린다는 생각은 하지 않는다. 이러한 사람들에게는 적절한 교육과 함께, 주님 되심을 온전히 드리며 살아가는 사람들이 있는 교회를 방문하거나 그러한 교회공동체를 견학할 수 있는 기회를 제공해서 신앙의 문제점들을 점검하도록 돕는 것이 필요하다.

이 경우에 셀 교회의 필요성이 더욱 대두된다. 그리스도의 주재권에 순종한 사람들의 간증을 언제나 들을 수 있기 때문이다. 적은 수의 그리스도인들이 서로 삶의 모본이 되어 주님을 섬기는 삶을 배울 수 있기 때문이다. 이러한 모본이 자신과 함께 살아가는 주변 사람들에게서 일반적인 삶의 스타일이 되면서 그리스도인의 정상적인 삶이 무엇인지를 자연스럽게 체득할 수 있다.

사례 4 : 고의적으로 그리스도의 주님 되심에 불순종함

그리스도인의 삶 속에 주님 되심이 드러나지 않는 가장 큰 원인은 고의적인 불순종이다. 사례 4에 해당하는 사람들은 주님 되심을 이해하며 또한 자신의 삶 속에서도 여러 번 주님의 주재권에 자신을 내어드림으로써 주님이 통치하는 삶이 무엇인지를 경험했다. 하지만 그런 삶을 살라고 주님께서 어느 순간 중요한 포기를 요구하셨을 때 결코 포기할 수 없다고 집착하는 어떤 것 때문에 불순종한다. 그것은 가족일 수도 있고, 재물, 명예일 수도 있다. 이들의 불순종은 부분적인 헌신으로 살아가는 사람으로 전락시킨다.

이렇듯 고의적인 불순종은 그 사람 속에서 주님께서 마음껏 역사하실 수 없게 만든다. 비록 일시적으로 주님이 동행하시는 것을 느껴도 주님께 헌신하는 일에 있어서 자신이 설정한 한계선을 넘지 못하기 때문에 사람들을 감동시키는 간증의 소유자가 되지 못한다. 그리고 성령께서 슬퍼하시는 삶을 살아간다.

이들은 언제부턴가 주님께서 포기하도록 요구하실 수 없는 자신의 삶의 영역을 정해놓고 철저히 저항선을 긋는다. 그리고 그 저항선을 넘으라고 요구하는 하나님의 사람들을 공격하고 반드시 그렇게 해야만 그리스도인의 삶을 사는 것이 아니지 않겠는가라는 자신의 확신을 강력히 피력한다.

셀 교회는 비슷한 상황에 있는 모습을 서로 노출하면서 그 문제에서 벗어날 수 있도록 도움을 준다. 이를테면 주님 앞에 결코 포기할 수 없다고 고집 부리던 자기 속에 감추어진 견고한 진(stronghold)이 다른 사람들과 삶을 나누는 가운데 드러나게 되며 또한 다른 사람들의 간증을 통해 자신의 견고한 진을 어떻게 허물 수 있는지 알게 된다. 자신의 모습을 다른 사람들 속에서 찾게 된다는 점에서 마음을 열고 자신의 삶을 나누게 된다. 이 과정을 통해 성도들은 서로 격려하고 위로받고 치유받고 문제를 해결한다.

그리스도의 주재권과 관계된 전략

현대 복음주의가 전해준 복음 메시지는 그리스도의 주재권을 약화시키거나 주재권을 출생의 문제가 아니라 성장의 문제로 여기게 만들었다. 예수를 그리스도로 믿으면 구원받는다는 이신득의의 교리가 구원 문제에 있어서 행위는 필요 없다는 측면을 강조함으로써 믿음과 생활을 이분화 시켰다고 볼 수 있다. 물론 행위로 구원을 얻지는 않는다. 만일 믿음의 행위로 구원을 받는다고 가르친다면 그것은 명백히 이단적인 가르침이다.

문제는 구원받은 사람의 변화된 행위이다. 앞서 말한 바와 같이 누구도 어떤 사람이 구원받았다. 구원받지 못했다고 단정적으로 말할 수 없다. 다만 그 사람 자신의 고백과 함께 그 고백에 합당한 삶의 증거들이 있을 때 그의 고백의 진실성을 인정할 뿐이다. 영적 지도자들은 반드시 이런 분별력이 있어야 한다. 주님을 영접했다며 자신을 그리스도인이라고 주장하는 사람들을 가까이서 관찰할 수 있다면 우리는 그 사람의 고백의 진실성을 판단할 수 있다. 문제는 구원에 관한 판단의 기준을 어떻게 설정하는가에 달려있다. 이것은 엄밀히 말하면 영적 지도자 자신의 선택의 문제이기도 하다. 하나님께서 그 지도자에게 선택할 수 있는 기회를 주셨기 때문이 아니라 현실적으로 누구든지 이미 어떠한 기준을 선정하여 자신의 판단에 적용하고 있다는 말이다.

그러나 영적 지도자의 선택에 있어 간과해서는 안 될 것이 있다. 선택은 그 선택에 대한 책임이 따른다는 사실이다. 우리가 선택할 수 있는 몇 가지 가능성을 논해 보기로 한다.

강력한 도전적 태도

이 입장은 삶 속에서 그리스도의 주재권이 드러나지 않은 사람들을 구원받지 못했다고 보는 태도다. 구원의 확신을 여러 가지 방법으로 주장하고 성경 말씀을 근거로 제시해도 그 사람의 삶 속에서 주님을 주님으로 대접하며 사는 모습이 없다면 그 사람의 말과 주장에 관계없이 일단 구원받지 못한 사람으로 보는 입장이다. 이러한 태도는 장·단점이 있다.

장점 - 사례 1에 해당하는 사람들의 경우 확실한 변화를 얻을 수 있다. 즉 스스로 구원받은 사람이라고 속고 있는 사람들이 자신의 영적 상태를 심각하게 되돌아 볼 기회를 준다. 근본적인 문제에 대한 인식을 출발점으로 하여 그 사람의 영적인 문제를 제대로 돕는다. 뿐만 아니라 사례 2에 해당하는 사람들, 즉 주님 되심의 의미를 제대로 배우지 못한 경우의 사람들이 복음을 온전히 이해하지 못하고 부분적으로 인식하고 있었음을 알려준다. 그래서 복음이 무엇인지 이해하게 하고 새롭게 그리스도인의 삶을 시작할 수 있게 해준다.

사례 3에 주재권에 복종하는 삶의 본을 보지 못한 사람들과 사례 4에 고의적으로 그리스도의 주님 되심에 순종하지 않는 사람들로 하여금 자신의 신앙을 근본적으로 되돌아 보게 한다. 그래서 자신들의 신앙 근본과 신앙 수준에 대한 반성과 이에 따른 회개를 하게 한다. 회개는 혁명적인 삶의 변화를 가져온다. 이러한 변화를 경험하는 사람들이 많을수록 그 교회는 그리스도의 생명력이 넘치는 교회로 성장한다.

이와 같이 강력한 도전적인 태도는 사람들에게 영적인 위험에 빠지지 않도록 도와준다. 개개인의 영혼의 안전을 위해서 이 태도는 바람직하다. 사례 1, 2의 사람들에게는 구원받지 못한 상태를 일깨워줌으로써 그들에게 구원받을 수 있는 기회를 준다. 또한 사례 3, 4에 속한 사람들의 경우도 구원론에 관한 혼란은 있지만 자신의 영적 상태에 어떤 문제가 있는지를 점검하게 함으로써 새로운 영적 각성과 부흥을 갖게 한다. 그리고 이미 구원받은 사람은 이러한 혼란을 일시적으로 겪겠지만 결국 그의 영혼이 구원을 상실하는 문제를 당하는 일은 없기 때문에 안전하다는 결론을 내릴 수 있다.

단점 – 강력한 도전적 태도는 사례 3, 4의 사람들을 교리적 혼란에 빠뜨릴 수 있다. 구원론에 대한 오해를 불러일으킬 수 있다는 말이다. 이러한 태도를 선택하는 사람들 중 그 누구도 행위로 구원받는다고 말하는 사람은 없다. 그럼에도 듣는 사람의 입장에서는 마치 믿음으로만 구원받을 수 없으며 행위가 있어야 구원받는 것으로 오해할 수 있다. 아마도 이러한 오해는 지금까지의 현대 복음주의자들이 '믿음으로만' 구원받는다는 측면을 강조해서 마치 구원받은 사람들의 삶의 변화는 그다지 중요하지 않은 것처럼 잘못 인식했기 때문이다.

이러한 오해는 워낙 뿌리가 깊어서 현대 복음주의 메시지에 익숙한 기존 교인들은 심한 거부감을 갖는다. 이러한 거부감은 자신의 신앙의 뿌리가 거부당한다는 느낌을 주어 자신의 존재 자체가 부정당하고 있다는 생각으로 그리스도의 주재권을 강조하는 사람들과의 논쟁을 초래할 수 있다. 그리고 이 문제가 많은 교인들의 공감대를 형성하면 교회 내에 매우 어려운 문제로 확대될 위험성이 있다. 물론 이러한 상황으로까지 확대는 그리스도의 주재권에 대한 강조를 오해한 결과이다. 문제의 핵심은 교리적 문제가 아니라 감정적 손상에 의한 감정 싸움이다. 따라서 그리스도의 주재권은 언제나 강력히 강조해야 하지만 충분한 교육을 통하여 이해의 폭을 넓히는 것이 좋다.

완강한 보수적 태도

완강한 보수 입장을 취하는 지도자들은 비록 구원 문제에 관한 신중한 분별력이 있지만 앞서 언급한 사람들의 경우보다는 비교적 현실적이다. 이 경우 구원 문제는 출생의 문제이며 그리스도의 주재권은 성장의 문제로 생각한다. 따라서 누구든지 예수를 믿는다고 고백하기만 하면 구원을 받은 것이며 비록 그리스도의 주재권이 그 사람의 삶 가운데서 입증되지 않아도 예수께서 자신의 죄를 위해 죽으신 하나님의 아들이심을 믿기만 하면 구원받은 사람이라고 믿는다. 바로 이것이 강력한 도전적 태도를 취하는 사람들과의 차이다.

이 경우 죄에 대한 개념 규정이 분명치 않을 수 있다. 또 믿는다는 의미 역시 인지 수준에서의 인정이나 개념상의 동의 이상을 넘어서지 못한 사람들의 문제에 대한 구분이 없을 수 있다. 즉 본질적인 죄(The Sin)와 파생적인 죄악들(sins) 중 후자를 강조한다. 하지만 본질적인 죄를 불분명하게 하거나 의미 약화를 가져온다. 그래서 믿는 사람들의 의식 속에 죄의 개념을 하나님과의 관계 중심으로 이해하기보다 도덕적, 윤리적 죄악들을 중심으로 이해한다. 따라서 회개의 개념 역시 인격자이신 하나님께로 돌아서서 그분을 자신의 삶의 주님으로 모시는 개념보다는 죄악에서 돌이키는 것으로 이해한다.

보수적 태도란 지금까지 자신이 믿고 가르쳐온 복음 메시지를 고수하는 것이다. 완강함이란 자기가 알고 있는 메시지와 약간이라도 다른 메시지를 접하면 마치 이단을 만난 것처럼 강력히 반대하는 태도다. 완강한 보수적 태도는 다음과 같은 장·단점이 있다.

장점 – 무엇보다도 이 입장은 그리스도의 단순한 복음 메시지를 가지고 쉽게 불신자들에게 접근할 수 있다. 즉 아직 복음을 이해하지는 못했어도 그 사람의 영적 상태가 준비된 만큼, 복음에 반응할 수 있는 기회를 준다. 비록 신학적으로는 구원받은 상태로 인정할 수 없더라도 일단 믿겠다는 결심과 함께 교회에 출석하기 시작함으로써 그에게 복음 메시지를 교육할 수 있는 기회를 준다. 이 경우 그리스도의 주재권을 성장의 문제로 표현하는 신학적 문제가 있지만 결과적으로 그가 주님 앞에 자신을 헌신하게 되는 축복의 자리에 들어갈 수 있게 한다. 또한 이 입장은 기존 교회 교인들에게는 그들의 신앙과 구원 문제에 관한 심리적 안정감을 준다. 그래서 갑작스런 혼란을 야기하지 않는 장점도 있다. 물론 이것은 단점으로도 볼 수도 있다. 그러나 현상을 유지한다는 점에서 보수성의 안전함을 지속시킬 수 있다.

단점 – 이 입장은 개개인의 영혼을 위험스러운 상태에 방치한다. 사례 1에 해당하는 구원받지 못한 사람들을 구원받은 사람들로 취급함으로써 그들의 영원한 생명을 멸망 가운데 방치하게 되는 문제가 있다.

사례 3, 4에 해당하는 사람들이 좀처럼 변하지 않는 것도 큰 문제점 중 하나다. 일단 구원은 받았으니 그 다음의 삶은 구원 문제와는 무관하다는 메시지에 그들은 자신의 불순종과 불성실함을 합리화시킬 수 있는 피난처를 얻는다. 따라서 강력한 사건이나 설교가 아니고서는 결코 하나님께서 원하시는 변화는 일어나지 않는다. 변화가 있더라도 아주 미미하다. 매우 미미한 변화만을 이따금 경험할 뿐이다. 이러한 상태를 위해 주님께서 우리를 위해 십자가의 죽음을 당하신 것이 아니라 자신이 놀랍게 변하는 것은 물론이고 세상을 변화시키는 주역으로서의 사명을 감당케 하기 위해 죽임을 당하시고 부활하셨다는 사실을 생각할 때 이러한 태도는 분명히 문제점이 있다는 결론을 내리게 된다. 그리고 이러한 삶을 살아가는 그리스도인이라면 비록 그가 구원받은 그리스도인이라 할지라도 그러한 구원의 의미가 삶 속에서는 아무런 의미가 없다고 말해도 과하지 않다.

중간 입장을 취하는 태도

중간 입장이라는 말은 강력한 도전적 태도와 완강한 보수적 태도의 중간 위치를 의미한다. 즉 신학적으로는 그리스도의 주재권을 강조하면서도 현대 복음주의 메시지의 영향의 결과를 현실적으로 인정하는 태도를 의미한다. 이는 성경적이거나 신학적인 확신 때문이 아닌 현실적 상황을 인정한 입장으로 한 영혼 한 영혼의 영적 상태가 어떠함을 예리하게 바라보면서 그리스도의 주님 되심을 자신의 삶으로 입증하지 않는 사람의 신앙이 문제없다고 여기지 않는다.

장점 – 신학적 혼합주의 보다는 명백한 분별력이 있다. 또한 현실 상황을 인정하기 때문에 강력한 도전적 태도가 지니는 장점과 완강한 보수적 태도가 지니는 장점을 어느 정도 충족한다. 즉 갑작스런 교리적 혼란을 최대한 피하고 구원과 주재권의 문제를 분명하게 인식하기에 각 영혼들에 대한 책임성 있는 돌봄이 가능하다.

단점 – 중간 입장이 바람직하게 보이지만 현실적으로 신학적인 분명한 입장을 취하면서 현상을 인정하기는 쉽지 않다. 이러한 입장을 취하는 영적 지도자는 자신의 신학적 확신 가운데로 교인들을 인도하는 일이 지연되고 스스로 갈등을 겪게 되며 최악의 경우 그 신학적 확신을 손상당해 결국에는 완강한 보수적 입장이 되거나 끊임없는 자기 연민과 갈등 속에서 헤어나지 못할 수 있다.

중간 입장은 아슬아슬한 줄타기를 하는 곡예와도 같다. 신학적 확신과 현상적 실재와의 사이를 적절히 유지하면서 자신의 신학적 확신 쪽으로 교인들을 인도하려는 힘든 노력을 계속하게 된다. 이러한 입장이 언젠가 성공을 거둔다 할지라도 상당한 시간이 흘러야 한다.

영적 지도자가 그리스도의 주재권에 어떤 태도와 입장을 취하느냐는 그에 따른 책임을 수반한다. 자신의 입장에 근거하여 그리스도와의 관계를 맺는 교인들의 영적 상태에 대한 책임을 져야 한다는 말이다. 강력한 도전적 입장을 취할 경우 그 입장이 아닌 교인들과의 갈등에 책임져야 한다. 그리스도의 주재권에 관한 적절한 교육이나 모본을 본 일이 없는 사람들을 구원받지 못했다고 말함으로써 사실상 구원받은 사람을 구원받지 못한 사람으로 취급하는 위험성을 피해야 하기 때문이다. 따라서 궁극적으로 교인들이 그리스도의 주재권에 완전히 복종하게 하든지 아니면 그러한 복종을 거부하는 교인들로 인하여 교인들 지도하는 일을 포기하든지 택해야 한다.

완강한 보수적 입장을 취하는 경우 개개 영혼들의 멸망받는 상태를 방치하거나 또는 그러한 사람들이 스스로 믿음이 있는 것처럼, 또는 구원받은 일이 없음에도 불구하고 구원받은 것처럼 속고 있는 위험한 상태에 대한 책임을 져야 한다. 주님 앞에 섰을 때 이 문제에 대한 책임을 면할 수 없다는 사실에 주목해야 한다. 그리고 자신이 심혈을 기울여 지도한 결과로서의 교인들의 영적 상태에 대한 책임도 피할 수 없을 것이다. 그리스도의 주재권은 구원의 조건일 뿐 아니라 구원의 조건이 충족되었는지를 알려주는 증거이다. 주재권은 결국 행동으로 나타나며 그리스도인의 삶 속에 라이프스타일로 자리 잡는다. 야고보는 매우 강경하게 행위에 대해 다음과 같이 말한다.

"내 형제들아 만일 사람이 믿음이 있노라 하고 행함이 없으면 무슨 이익이 있으리요 그 믿음이 능히 자기를 구원하겠느냐 만일 형제나 자매가 헐벗고 일용할 양식이 없는데 너희 중에 누구든지 그에게 이르되 평안히 가라, 더웁게 하라, 배부르게 하라 하며 그 몸에 쓸 것을 주지 아니하면 무슨 이익이 있으리요 이와 같이 행함이 없는 믿음은 그 자체가 죽은 것이라 혹이 가로되 너는 믿음이 있고 나는 행함이 있으니 행함이 없는 네 믿음을 내게 보이라 나는 행함으로 내 믿음을 네게 보이리라. 네가 하나님은 한 분이신 줄을 믿느냐 잘하는도다 귀신들도 믿고 떠느니라 아아 허탄한 사람아 행함이 없는 믿음이 헛것인 줄 알고자 하느냐 우리 조상 아브라함이 그 아들 이삭을 제단에 드릴 때에 행함으로 의롭다 하심을 받은 것이 아니냐 네가 보거니와 믿음이 그의 행함과 함께 일하고 행함으로 믿음이 온전케 되었느니라 이에 경에 이른바 아브라함이 하나님을 믿으니 이것을 의로 여기셨다는 말씀이 응하였고 그는 하나님의 벗이라 칭함을 받았나니 이로 보건대 사람이 행함으로 의롭다 하심을 받고 믿음으로만 아니니라 또 이와 같이 기생 라합이 사자를 접대하여 다른 길로 나가게 할 때에 행함으로 의롭다 하심을 받은 것이 아니냐 영혼 없는 몸이 죽은 것 같이 행함이 없는 믿음은 죽은 것이니라"(약 2:14~26).

그리스도의 주재권을 생활로 입증하지 못한 사람을 어떻게 보든 우리는 우리의 사역의 결과에 대하여 책임져야 한다. 한 영혼을 천하보다 귀히 여기는 하나님의 심정과 아흔아홉 마리를 들에 두고 잃어버린 한 마리의 양을 찾기 위해 온 산하를 헤매는 목자의 심정을 가진 사람들로서 우리는 신학적 입장과 사역에 대한 철학을 분명히 해야 한다.

왜 구원의 확신이 필요한가?

구원은 죄로부터의 구원이며 죄악된 삶으로부터의 구원이다. 이 말은 구원이 단순히 미래를 위한 것만이 아니라 현재 삶의 과정을 위한 것이기도 하다는 말이다. 예수님을 믿은 후에도 믿기 전의 상태와 크게 다르지 않지만 천국은 이미 확보해 두었다는 식의 구원관은 오히려 그리스도인의 삶을 황폐화시킬 수 있다. 이러한 점에서 "오늘날 그리스도인들에게 있어서 구원의 확신은 그리스도인의 삶을 망치는 원흉"이라는 혹자의 말은 매우 일리가 있어 보인다. 즉 삶은 엉망으로 살아도 예수님을 믿으니까 구원은 받았다고 하는 신앙은 과연 하나님께서 의도하신 그리스도인의 삶을 살지 않으면서도 그러한 잘못을 합리화하는 잘못을 범하는 것이다. 이러한 태도를 갖고 있는 한 우리는 결코 그리스도인다운 삶을 살지 못할 것이다. 어떤 점에서는 나의 구원의 확신보다 사람들이 나의 삶을 관찰하고 나의 구원을 확신하는 것이 더 중요하다고 볼 수 있다.

구원의 확신은 그리스도인으로서의 새로운 삶을 시작함에 있어 매우 중요하다. 문제는 그러한 구원의 확신을 가지고 그리스도인의 삶을 시작한 지 오래 되었음에도 여전히 구원의 확신만을 자랑하고 있다면 그의 신앙은 심각한 문제가 있다고 단정적으로 말할 수 있다. 예를 들면, 결혼한 사람이 자신이 결혼한 사실을 확신하는 것은 신혼 초에 필요한 일이다. 그때에는 결혼 사진을 보거나 또는 결혼 비디오를 보면서 정말로 자신이 이 남자와 또는 이 여자와 결혼했다는 사실을 확인하는 일이 결혼생활에 도움이 될 수도 있다. 하지만 자녀들을 낳고 가정을 이루고 살면서부터는 자신이 결혼한 사실을 확인할 필요가 없어진다. 도대체 결혼하여 수년, 수십 년이 지난 시점에 결혼한 사실을 확신하는 일이 왜 필요하단 말인가? 만일 결혼한 지 10년 또는 20년이 지난 사람이 자신의 아내나 남편에게 "나는 당신과 결혼한 사실을 확신하오"라고 한다면 배우자는 감격하기는커녕 오히려 그렇게 말하는 배우자를 이상하게 생각할 것이다. 주님과 사랑의 관계를 맺고 그분을 주님으로 모셔들인 사람에게 시간이 지남에 따라 필요한 것은 구원의 확신이 아니라 그 확신을 토대로 한 삶의 구체적인 헌신과 사랑의 열매들이 아니겠는가?

후주

1) Michael Scott Horton, 「미국제 복음주의를 경계하라」, 김재영 역 (서울:도서출판 나침반), 1996.

제2부

그리스도인이여, 사역자여라!

"나를 따라 오너라 내가 너희로 사람을 낚는 어부가 되게 하리라" (마 4:19)

그리스도인에게 발생하는 혁명적 변화는 결과적으로 자신의 존재 이유와 삶의 목적에 관계되어 구체적으로 표현된다. 그리스도인이 된다는 말은 자신의 신분이 근원적으로 변화되었음을 의미하는데 그러한 신분상의 변화로 새로운 라이프스타일로 살아가게 하는 것이 곧 사역자가 할 일이다. 예수께서는 공생애 동안 열두 명의 제자들을 부르시고 그들을 훈련하는 일에 대부분의 시간과 노력을 투자하셨다. 그리고 모든 사역을 마치고 승천하기 직전에 제자들에게 모든 족속으로 제자 삼으라고 명령하셨다. 그리고 그 명령에 따라 지난 2000년 동안 그리스도의 제자들이 제자 만드는 일에 순종함으로써 세계는 계속적으로 복음화 되어왔다. 따라서 하나님의 세계 복음화는 제자들을 만드는 일이다.

누가 그리스도의 제자인가? 결론부터 말하자면 모든 그리스도인이다. 그리스도를 인생의 스승으로 모시고 그분의 가르침을 받아 살아가는 모든 그리스도인이 제자다. 그리스도를 주님으로 모셨지만 아직 그분의 제자는 아니라는 말은 있을 수 없다. 현대제자훈련운동으로 많은 사람들이 예수를 믿는 것과 예수의 제자가 되는 것을 구분하는 경향이 있다. 즉 예수 믿을 결심을 하고 그리스도인이 된 후에 특정한 훈련을 받아 영적으로 어느 일정한 수준으로 성장했을 때 비로소 제자가 된다고 본다. 이러한 구분은 결과적으로 제자의 삶은 모든 그리스도인에게 요구되는 것이 아니라 제자훈련을 받은 '제자의 수준으로 성장한 사람들'에게 요구되는 것이라는 비성서적인 견해를 불러온다. 따라서 우리는 누구의 제자이며 제자에게 요구된 헌신과 삶의 목표가 무엇인지를 다시 규명해야 한다.

제자는 하나님 나라의 일꾼으로 불리움을 받은 사람들이다. 예수께서 제자들을 부르실 때에 사역을 위해 부르심을 분명히 하셨다.

"나를 따라 오너라 내가 너희로 사람을 낚는 어부가 되게 하리라"
(마 4:19).

그분의 부르심은 사람 낚는 사역에로의 부르심, 복음 사역자로의 부르심, 모든 제자, 모든 그리스도인들에게 해당하는 부르심이다. 제자의 부르심은 모든 제자들에게 복음의 제사장이라는 새로운 신분을 부여한다. 이러한 새로운 신분 의식은 방향을 전환시킨다. 변화된 신분 의식에 뿌리를 두고 그 신분에 합당한 삶을 살겠다는 그리스도인의 헌신은 하나님 나라를 위해 쓰임 받을 수 있는 첫걸음이다. 모든 교인이 사역하는 전신자제사장직 교리의 실현이 셀교회의 중요한 정신이다.

"그리스도인이여, 사역자여라!"는 외침을 받아들일 때 하나님의 나라는 놀라운 속도로 확장되고 실현될 것이다. 이제 우리는 제4장과 제5장에서 제자 됨의 의미와 복음의 사역자 됨의 의미를 집중적으로 논할 것이다. 이로써 셀 교회의 핵심 정신인 모든 교인이 사역하는 교회 실현의 기초를 확고히 할 것이다. 이러한 근본정신에 대한 이해 없이 셀 교회를 이룬다는 것은 불가능한 일이다.

제4장

모든 그리스도인이 제자이다

　현대제자훈련운동이 오늘날의 교회와 그리스도인의 신앙과 삶에 끼친 영향은 결코 무시할 수 없다. 성도들을 성경공부로 돌아 올 수 있게 한 점, 영적 성장을 위한 다양한 훈련 교재와 프로그램을 제공한 점, 그리고 평신도들을 일깨워 그들이 전도와 양육사역을 다양한 형태로 감당할 수 있도록 했다. 하지만 그러한 유익에도 불구하고 현대제자훈련운동이 끼친 부정적 영향도 있다.

　제자에 대한 비성서적인 정의로 교인 간의 계층이 생긴 것이다. 제자에 대한 잘못된 정의는 결과적으로 '제자훈련을 받아 제자가 된 사람'과 '아직 제자훈련을 받지 못해 제자가 되지 못한 사람'으로 구분하게 했다. 이는 기존의 교회 내에 성직자와 평신도의 계층

구분이 가져온 문제만큼이나 심각한 문제를 야기한다. 따라서 제자에 대한 바른 개념 정의는 중요하다.

파라처치의 제자 개념

성경은 모든 그리스도인을 제자라고 부른다. 하지만 현대제자훈련운동을 주도해 온 파라처치 그룹들(para-church groups:주로 대학생들을 대상으로 하는 선교 단체들)이 강조한 개념에 따르면 예수를 영접하면 그리스도인(신자)이 되고 특별한 훈련을 받음으로써 일정한 수준의 영적 성장을 이룬 사람들이 제자가 된다고 본다. 즉 신자들을 두 부류로 구분해 영적으로 열등한 사람들을 그리스도인으로, 영적으로 성숙하여 일정한 수준의 영적 사역을 감당하는 사람들을 제자로 부른다. 이는 신자를 계층화하는 문제를 안고 있다.

이러한 개념은 예수께서 열두 제자만을 훈련한 사실에 기초해 생긴 개념 같다. 그러나 열두 제자는 제자일 뿐 아니라 사도였다. 따라서 이들은 특별한 임무와 사명을 위한 특별한 훈련이 필요했다. 이 점을 감안한다면 열두 제자에게 적용되는 개념을 일반적인 제자 개념으로 제시하는 것은 문제가 있다. 그것은 마치 오늘날 신학교에서의 훈련이 목회 지도자가 될 사람들을 훈련시키는 것과 같다. 그리스도인들이 신학교에서 훈련받을 필요는 없지 않은가.

대학생선교회(CCC) 사역에 오랫동안 관계했던 쿤(Gary W. Kuhne)은 그의 저서에서 "그리스도를 닮아 가는 일에 성장하고 있는 자이며 전도의 열매를 맺고 또 그 열매를 보존하기 위해 양육하는 자"로 제자로 정의한다.[1] 또한 쿤은 제자훈련사역을 "그리스도인의 삶 가운데서 영적 성숙을 개발시키고 영적 재생산을 위한 사역"[2]으로 정의했다. 그의 말에 따르면 제자란 첫째, 영적 성숙을 통해 그리스도의 형상을 이루어 가는 자이며 사역적인 면에서는 효과적으로 전도하고 그 전도의 열매를 양육하는, 이른바 영적 재생산을 하는 수준에 이른 사람이다.

한편 네비게이토 선교회(The Navigators)의 태평양 지역 책임자로 일한 바 있는 핸릭슨(Walter A. Henrichsen)은 그의 저서인 「훈련으로 되어지는 제자」에서 제자의 정의를 다음과 같이 제시한다. "제자란 자신의 모든 삶의 영역을 성서에 근거하여 바르게 결정하고 그대로 계속 살아가는 자"[3]로서 "필요를 느끼는 자를 계속적으로 돕는 자이다."[4]

핸릭슨 역시 다른 사람을 영적으로 도울 수 있는 수준에 이른 사람을 제자로 규정함으로써 현대제자훈련운동이 제시하는 제자 개념을 따르고 있다.

세계제자협회(Worldwide Discipleship Association)의 대표자였던 칼 윌슨(Carl Wilson)은 적절히 가르침을 받지 못해서 그리스도의 복음 사역자가 되지 못하는 새신자들을 안타까워하면서 그 상대 개념으로 복음 사역자로 훈련된 제자의 개념을 제시했다.[5] 그가 말하는 제자는 영적으로 특정 수준의 성장을 이루어 독립적인 신앙을 유지하면서 그리스도의 지상명령을 수행하는 자이다.

이상에서 본 바와 같이 제자의 현대적 개념은 첫째, 자신의 내면적인 문제에 있어서 그리스도의 형상을 닮기 위해 영적 성장을 계속하는 자, 둘째, 세계 구속 과업을 자신에게 주어진 사명으로 알고 그 일을 위해 훈련받은 자, 셋째, 훈련에 전폭적으로 헌신하는 자, 넷째, 일정한 수준의 성숙을 이루어 실질적인 사역을 감당하는 자, 마지막으로 성경을 공부하며 그 말씀에 순종하는 자이다. 그런데 현대제자훈련운동이 제시하는 제자의 개념은 성서와 차이점이 있다.

신약성서의 제자 개념

성경은 모든 그리스도인이 제자임을 명백히 하고 있다. 특히 사도행전에서 우리는 모든 신자가 제자임을 거듭거듭 확인할 수 있다. 사도시대에 예수를 주님으로 고백한 사람들을 처음에는 제자로 불렀다. 베드로의 메시지를 듣고 사람들이 예수님을 믿고 침례받았다 (행 2장).

"그 말을 받는 사람들은 침례를 받으매 이 날에 제자의 수가 삼천이나 더 하더라"(행 2:41).

침례를 받은 사람들을 즉각적으로 '제자'라고 불렀음에 주목해야 한다. 오순절 성령강림 사건 이후 성령의 역사로 그리스도를 주로 믿고 신앙을 고백한 사람들의 숫자는 계속 증가했다. "… 주께서 구원받는 사람을 날마다 더하게 하시니라"(행 2:47)는 말씀과 성전 미문에서 구걸하던 앉은뱅이를 고친 사건을 계기로 "말씀을 들은 사람 중에 믿는 자가 많으니 남자의 수가 약 오천이나 되었더라"(행 4:4)는 기록, 그리고 "믿고 주께로 나오는 자가 더 많으니 남녀의 큰 무리더라"(행 5:14)는 기록에서 그 사실을 확인할 수 있다.

사도행전 6장에서는 믿는 사람들이 너무 많아져서 예루살렘 교회는 사도들의 업무를 덜어주기 위해 집사를 세운다. 이러한 변화를 기록하는 가운데서도 우리는 믿는 사람들을 제자로 부른 사실들을 확인할 수 있다. "그 때에 제자가 더 많아졌는데…"(행 6:1), "열두 사도가 모든 제자를 불러 이르되 우리가 하나님의 말씀을 제쳐놓고 공궤를 일삼는 것이 마땅치 아니하니…"(행 6:2), "…하나님의 말씀이 점점 왕성하여 예루살렘에 있는 제자의 수가 더 심히 많아지고 허다한 제사장의 무리도 이 도에 복종하니라"(행 6:7)도 초대교회가 신자를 제자로 부른 분명한 증거들이다.

초대교회가 예수를 주로 믿고 신앙 고백한 사람들을 제자로 불렀다는 사실을 보여주는 기록을 사도행전 11장 25절에서 찾을 수 있다. 바나바가 예루살렘에서 안디옥으로 갔을 때 사울(바울)이 다소에 있다는 소식을 듣고 그를 찾아갔다. 그리고 그는 사울을 안디옥으로 데리고 와서 말씀을 가르치는 사역을 시작할 수 있게 해주었다. 이와 관계된 본문 말씀은 다음과 같이 기록하고 있다.

"바나바가 사울을 찾으러 다소에 가서 만나매 안디옥에 데리고 와서 둘이 교회에 일 년간 모여 있어 큰 무리를 가르쳤고 제자들이 안디옥에서 비로소 그리스도인이라 일컬음을 받게 되었더라"(행 11:25~26).

본문에 따르면 제자들을 일 년간 가르치고 훈련해서 그리스도인이 되었다는 것이다. 그들이 처음 믿었을 때는 제자로 불리었으나 성장해서는 그리스도인으로 불리워졌음에 주목할 필요가 있다. 이를 도표화하면 다음과 같다.

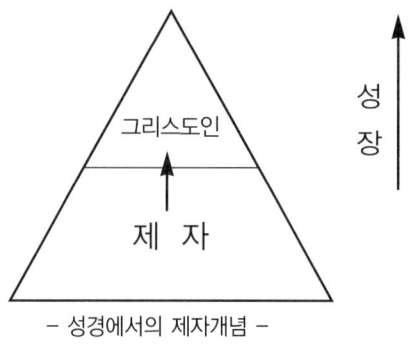

- 성경에서의 제자개념 -

성경에서의 제자 개념

신약성서는 예수를 주로 시인하고 공개적으로 신앙 고백한 사람을 즉각적으로 제자로 불렀다. 그가 영적으로 성장해 가면서 그리스도를 닮아갈 때 비로소 그리스도인이라 불렀다. 제자들이 성장해 그리스도인이 된 것이다. 그리스도인이라는 명칭은 자신들이 붙인 이름이 아니라 다른 사람들이 그들의 삶을 보고 붙여준 별명이다. 불

명예가 아닌 영광스런 별명이다. 하지만 오늘날은 그리스도인이 성장해 그리스도의 제자가 된다는 아래의 도표와 같은 정반대의 개념이 보편화 되고 있다.

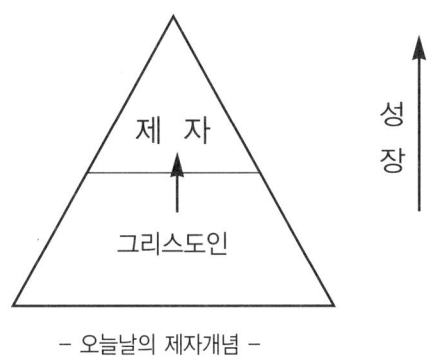

- 오늘날의 제자개념 -

오늘날의 제자 개념

예수를 주님으로 고백한 사람들을 즉시 제자라고 부른 것은 바울의 선교 여행에서도 나타난다. 그의 1차 선교여행 때 루스드라에서 사역했을 때 유대인들이 안디옥과 이고니온에서 와서 무리를 선동하여 바울을 돌로 쳤다. 바울이 죽은 줄 알고 이들은 바울을 성 밖으로 던져버렸다. 그때 바울이 얻은 새신자들을 '제자들'이라고 했다. "제자들이 둘러섰을 때에 바울이 일어나 성에 들어갔다가 이튿날 바나바와 함께 더베로 가서"(행 14:20). 더베에서도 "많은 사람을 제자로 삼고 루스드라와 이고니온과 안디옥으로 돌아가서 제자들의 마음을 굳게 하여 이 믿음에 거하라 권하고 또 우리가 하나님 나라에 들어가려면 많은 환난을 겪어야 할 것이라"(행 14:22)고 권면하고 그들 중에서 장로를 세우고 그곳을 떠났다.

초대교회는 예수 믿는 사람들을 제자로 불렀다. 그리고 성장함에 따라 그리스도인이라 불렀다. 이것은 아마도 예수님의 제자들이 자신들에게 부탁하신 '제자 삼는 일'에 대한 이해가 곧 그리스도를 믿는 자들이 전폭적으로 자신들의 생애를 헌신하는 수준에 이르러야 한다는 것을 익히 잘 알고 있었던 결과로 보여진다. 마치 자신들이 3년간 예수님으로부터 친히 훈련받은 것과 같은 수준의 헌신을 요구받는 것이 제자라고 믿었던 것 같다. 예수께서 "모든 족속으로 제자를 삼으라"는 지상명령을 주셨을 때 열한 제자들 중 아무도 오늘날과 같이 새신자들을 얻은 뒤 그들 중에서 특별히 더 깊은 헌신을 하는 사람들을 선택하여 제자로 성장시키라는 말로 받아들인 사람은 없었던 것 같다.

제자의 어원학적 고찰

제자는 한자로 '弟子'이다. 즉 동생 같고 아들 같은 자라는 뜻이다. 따라서 제자의 의미는 스승의 가족이 되어 아들로서 동생으로서 가르침과 돌봄을 받는 자라는 의미다. 영어로 제자란 disciple로서 라틴어 단어 disciplus에서 왔으며 disciplus는 형용사 discere가 그 어원이다. '매우 유사한' '거의 동등한'이라는 의미가 있다. 따라서 영어의 disciple은 그 어원인 라틴어와 결부시켜 이해할 때 사상, 철학, 신학, 교리체계, 가치관 등 스승의 모든 것, 또는 특수 영역의 것을 배움으로써 결과적으로 배움을 받는 자가 스승의 수준과 거의 동등한 상태에까지 이르게 된다는 개념이다.

한편, 신약성서에서 제자에 해당하는 마세테스(mathetes, μαθητης)의 원형은 '내가 배우다' 라는 뜻의 만싸노(manthanow, μανθανω) 동사이고, 이것은 '선생과 같은 어떤 사람으로부터 배우다', '내가 발견해내다', '교훈보다는 경험과 행습으로써 전념하여 배우다' 라는 뜻이다. 이 개념에 따르면 마세테스는 어떤 사람으로부터 배우는 자, 새로운 사실이나 진리를 다른 사람의 가르침을 받고 발견하는 자, 또는 구체적으로 다른 사람과 함께 경험하면서 스승을 배우는 자다.

마세테스(μαθητης)의 일반적 의미

킷텔(Gerhard Kittel)과 프레드리히(Gerhard Friedrich)가 편집한 신약성서 신학사전(Theological Dictionary of the New Testament)에 따르면 헬라 문화권에서 이 단어가 가지는 의미론적 분석(意味論的 分析)은 다음과 같다.[6]

첫째, 자신의 마음을 어떤 곳으로 지향하는 사람이라는 뜻이 있다. 이것은 주로 배우는 것과 관계되었다. 특히 스승과의 상호인격적(相互人格的) 관계가 이 배움의 과정에 있다.

둘째, 일종의 기술적 의미를 지니는 용어로서 그 교훈을 받는 자가 지식적으로 자기보다 월등한 권위를 지닌 자를 의존하는 뜻이 있다. 동시에 이 의존 관계는 결코 무너질 수 없는 관계임을 강조한다.

셋째, 넓은 의미에서 시대적으로 상당히 멀리 떨어져 있는 자들 간의 지적 연결을 나타내는데 사용했다. 예를 들면, 어떤 철학을 이어 받을 경우 그것을 이어 받은 사람을 마세테스로 불렀다.

마세테스를 학생(pupil)이라는 개념보다는 제자(disciple)라는 개념으로 사용하기 시작한 것은 소크라테스로부터이다. 사실 소크라테스는 자신의 제자들이 마세테스로 부르는 것을 매우 경계했다. 그 이유는 스승과 제자와의 관계에 있어서 인격적 관계를 경시하고 자신들의 궤변 철학을 천박스럽게 다른 사람들에게 전해주는 소피스트들의 교육 관계를 의도적으로 벗어나기 위해서였다. 이러한 이유로 소크라테스 이후부터 마세테스는 지식을 전달해 주는 자와 전달받는 자 사이의 이상적인 인격적 교제 관계를 강조했다. 그리고 내적 관계를 중시했다. 소크라테스는 스승과 제자와의 관계를 지식에 근거하는 것이기보다는 스승의 인격에 근거해야 한다는 입장을 취했다.[7]

이와 같이 소크라테스에 의해 새롭게 정립된 마세테스의 개념은 후에 신약성서 기자들이 예수 그리스도와 그분의 추종자들과의 관계에 있는 인격적 관계를 인지하고 그 추종자들을 지칭할 때 이 단어를 사용한 것 같다.

제자의 신약성서적 용례

신약성서에서 마세테스는 크게 세 유형으로 사용되었다. 첫째, 특정한 사람에게 특정한 신학(신앙) 체계를 배우고 추종한 자들을 마세테스로 불렀다. 예를 들면 '요한의 제자'(마 9:14), '바리새인의 제자'(요 9:28) 등이 이 유형이다.

둘째, 예수 그리스도를 믿고 그분에 대한 신앙고백을 하여 구원받은 그리스도인들을 마세테스라고 했다. 예컨대, 사도행전은 예수를 자신의 주님으로 고백한 자들을 지칭할 때 마세테스라고 했다.

셋째 유형은 예수 그리스도의 열두 사도, 70인의 제자를 마세테스라 불렀다. 신약성서에는 '제자(들)'라는 단어가 259회에 나온다. 대부분 사복음서에서 나타나는데 무려 232회나 된다. 그리고 사도행전에서 27회 나타나고 사도행전 이후에는 찾아 볼 수 없다. 따라서 신약성서 시대에 마세테스를 집중적으로 사용했다.

첫째 유형

특정 스승으로부터 종교적 교리를 배우던 자들을 마세테스라고 했다. 토라에 대한 열심, 신적 권위를 인정받는 예언자의 소리를 경청하고 배우는 일에 전폭적으로 헌신했다. 침례 요한의 제자들은 세상과 단절된 광야나 요단 강에서 침례 요한과 함께 시간을 보내면서 그의 가르침을 받았다(막 2:18, 눅 5:33; 7:18, 19, 마 9:14). 바리새인의 제자들 역시 토라를 중심으로 율법의 울타리를 정하고 그것을 지키도록 가르치고 배우는 일에 심혈을 기울였다. 율법에 대한 그들의 자세는 단순한 지식이나 교리체계를 정리하는 정도가 아니라 삶 그 자체를 온전히 헌신했다. 전 생애가 배움의 과정이었다. 우리는 이와 같은 그들의 율법과 전통에 대한 열심 때문에 마세테스가 매우 의미심장한 단어임을 알 수 있다.

바리새인의 제자들의 열심을 '모세의 제자'에게서도 찾아 볼 수 있다. 예수께서 날 때부터 소경인 자를 고쳐주신 요한복음 9장 1~34절의 말씀에서 이들의 자세와 제자 됨의 의미를 엿볼 수 있다. 예수께서 소경된 자를 고쳐주신 사건으로 종교지도자들 사이에 논란이 생겼다. 그들은 고침받은 소경을 소환하여 심문하는 중에 자신들의 종교적 권위를 그리스도의 권위에 대조하면서 당시 유대인들에게 절대적인 모세의 신적 권위에 자신들의 권의를 동일시하고 자신들을 모세의 제자로 불렀다. 즉 종교적인 면에서 자신들의 신분을 모세의 권위에 완전 의탁함으로써 제자의 의미가 전폭적 신뢰 또는 의뢰와 의탁의 개념임을 보여주었다.

둘째 유형

이 유형은 특히 사도행전에서 집중적으로 발견된다. 제자를 그리스도를 믿고 개종한 새신자들을 일컫는 데 사용했다. 그 한 예가 사도행전 2장 41절에서 오순절날 베드로의 설교를 듣고 "그 말을 받는 사람들은 침례를 받으매 이 날에 제자의 수가 삼천이나 더하더라"(행 2:41)라는 말씀이다. 이 경우 제자란 배우는 자보다는 개종자를 지칭하는 것이 분명하다. 이러한 사실은 6장 1, 2절에서 분명해진다. 특히 2절에서 열두 제자들은 사도($\alpha\pi o\sigma\tau o\lambda o\varsigma$)라고 불렀다. 그리고 그 외의 신자들을 제자로 불렀다(6:7; 9:1, 9, 38 참조).

이 유형은 사복음서에서도 찾아 볼 수 있다. 요한복음 6장 66절에서 예수께서 살과 피를 먹는 문제에 관하여 언급하셨을 때 그 말씀을 듣던 사람들은 열두 제자 외에도 많이 있었다. 그런데 예수님의 교훈이 어렵다고 물러간 많은 사람들을 '제자 중에 많이 물러가고'라고 기록했다. 열두 제자들과 같이 전폭적인 헌신을 하지는 않았으나 예수님을 믿은 사람들을 지칭하는 용어로 마세테스를 사용했다.

셋째 유형

이 유형은 가장 제한적인 의미를 갖고 있다. 즉 예수님께 3년간 훈련을 받은 열두 명의 제자들(사도들)을 지칭하는 일종의 고유대명사와 같기 때문이다(마 10:1; 11:1; 12:1; 막 8:21; 눅 8:9; 요 2:2; 3:22 등). 현대제자훈련운동의 제자 개념이 단순히 배우는 자, 또는 그리스도를 믿는 자를 지칭하는 것으로 그 범위를 확대하지 않고 훈련받은 정예화한, 활동적인 그리스도인이라는 개념으로서의 제자를 제시하는 근거가 바로 이 셋째 유형이다. 즉 열두 제자들은 그리스도와 3년간 살면서 삶의 태도, 영적 가치관, 교리체계 등을 몸으로 체득했다. 사실상 하나님의 교회를 세계 역사 속에 탄생시키는 중요한 산파역과 하나님의 왕국 전파에 결정적 역할을 했다.

제자의 개념을 어떻게 보느냐가 중요한 이유는 개념에 근거하여 사역의 내용과 범위, 그리고 목적이 좌우되기 때문이다. 예를 들어 현대제자훈련운동이 제시하는 제자 개념을 따른다면 특별히 헌신한 사람들을 제자라고 보기 때문에 전체 교인들 소수의 사람들만 제자훈련을 하는 것으로 만족하는 문제를 낳는다. 하지만 모든 그리스도인이 그리스도의 제자라고 믿는 사역자라면 자신의 교인들이 모두 제자로서 훈련을 받으며 제자의 삶을 사는 것을 사역의 목적으로 삼고 그러한 일이 이루어지도록 최선을 다할 것이다.

일반적 의미에서 제자는 스승에게서 무엇인가를 배우는 자이지만 신약성서가 말하는 제자의 개념은 적극적으로 배우는 일에 헌신하고 배우기 위해 자신의 모든 삶의 영역을 희생시킨 자들이다. 우리는 "주 예수 그리스도께서 제자 삼는 일에 그분의 생애의 역점을 두셨다는 사실을 알지 못하고는 그분의 사역을 제대로 이해할 수 없다."[8]

예수님의 모든 사역은 제자를 삼는 일이었다. 그것은 세계 구속을 위한 그분의 전략이었다. 그리스도의 제자는 초대교회의 탄생과 확장에 필요한 1세기의 인물로 이해해서는 안 된다. 제자란 오늘날에도 여전히 필요한 존재이다. 제자는 소수의 특정한 사람이 아니라 모든 신자들이 제자이다. 모든 신자들을 제자로 부르신 것이 하나님의 계획이며 뜻이다. 셀 교회가 지향하는 특징들 중 하나가 바로 모든 교인이 제자로서의 삶을 살도록 격려하고 훈련하는데 있다. 모든 교인들을 충성스러운 제자로 훈련하고 개발할 일은 결국 그들이 제사장으로서의 사역을 감당할 수 있게 해준다. 제자훈련의 바탕에 근거하여 교회는 모든 그리스도인을 대상으로 주님의 복음 사역자의 심정과 태도와 기술을 개발할 수 있다.

후주

1) Gary W. Kuhne, *The Dynamics of Personal Follow-up* (Grand Rapids: Zondervam Publishing House, 1977), 21.
2) Gary W. Kuhne, *The Dynamics of Discipleship Training* (Grand Rapids: Zondervan Publishing House, 1978), 16.
3) Walter A. Henrichsen, *Disciples Are Made-Not Born* (Wheaton: Victor Books, 1976), 31.
4) Ibid.
5) Carl Wilson, *With Christ in the School of Disciple Building* (Grand Rapids: Zondervan Publishing House, 1978), 17-45.
6) Gerhard Kittel, *Theological Distionary of the New Testament*, trans. by Geoffrey W. Bromiley (Grand Rapids: Wm. B. Eerdmans Publishing Company, 1968), s. v. "μαθητης."
7) Ibid.
8) Allen Hadidian, *Successful Discipling* (Chicago:Moody Press, 1979), 7.

제5장

전신자 제사장직 교리

    하나님께서는 그리스도인들을 하나님 나라의 백성으로 부르시고 하나님 나라의 요원들(agents)로 삼으셨다. 즉 그리스도인은 복음을 위한 일꾼이며 사역자다. 복음은 예수 그리스도를 주님으로 모신 사람들이 복음의 제사장 신분을 믿음으로 받아들이고 복음 전파를 하나님께서 주신 사명으로 받아들임으로써 힘있게 전파되어 왔다.

    루터로부터 시작된 종교개혁의 결과가 개신교라면 개신교가 개신교 되게 한 기본 교리는 세 가지로 요약할 수 있다. 첫째는 이신득의, 둘째는 오직 성경, 셋째는 전신자 제사장직(全信者 祭祠長職, every believer's priesthood)이다. 이 세 가지 교리 중 첫째와 둘째는 그런대로 적절히 이해해 왔고 그 교리의 실현도 나름대로 이루어져 왔다. 하지만 전신자 제사장직 교리만큼은 아직도 제대로 이해되지도 실현되지도 않고 있다.

먼저 이신득의 교리를 보자. 인간 구원의 조건은 오직 그리스도를 믿음으로만 가능하다. 어떠한 인간의 노력과 선행도 인간을 구할 수 없다. 이 교리는 너무도 잘 이해되고 전달되어 와서 오늘날의 그리스도인들은 인간의 행위가 아닌, 오로지 믿음으로만 구원받는다는 사실을 분명히 알고 있다.

'오직 성경'도 마찬가지다. 그리스도인의 신앙과 생활의 유일한 규범이 성경 말씀이라는 사실에 대하여 반론을 제기할 사람은 아무도 없다. 오늘날 대부분의 그리스도인들은 성경대로 믿지 않는다는 말을 들으면 대단한 모욕으로 생각할 만큼 오직 성경이라는 원칙을 철저히 이해하고 있다. 순전하게 믿는다고 자부하는 사람들은 신앙의 순수성에 있어서 성경 말씀에다 무언가를 덧붙이는 것의 위험성을 지적하면서 오직 성경대로 믿어야 한다는 사실을 확신한다. 이러한 신앙 자세는 감사한 일이 아닐 수 없다.

그러나 전신자 제사장직 교리는 상황이 사뭇 다르다. 물론 전신자 제사장직 교리를 부정하는 사람은 없을 것이다. 문제는 이 교리의 의미를 제대로 이해하지 못하는 사람들이 많다는 점과 이 교리의 실현이 이루어지지 않고 있다는 점이다. 모든 그리스도인이 제사장이기 때문에 그리스도인이면 누구나 복음의 일꾼으로서의 사명이 있어야 한다. 그러나 현실은 그렇지 못하다. 복음을 위해 헌신하는 일은 오직 성직자들이나 특별히 헌신한 사람들만의 일이며 평신도들은 그러한 사역과 사명에서 면제되거나 부분적으로만 감당하면 되는 것으로 이해하는 경향이 있다.

만일 전신자 제사장직 교리를 제대로 이해하고 실현한다면 세계 복음화는 더욱 빠르게 앞당겨 질 것이다. 예를 들어 한국의 천만 그리스도인들이 자신의 제사장직을 믿음으로 받아들이고 적어도 1년에 한 명씩이라도 불신자들을 그리스도께로 인도하는 삶을 산다면 1년 후에는 2천만 명으로, 2년 후에는 4천만 명으로, 그리고 3년 후에는 남북한 인구 모두를 주님께로 인도하는 일이 발생할 것이라는 계산을 할 수 있다. 이러한 주장에 대하여 어떤 이들은 그것은 현실적으로 불가능한 일이라고 단정 지으면서 반박하기도 하지만 기독교 역사를 살펴 볼 때 우리는 초대교회 시대에 복음이 얼마나 위력 있게 전파되었으며 또한 그러한 복음전파는 오로지 모든 신자들이 제사장직을 믿음으로 받아들이고 사역자로서의 자신의 신분에 걸맞게 복음 전파를 위해 헌신한 결과였음을 너무도 잘 알고 있다.

셀 교회가 지향하는 중요한 목표는 모든 교인이 자신의 제사장 직분을 이해하고 믿음으로 받아들임으로써 모든 교인들이 복음을 위해 사역하는 것이다. 교인은 누구나 예외 없이 복음의 사역자로서 자신의 존재 이유와 근거를 제사장으로서의 신분에 두고 살아가는 자가 되게 하는 것이 셀 교회의 두번째 정신이다. 이제 우리는 전신자가 사역자라는 사실과 전신자가 사역자가 되도록 하는 구체적 방법으로서의 셀 교회를 배우는 기초를 닦기로 한다.

전신자 제사장직의 의미

그리스도인이면 누구나 하나님의 제사장이며 하나님의 일꾼이라는 사실은 창세기 1장으로 거슬러 올라간다. 하나님이 이 세상을 창조하시고 하나님은 인간을 창조할 계획을 세우셨다.

"하나님이 가라사대 우리의 형상을 따라 우리의 모양대로 우리가 사람을 만들고 그로 바다의 고기와 공중의 새와 육축과 온 땅과 땅에 기는 모든 것을 다스리게 하자 하시고"(창 1:26).

하나님은 다른 피조물과 다르게 인간을 하나님의 형상으로 만드시기로 하신다. 그 이유는 하나님을 대신해 만물을 다스리게 하시기 위함이었다. 하나님의 대리자로서, 하나님의 요원으로서 만물을 다스리는 일을 위해 인간을 창조하신 것이다. 이것이 인간 창조의 중요한 목적이다. 즉 그분이 만드신 만물을 질서정연하게 다스리는 사역을 위해 인간을 창조했다는 말이다. 이러한 사실은 하나님께서 인간을 창조하신 후 처음 하신 말씀에서도 알 수 있다.

"하나님이 그들에게 복을 주시며 그들에게 이르시되 생육하고 번성하여 땅에 충만하라, 땅을 정복하라, 바다의 고기와 공중의 새와 땅에 움직이는 모든 생물을 다스리라 하시니라"(창 1:28).

이 말씀 속에서 우리는 하나님의 인간을 창조하신 목적이 철저히 그분의 사역을 감당하게 하기 위함이라는 것을 확인할 수 있다. 즉 인간은 하나님의 일을 위해 창조된 하나님의 사역자이다.

제3장에서 우리는 그리스도 안에서 새롭게 피조된 그리스도인들은 더 이상 자신을 위해 사는 자들이 아니라 주님을 위해 사는 자들로서의 삶의 목적과 이유와 동기가 변한 자들이라는 것을 알았다. 그리고 그러한 변화의 구체적인 삶의 모습은 고린도후서 5장 18절부터 마지막 절 기록처럼 하나님과 세상을 화목케 하는 직책, 곧 복음의 제사장 직분을 맡은 자로서 살아가는 것이다.

> "모든 것이 하나님께로 났나니 저가 그리스도로 말미암아 우리를 자기와 화목하게 하시고 또 우리에게 화목하게 하는 직책을 주셨으니 이는 하나님께서 그리스도 안에 계시사 세상을 자기와 화목하게 하시며 저희의 죄를 저희에게 돌리지 아니하시고 화목하게 하는 말씀을 우리에게 부탁하셨느니라 이러므로 우리가 그리스도를 대신하여 사신이 되어 하나님이 우리로 너희를 권면하시는 것 같이 그리스도를 대신하여 간구하노니 너희는 하나님과 화목하라 하나님이 죄를 알지도 못하신 자로 우리를 대신하여 죄를 삼으신 것은 우리로 하여금 저의 안에서 하나님의 의가 되게 하려 하심이니라."(고후 5:18-21)

유감스럽게도 많은 사람들이 전신자 제사장직 교리를 오해하고 있다. 즉 구원론적 입장에서나 가톨릭의 교권으로부터의 탈피라는 측면에서 강조했을 뿐 사역적 측면, 그리스도인의 의무와 책임이라는 점에서 강조하지 않았다.

사실상 이 교리는 모든 신자가 사역하는 교회를 위한 핵심적인 교리이며 신학적 근거다. 모든 그리스도인이 제사장이라면 교회는 마땅히 그리스도를 주님으로 믿는 모든 교인들이 사역자로 살 수 있도록 도와야 한다. 베드로전서 2장 9절은 그리스도인이 '왕 같은 제사장'(royal priest)임을 선언하고 있다. 여기서 왕 같은 제사장은 "갓난아이들과 같이 순전하고 신령한 젖을 사모해야 하는"(벧전 2:2) 영적인 아기들이라는 점에서 그리스도인은 하나님의 자녀로 태어나는 순간 왕 같은 제사장으로 태어난 것을 알 수 있다. 전신자 제사장직 교리란 '모든 그리스도인이 세상과 하나님 사이를 화목하게 하는 복음의 제사장' 이라는 의미이다.

오늘날 많은 그리스도인들이 전신자 제사장직 교리를 오해하고 곡해하는 것 같다. 그리스도인은 누구나 제사장이기에 다른 사람을 중재자로 세우지 않고 자신이 직접 하나님의 보좌 앞으로 나아갈 수 있다고 주장하는 것이다. 물론 우리는 예수님의 보배로운 피로 하나님의 은혜로운 보좌 앞으로 나아가는 담력을 얻은 자들이다. 하지만 전신자 제사장직 교리가 그것만을 의미하지는 않는다. 제사장직은 그리스도인의 책임과 의무도 부여한다.

구약의 제사장 제도는 십자가 사건을 통해 폐기되었다. 예수께서 십자가에 달려 운명하실 때 성소의 휘장이 위에서부터 아래로 찢어진 사건은 그분 자신이 단번(once for all)에 속죄 제물이 되셨음을 알려준다. 우리 모두가 그분의 죽으심을 통해 하나님의 성소에 들어가는 복을 얻은 자가 되었음을 알려준다. 이로써 구약 제사제도는 폐기된 것이다. 그런데 하나님은 베드로를 통하여 구약 제사제도에 사용한 용어로써 그리스도인의 변화된 신분을 가르쳐 주신다. 왜, 무엇 때문에 그런 단어를 쓰셨는가? 그리스도인이 세상에서 감당할 사역을 알려주시기 위해 그런 단어를 쓰신 것이다.

구약시대의 제사장들의 주된 임무는 무엇인가? 그들의 주된 임무는 '제사 드리는 일'이었다. 그러면 그들이 제사를 드리는 이유는 무엇이며 또 누구를 위해 드렸는가? 제사장으로서 그들이 드리는 제사는 자신을 위한 것이 아니라 백성을 위한 제사였다. 백성을 하나님과 화목케 하기 위한 제사였다. 마찬가지로 그리스도를 주님으로 모신 사람을 제사장이라 하심은 자신의 죄를 하나님께 직접 가지고 나아갈 수 있는 자가 되었음을 알려주기보다 불신자들을 하나님께로 인도하여 하나님과 화목케 하는 복음의 제사장으로서의 사역자임을 알려주기 위한 표현이다.

사역자로서의 그리스도인의 신분

하나님께서 우리를 그리스도 안에서 하나님의 백성으로 선택하심은 우리를 죄에서 구원하시는 목적을 넘어서서 우리가 세상에 하나님 나라를 위한 일꾼으로 일생을 살게 하기 위함이다. 하나님은 베드로를 통해 "오직 너희는 택하신 족속이요 왕 같은 제사장들이요 거룩한 나라요 그의 소유된 백성이니 이는 너희를 어두운데서 불러내어 그의 기이한 빛에 들어가게 하신 자의 아름다움 덕을 선전하게 하려하심이라"(벧전 2:9)고 말씀하셨다.

　이 말씀에서 그리스도인의 네 가지 신분을 언급하고 있다. '택하신 족속', '왕 같은 제사장', '거룩한 나라' 그리고 '그의 소유된 백성'이다. 그런데 이러한 신분상의 변화에 관한 표현은 단순한 특권과 축복만을 의미하지 않는다. 하나님 앞에서의 책임과 하나님을 위한 사역에로의 부르심도 의미한다.

　'택하신 족속'에는 하나님의 선택의 행위가 전제되었다. 선택에는 목적이 있다. 이 점에서 택하신 족속으로서의 하나님의 기대와 하나님의 의도성을 엿볼 수 있다. 하나님이 우리를 선택하심은 하나님 나라의 요원으로서 사역하라는 의미이다.

　'왕 같은 제사장' 신분은 왕족의 대열에 선, 왕을 위해 제사드리는 책임을 맡은 자라는 의미이다. 왕이라는 신분은 대단한 긍지를 느끼게 한다. 그러나 그와 동시에 막중한 책임과 의무도 느껴야 한다. 왕 같은 제사장이 얼마나 특별한 존재인가에 관한 자긍심을 불러 일으킨다. 막중한 책임과 의무를 지닌 사역자로서의 신분의식도 있어야 한다.

　'거룩한 나라'는 그리스도인의 영적, 도덕적 상태와 삶의 질이 어떠해야 함을 알려준다. 하나님의 부르심은 악과 죄로 만연된 이 세상에서 따로 불려냄을 받은 우리가 하나님의 거룩함을 드러내는 자의 역할을 감당할 것을 기대하시는 하나님의 심정을 이해하게 해준다.

　'그의 소유된 백성'은 우리가 더 이상 이 세상에 속한 것이 아니라 하나님께 소유된 존재로서 우리의 존재가 그분의 이름과 그분의 나라와 밀접하게 연결되어 있음을 나타낸다.

본문의 하반절은 네 가지 신분의 의미를 설명한다. "이는 너희를 어두운 데서 불러내어 그의 기이한 빛에 들어가게 하신 자의 아름다운 덕을 선전하게 하려 하심이라." 네 가지 신분으로의 변화는 단순히 개인 차원에서 구원과 변화를 즐거워 하는 것이 아니라 하나님의 아름다운 은혜와 덕을 선전하게 하기 위함이다.

우리는 적어도 초대교회 시대와 초기 기독교시대(오순절 성령강림 사건-콘스탄틴 황제 시대까지)의 모든 신자가 제사장으로서의 직분 수행을 당연히 여기고 그 직분을 그리스도인의 본연의 임무로 여기고 제사장으로 살아갔음을 안다. 예루살렘 교회가 핍박을 당할 때 그리스도인들이 흩어져서 복음을 두루 전한 사건(행 8:1~4), 사도가 아닌 스데반, 빌립 같은 사람들이 이방인에게 복음을 전한 사건을 통해 평범한 그리스도인들도 중요한 역할을 했음을 알 수 있다.

또한 예수님이 승천하시고 불과 3백 년도 안 된 짧은 시간동안 로마의 황제들이 로마의 조직력을 동원해 가혹한 박해를 했음에도 로마 전역을 복음화 하는 엄청난 일을 해낸 것은 놀라운 일이다. 이런 일이 가능했던 것은 초대교인들의 그리스도를 향한 사랑과 헌신 때문이다. 이들의 사랑과 헌신은 자신의 생명을 아끼지 않는 수준이었다. 또한 하나님의 사역자라는 신분 의식을 인식하고 신분에 걸맞게 사역을 감당한 결과였다.

하나님의 교회와 복음을 위해 개혁 또는 영적 운동을 일으킨 사람들의 동기를 살펴보면 한 가지 공통점이 있다. 그것은 그리스도인답게 살려는 동기와 교회를 교회답게 만들려는 동기가 있었다. 그리고 이러한 동기는 모든 그리스도인이 사역자라는 원리가 있다. 종교개혁의 기수인 루터는 이신득의(以信得義)를 깨닫고 모든 신자가 제사장이라는 만신자 제사장직 교리를 주장했다. 그리고 이를 실행하기 위해 의무교육제도를 주창하게 되었다.

현대주일학교 운동을 단순히 문맹 퇴치 차원에서 진행할 때 의무교육제도를 사상 처음으로 헌법에 명시해 국가 차원에서 의무교육제도를 정착시켜 주일학교를 순수한 신앙교육기관으로 자리잡게 한 미국의 호레이스 만(Horace Mann)[1] 역시 모든 그리스도인이 사역자라는 신앙의 실천을 동기로 삼고 의무교육 실행을 이뤄냈다.

모든 교인이 사역자라는 개념의 의미

'모든 교인이 사역자' 라는 말과 혼용·병용되는 것이 '평신도 사역자', '평신도가 사역하는 교회', '평신도 운동', '전신자 사역' 등이다. 이러한 용어들을 사용할 때 그 의미와 근본 전제가 약간씩 다르다. 우선 구분해야 할 개념은 평신도 운동과 평신도 사역이다. 한국에서 평신도 운동에 관한 관심이 일기 시작한 것은 1960년대 말이다. 그러나 이 시기의 평신도 개념과 평신도 운동의 방향은 성직자들과의 대립 관계 속에서 설정됨으로써 적지 않은 문제를 야기했다. 비록 이런 문제가 오늘까지 확산, 지속되었다고 말할 수는 없으나 어느 정도 남아 있다. 모든 교인이 사역자라는 말의 의미를 목회자와 평신도의 대립구도(이 경우 교회 속에서의 주도권 다툼과 같은 차원에서의 대립) 속에서 이해해서는 안 된다. 오히려 사역의 책임과 의무라는 면에서 이해되어야 한다.

미국의 헐리우드 제일장로교회의 헐버슨(Hulverson) 박사는 1980년에 7천 명의 교인이 있는 교회에는 몇 명의 평신도 사역자가 있어야 교회를 효과적으로 운영할 수 있는지를 조사했다. 그의 연구 결과에 의하면 7천 명의 교인이 있는 교회는 370명 정도의 평신도 사역자가 필요하다고 한다. 이 연구 결과대로라면 전체 교인 중 5퍼센트 정도만이 일해도 된다는 말이다. 그러나 이렇게 할 경우 많은 교인들은 구경꾼, 방관자로 남아있어도 된다는 방만함을 갖게 된다.

그러나 '모든 교인이 사역자' 혹은 '모든 교인이 사역하는 교회라는 말은 교인들 모두가 사역자인 교회를 의미한다.' 그리스도인 개인의 수준에 맞게 사역을 감당할 수 있는 교인들의 교회, 그래서 모든 교인이 사역하는 교회다.

지상명령, 전교인 사역자 실현, 그리고 셀 교회

모든 세대의 교회를 향한 주님의 진군 명령과 같은 마태복음 28장 18~20절의 지상명령에 순종하여 교회는 지난 2천 년 동안 계속 사역해 오고 있다. 2천 년이라는 긴 세월 동안 최대의 지상명령을 수행한 것이 교회라면 우리는 교회가 이 일을 위해 수많은 경험을 해 온 결과로 노하우를 축적했을 것이라고 생각할 수 있다. 지금쯤이면 모든 족속으로 제자 삼는 일은 어느 정도 완성되었어야 할 시간이라고 해도 결코 과언이 아니다. 하지만 실상은 전혀 그렇지 못하다. 무엇 때문일까?

기독교의 사역은 교회가 그리스도께로부터 부여받은 지상명령을 수행하는 것으로 요약된다. 따라서 그리스도인들의 지극히 당연하고도 명백한 관심사는 교회를 통하여 모든 족속을 제자로 만드는 일이다. 이 시점에서 지상명령을 다시 생각해 볼 필요가 있다.

지상명령의 목표는 모든 족속으로 제자를 삼는 것이다. 이 목표를 성취하기 위한 전략으로는 '가는 일'(going), '침례를 주는 일'(baptizing), '가르치는 일'(teaching), '지키게 하는 일'(observing)이 있다. 실제로 이 전략들은 제대로 시행하고 있는가를 반성하고 이를 토대로 우리의 방향을 전해야 한다.

'가는 일'에 있어서 교회는 어떻게 하고 있는가? 데이비드 핀넬(David Finnell)은 오늘날의 교회 구조가 '오라는 구조'(come structure)이지 '가는 구조'(go structure)가 아니라고 지적했다.[2] 교회가 여러 가지 프로그램을 준비해 놓고 사람들을 교회로 오도록 요청하는 구조는 영혼들을 찾아가는 구조가 아님을 지적한 것이다. 실질적으로 오늘날의 사회와 사람들은 교회로 오라는 프로그램에 매력을 느끼지 못한다. 따라서 교회는 복음 전도 대상자들을 향한 접촉에 있어서 시대착오적인 타성을 버리고 지상명령의 전략에로 환원하는 것이 바람직하다.

'침례를 주는 일'(baptizing)은 어떠한가? 침례는 자아 중심의 죄악된 삶에 대하여는 완전히 죽은 자로서 자신의 과거를 그리스도와 함께 장사하고 새로운 피조물이 되었음을 고백하는 것이라는 점에서 침례 의식이 한낱 의식으로 전락해서는 안 된다. 그리스도를 주님으로 믿는다는 말이 단순히 죄를 용서받고 구원 얻었다는 의미를 넘어서서 자신의 삶의 목적과 동기와 이유가 자신이 아닌 그리스도로 바뀌어졌음을 의미하는 엄숙한 신앙고백 행위가 되어야 한다.

'가르쳐'(teaching) '지키게 하는 일'(observing)은 어떠한가? 가르치는 일은 그런대로 수행한다 할지라도 지키게 하는 일에는 어느 정도의 비중을 두고 있는가? 자신들이 배운 바를 그대로 지킬 수 있도록 구체적으로 어떠한 노력을 기울이고 있는가를 반문해 본다면 그러한 문제가 있는 것이 그다지 이상할 것도 없을 듯싶다. 지상명령을 위한 사역은 어떤 이유에서도 지연되거나 비효율적으로 해서는 안 된다. 모든 족속이 예외 없이 제자로 성장하여 말씀을 배우고 그 말씀대로 살아가도록 돌봄을 받아야 한다.

지상명령은 교회를 향한 주님의 진군 명령과 같다. 혹자는 이 명령을 기독교 사역의 대장정(Magna Carta of Christian Ministry)이라고도 표현한다. 지상명령을 수행하는 것이야말로 기독교 사역의 근본이요, 과정이요, 그리고 목적이기 때문에 교회의 모든 사역과 활동은 직·간접적으로 이 명령을 수행하는 결과를 가져와야 한다. 그리고 우리는 전신자 제사장직 교리가 구체적으로 실현되는 전략이 곧 지상명령의 수행이라는 사실을 주목하게 된다. 모든 교인들을 충성스러운 제자로 성장하도록 훈련하고 개발하는 일은 제사장 사역을 감당하는 삶이 되게 하는 것이다.

지상명령 수행을 위한 각성과 시도는 지난 반세기 동안 여러 곳에서 시도되어 왔다. 특히 1930년대에 태동하여 1950년대에 이르러 세계 각처에서 진행된 현대제자훈련운동, 평신도각성운동, 새가죽 부대운동(New Wineskin Movement)이 있었다. 그리고 지역 교회라는 영적 생활 공동체의 중요성에 대한 재인식으로 셀 교회라는 모델을 낳았다. 그리고 그러한 교회들이 지난 30여 년간 전 세계 각처에서 성장해 오고 있는 추세이다. 따라서 우리는 모든 교인을 복음의 사역자로 개발시키는 전략으로서 셀 그룹 교회의 성서적, 신학적 배경과 실제적인 면들을 면밀하게 검토할 필요가 있다.

이러한 목적을 위하여 우선 전신자 제사장직 교리를 검토할 것이다. 전신자 사역자화의 신학적, 교리적 바탕을 확고히 한 뒤 셀 그룹 교회의 실질적인 면들을 검토한다. 그 다음 셀 그룹 교회로의 전환을 위한 전략을 고찰하고 마지막으로 전신자 사역 개발 목회를 위한 선결 조건 등을 다루기로 한다.

교회론에 비추어 본 전신자 제사장직 교리

전신자 제사장직 교리는 교회의 본질, 사명과 사역과 밀접한 관계가 있다. 교회 자체가 '불러냄을 받은 사람들'로서 사명에로의 불리움이며 사역에로의 불리움이다. 전신자 제사장직 교리가 사역자로서의 개인을 강조한다면 집단으로서의 교회는 그 개인의 사역을 개발시키는 핵심적인 모체가 된다.

교회는 세상의 조직이나 기관, 기구와 다르다. 교회는 그리스도의 몸으로 그 안에 그리스도께서 사신다. 사실상 이와 같은 교회는 그리스도와의 결합이 전제가 된다. 왜냐하면 이 결합만이 그리스도인 간의 영적 교제를 가능하게 하기 때문이다. 그리스도의 몸으로서의 교회는 지체 간의 영적 교제를 통해 그리스도의 현현을 이룬다. 교인 간의 영적 교제의 수준과 질은 단순한 교제가 아니다. 가족으로서의 형제애로 사랑의 교제이어야 한다.

한편 교회의 사명과 책임이라는 점에 비추어 볼 때 전신자 제사장직 교리는 교회 존재 이유와 목적을 확인해준다. 미국 서남침례신학대학원(Southwestern Baptist Theological Seminary)의 교회교육행정학 교수를 역임한 티드웰(Charles A. Tidwell) 박사는 "하나님의 다중적 지혜를 알게 하는 것"(엡 3:10)이 교회의 사명이라고 한다. 그리고 이 사명을 수행하기 위한 교회의 기능으로서 예배, 선포와 증거, 양육과 교육, 그리고 봉사 등을 제시한다.[3]

이러한 교회의 기능은 교회가 하나님의 다중적 지혜인 그리스도의 복음을 온 세상에 전파하는 목적을 실현하도록 한다. 이 사명은 단순히 집단으로서의 교회뿐 아니라 그 교회의 구성원인 각자를 통해 성취된다. 따라서 모든 교인을 사역자로 개발하는 전신자 제사장직 교리와 연결된다.

미국 남침례신학대학원(Southern Baptist Theological Seminary)의 교수였던 힌슨(Hinson) 박사는 "교회의 사역은 전체 교인의 사역"이라고 말한다. 티드웰 교수도 "제자도에로의 부르심은 그 부르심의 의도대로 살아갈 때 교회의 본질을 이룬다"고 했다. 이 말은 교인 개개인이 결정적인 교회의 구성원이요 사명 감당자임을 말해준다. 화이트(W. R. White)는 개인의 지고성(至高性:The primacy of the individual)을 침례교회 특징 중 하나로 보았는데 하나님의 사랑의 응답에 따르는 사명과 책임도 개인이며 개인이 회개하고, 개인이 믿으며, 개인이 선택해야 하기 때문이다.

전신자 제사장직 교리의 역사적 왜곡

초대교회의 그리스도인들은 복음의 제사장 역할을 감당했다. 그러한 일은 4세기 초, 로마의 황제 콘스탄틴이 기독교를 공인할 때까지는 계속되었다. 신약성서의 수많은 언급들은 물론이고 4세기까지 계속된 기독교 박해에도 불구하고 기독교는 지중해 일대를 복음화했다. 이것은 그 당시의 그리스도인들이 복음의 사역자로서의 삶을 철저히 살았다는 명백한 증거다. 그들은 신앙을 유지하기가 어려운 상황에서도 복음의 사역자로서 살았다. 그들은 그리스도인 됨은 복음 사역자 됨을 의미하는 것으로 이해했기 때문이다. 그들에게 복음을 믿고 받아들인다는 말은 곧 복음을 위해 자신의 삶을 헌신하는 것이었다. 혹독한 핍박도 그들의 신분 의식에 기초한 사명의 불꽃을 꺼뜨리지 못했다.

그러나 기독교가 공인된 이후 복음의 사역은 성직자들의 전유물이 되었다. 평신도들은 복음 사역으로부터 배제되어 갔다. 이러한 상황에 익숙해진 평신도들은 복음 사명이 성직자들에게로 전가된 것을 다행스럽게 여기게 되었다.

혹자는 콘스탄틴 황제의 기독교가 공인된 313년이 악의 세력에 대한 기독교 승리의 원년이라고 한다. 그러나 나는 그 해는 기독교가 악의 세력에 패배한 패배의 원년이었다고 말하고 싶다. 적어도 그 전까지는 모든 그리스도인들이 사역자로서의 삶을 살았다. 그러나 기독교 공인 이후 시작한 교회와 세상 정권과의 결탁은 기독교의 생명력을 빼앗아가는 결과를 초래했다. 그리고 복음의 제사장으로서의 사역은 성직자들만의 몫이 되면서 세계를 복음화하고 교회의 본질을 회복하기가 어려워졌다.

셔던(Shurden)은 기독교가 1세기 이후 16세기경까지 크게 세 가지 비극을 경험했다고 말한다. 제사장직의 성직자화, 은혜의 성례전화, 그리고 교회의 제도화이다. 제사장직의 성직자화는 일부 신자의 제사장직을 강조해 계층주의를 만들었다. 직업적인 성직자 계층이 평신도 계층을 지배했다.

은혜의 성례전은 특정 계층에 의한 집례가 은혜와 구원을 가져다주는 통로로 인식되었다. 이것은 십자가 사건으로 찢어졌던 휘장을 다시 꿰매는 일이다. 교회의 제도화로 교회는 단순히 교인들이 출석하는 장소가 되었으며 평신도를 통하여 그리스도께서 세상 속에서 살아 역사하는 몸이라기보다는 성직자들이 관리하는 건물로, 사역을 감당해야 할 그리스도의 제사장들이 구경꾼들로 전락하게 했다.

이러한 비극은 4세기 초 콘스탄틴 황제의 기독교 공인과 함께 시작되어 로마 가톨릭이 유럽을 지배한 중세까지 그 뿌리를 깊숙이 내렸다. 종교개혁자들로부터 재침례교도들, 그리고 침례교도들에 이르기까지 이러한 문제를 고치려는 부단한 시도가 있었다. 어느 부분에 있어서는 약간의 시정도 있었다. 전신자 제사장직 교리는 다른 어떤 왜곡보다도 교정하지 못하고 오늘날에 이르렀다.

로마 가톨릭 교회는 1962~1965년 제2차 바티칸 종교회의를 가졌다. 이 회의에서 로마 가톨릭은 가히 혁명적인 신학적, 교리적 변화를 시도했다. 평신도 사역을 허락하는 '평신도의 사도직 교령'을 채택한 것이다. 이러한 변화는 곧 평신도의 성례전 집행, 이를테면 영세 의식과 성만찬, 그리고 미사 집전 등과 같이 과거 성직들의 전유물인 의식을 평신도에게도 허락함으로써 전신자 제사장직 교리의 실현에로 변화의 몸짓을 시작했다.[4]

이러한 로마 가톨릭의 변화를 개신교 목회 상황에 비추어 볼 때 오히려 개신교가 전신자 제사장직 교리의 실현에 미온적이거나 그 실현 의지가 부족한 것처럼 보인다. 전신자 제사장직 교리의 왜곡의 장본인인 로마 가톨릭 교회가 그 왜곡을 바로잡기 위해 과감한 조치를 취하는데 개신교가 그 왜곡의 한복판에서 있다는 것은 아이러니다.

그러나 지난 20세기 중반 이후 평신도 신학의 대두, 현대제자훈련운동 등을 통한 교회의 모습 변화는 모든 그리스도인들이 하나님의 사역자임을 상기시켜 주었다. 또한 교회가 교인들이 복음 사역자로 살아 갈 수 있도록 개발하고 그런 사역의 기회를 주는 것에 관심을 가져야 함을 가르쳐 주었다. 이러한 변화를 위한 노력은 세계 각처에서 동시에 전개되어 셀 교회로 교회 구조를 바꾸는 대전환을 이뤄내게 했다.

전신자 제사장직을 수행하는 사람들의 간증

그리스도인은 누구나 복음 사역자라는 사실을 받아들인 사람들은 그들의 삶의 목적이 사명과 직결될 수밖에 없다. 따라서 라이프 스타일이 변하게 된다. 복음 전파를 지상명령으로 받아들인 사람은 자신의 삶을 사명 완수로 연결한다. 만일 새로운 삶이 없다면 헌신의 진실성은 의심받을 수밖에 없다.

작은 구멍가게를 하던 목포의 한 자매는 자신이 복음의 제사장이라는 말을 듣고 제사장 직무를 성실히 수행하기를 진지하게 기도했다. 그녀는 가게 때문에 복음을 전할 시간이 없었다. 그런 가운데도 자신의 직무를 수행할 수 있도록 지혜를 달라고 기도했다. 하나님은 지혜를 주셨다. 그녀는 고객관리카드를 만들었다. 그리고는 그 카드를 한 장씩 들고 하나님께서 그 사람의 마음을 변화시켜주셔서 복음을 들을 마음의 준비를 하게 해달라고 기도했다. 고객들이 가게에 올 때마다 그녀는 간증을 하며 복음 제시를 위한 준비 작업을 했다. 그녀는 사람들의 변화 또는 준비 상태별로 카드를 A급, B급, C급으로 분류했다. A급은 지금 당장 복음을 전해도 거부감 없이 들을 수 있는 사람, B급은 복음에 관심이 있음이 엿보이는 사람, C급은 복음에 전혀 마음을 열지 않는 사람들이었다. 그녀는 C급 사람이 B급으로 변화되도록 기도했고, B급 사람들이 A급이 되도록 기도했다. 그녀는 고객관리카드를 만들고 1년이 지나지 않아서 200여 장의 카드를 가지고 매일 기도했고 1년 동안 20여 명의 결신자를 얻었다.

대전의 한 대학 교수는 하나님께서 대학 교수로 자신을 쓰신 이유를 대학생들에게 복음 전하는 일을 감당하도록 하기 위해서라고 믿었다. 그는 대학에서 성경공부반을 조직하고 학생들을 말씀으로 양육했다. 그리고 꾸준히 복음 전파에 힘썼다. 그는 자신의 집을 지을 때 지하실은 함께 성경을 공부하며 복음을 전하는 학생들이 자유롭게 와서 기도하며 교제할 수 있는 공간으로 꾸몄다. 그리고 1층은 거실과 식당을 분리하지 않고 넓게 만들어 그리스도인들과 교제할 수 있도록 했다. 그리스도의 이름으로 자신의 집을 방문한 사람들이 묵을 수 있는 게스트 룸을 만들었다. 그리고 가족의 전용 공간은 2층으로 했다. 복음의 제사장임을 깨닫고, 살아가는 사람은 집을 지어도 복음을 위해 사용할 수 있는 집을 짓는다.

복음의 제사장으로 살아가는 사람들은 자신의 직업이나 거주지 역시 제사장직을 수행하는 일을 염두에 두고 결정한다. 미국 샌프란시스코 주의 오클랜드에 있는 버클랜드침례교회가 보스톤에 지교회를 개척할 때의 일이다. 교회가 개척을 위해 기도하며 준비할 때 지교회로 나갈 담임목사 부부는 그 동안 자신들이 양육하고 훈련한 20여 명의 교인들에게 미국 서부 해안에서 정반대인 동부 해안 도시인 보스톤으로 함께 가서 교회를 개척하자고 제안했다. 그들은 진지하게 그 제안을 놓고 기도했다. 교회를 개척하여 복음을 전하려는 목적을 위해 이사를 결정했다. 그들 중에는 변호사 사무실 개업을 준비하던 부부도 있었다. 그들은 예수께서 자신들을 교회 개척을 위해 부르시는 것을 믿고 변호사 사무실을 포기하고 미국 동부로 이사하는 결단을 내린 것이다.

우리는 교회 개척은 신학교를 졸업한 전도사나, 특별한 부르심을 받은 사람들이나 할 수 있다고 생각하는 경향이 있다. 그리스도인들 누구나가 제사장이라면 교회 개척 역시 모든 그리스도인의 일이다. 제사장으로서의 직분을 수행하기 위해 자신의 직업이나 거주지조차 옮기는 것이 그리스도인의 라이프스타일(lifestyle)이다.

20세기 말 한국 교회는 엄청난 양적 성장을 했다. 그러한 성장의 원동력의 대부분이 신학교를 졸업한 전도사나 목사들의 목회자 가정들의 목숨 건 피맺힌 헌신이 교회성장의 기틀이었다. 문제는 왜 목회자들만 교회를 개척하는가이다. 모든 교인이 시역자라면 누구나 교회 개척에 힘써야 할 것이다.

나는 미국 유학 시절 한 달간 유대인 회당을 견학한 적이 있다. 유대인 회당에서 이루어지는 교육활동을 보고 보고서를 제출하는 과제 때문이었다. 유대인 회당에서의 한 달은 충격이었다. 첫날 회당에서 랍비가 그 회당에 관한 오리엔테이션을 했다. 질문 시간에 나는 약간 엉성한 질문을 했다. "신약성서를 보면 유대인들이 이방인들을 얕보거나 우월 감정을 갖는 것 같습니다. 당신은 이 문제에 대하여 어떻게 생각하십니까? 그리고 내가 앞으로 유대인들에게 어떠한 자세로 대해야 할지를 말씀해 주십시오." 랍비는 한참 동안 나를 보더니 유감스러운 표정을 지으며 다음과 같이 말했다. "당신은 우리 유대인을 이해하지 못하는군요. 유대인들은 제사장 나라로서 하나님을 알지 못하는 이방인들이 하나님께로 돌아오게 하는 사명을 가진 사람들입니다. 그래서 이방인이 스스로 유대인 회당에 들어오는 것을 환영합니다. 그리고 그 자세로 당신을 대할 것입니다." 이 대답에 매우 놀랐다. 비록 구약과 신약시대의 유대인들이 잘못된 선민우월사상(選民優越思想)으로 하나님께서 자신들에게 맡기신 제사장 나라의 사명을 저버렸었으나 지난 2천 년을 나라 없이 살던 그들은 이제 자신들의 본연의 신분인 제사장 나라의 위치를 다시 찾은 것이다. 이 사실을 알았을 때, 나는 오히려 오늘날 '참 이스라엘'이며 '영적 이스라엘'로 자부하는 그리스도인들에게서 2천 년 전의 유대인의 모습을 보는 것 같아 마음이 아팠다.

그 랍비는 오늘날 유대인들이 하나님 나라의 요원이라는 신분의식에 투철하다고 덧붙여 말했다. 또 전 세계에 흩어져 있는 유대인들은 모두가 메시아 왕국 건설 요원으로서의 사명감이 있다고 말했다. 그는 "예루살렘에 있는 유대인이 감기에 걸리면 텍사스(이 랍비가 있는 유대인 회당 소재지)에 있는 유대인들이 재치기를 할 정도"라며 유대인들의 동지애를 강조했다. 그들은 이와 같이 모두가 메시아 왕국 건설 요원이라는 신분의식으로 전 세계적으로 흩어져 있는 것이다.

그리스도인들은 영적 이스라엘로서 하나님 나라의 요원이라는 본연의 신분의식으로 돌아가야 한다. 하나님께서는 교회를 통하여 인류 구속 계획을 완성하기 원하신다. 하나님의 백성인 그리스도인들이 이 세상 사람들과 구분되는 점이 바로 여기에 있다. 하나님 나라의 백성으로서 하나님과 원수된 사람들을 하나님께로 인도하여 화목하게 하는 사명이야말로 하나님 백성을 하나님 백성 되게 하는 결정적 요인이다. 이러한 신분의식과 사명의식은 그리스도인의 삶의 스타일을 만들고 세상 사람들이 흉내낼 수 없는 독특한 삶의 과정을 드러내게 한다.

그리스도인의 독특성은 높은 도덕적 수준이 아니다. 비그리스도인들 중에도 그리스도인들보다 도덕적으로 월등하게 사는 사람들이 있기 때문이다. 그리스도인들의 독특성은 선함도 아니다. 비그리스도인들이나 타종교를 믿는 사람들도 객관적으로 볼 때 그리스도인들 못지않게, 또는 그보다 월등한 선한 삶을 사는 사람들이 얼마든지 있다. 다른 종교인들에 비하여 그리스도인의 독특성이 헌신과 열정에 있는 것도 아니다. 오히려 이단들이나 타종교인들이 종교적 열심이나 헌신에 있어서 더 뛰어난 경우가 있기 때문이다. 그렇다면 그리스도인들의 독특성은 무엇인가? 그것은 전적으로 하나님 나라의 제사장으로서의 신분에 있다.[5] 이러한 신분의식은 예수 그리스도를 증거하고 그분을 알지 못하는 사람을 그분께로 인도하는 사역을 감당하게 하는 독특한 삶을 살게 한다.

그리스도인이 하나님 나라의 백성답게 살 수 있게 하는 것이 교회이다. 그리스도인들은 교회공동체 안에서 힘을 얻고, 다른 사람들의 삶을 보고 도전을 받고, 나아가 그러한 삶을 사는 방법을 배워야 한다. 바로 이것이 하나님께서 교회를 주신 이유와 목적이다. 오로지 복음의 제사장으로서 주어진 사명을 감당하기 위해 헌신한 동료 그리스도인들의 살아있는 간증은 공동체 속에 있는 다른 그리스도인들에게 좋은 모델과 격려가 된다. 하지만 오늘날 교회 속에서 이러한 간증을 얼마나 보고 듣는가? 교회가 공동체로서 그 구성원들이 유기적 관계를 경험할 때 그 속에서 역사하시는 그리스도를 느끼고 체험할 수 있다.

셀 교회의 목적은 바로 유기적 관계인 교회 본질을 회복하고 실현하는 것이다. 사람이 공동체의 유기적 관계를 경험하려면 구성원의 숫자가 적어야 한다. 수백, 수천 명이 실질적이고도 구체적인 관계를 맺는다는 것은 현실적으로 불가능하다. 따라서 소그룹이 필요한 것이다. 예수님께서도 자신이 직접 가르치고 훈련하는 제자들의 숫자를 열두 명으로 하셨다. 초대교회는 가정에서 모였다. 바로 이러한 소그룹을 통해 복음을 강력히 전파하는 제사장직을 수행할 수 있었다.

모든 그리스도인이 복음의 제사장이며 사역자라는 사실은 아무리 강조해도 부족하다. 그리스도인들 서로가 서로에게 도전이 되며 모델이 되어 서로를 일으켜 세우는 일은 셀 그룹을 통해 가능하다. 인격적인 관계야말로 성령께서 역사하시는 중요한 영적 장소이다. 이러한 면에서 셀 교회는 모든 구성원들이 제사장직을 감당할 수 있도록 돕는 하나님의 방법이며 대안이다.

후주

1) Horace Mann은 미국 메사추세츠 주의 교육부장관으로서 1830년에 메사추세츠 주 헌법에 의무교육제도를 명시함으로써 현대 국가의 의무교육제도를 처음으로 제도화시킨 사람이다. 그는 'Every believer is a minister' 라는 자신의 철학을 실현시키려는 동기에서 의무교육제도를 실행했다.
2) David Finnell, 「셀 교회 평신도 지침서」, 박영철 역 (서울: 도서출판 NCD, 2000), 20.
3) Charles A. Tidwell, *Teaching Ministry of the Church* (Nashville: Broadman Publishing House, 1982), 93.

4) 김영호, 「공동체 교회운동과 기독교교육」 (서울:종로서적, 1991), 46~53.
5) Findley B. Edges, *The Doctrine of the Laity* (Nashville: Broadman Press, 1985), 45.

그리스도인이여,
그리스도의 지체여라!

제3부

이 세상에서 교회만큼 소중한 것은 없다.
하나님께서 창세 전부터 가슴에 품으시고
당신의 아들 예수 그리스도의 피로 교회를 세우셨기 때문이다.

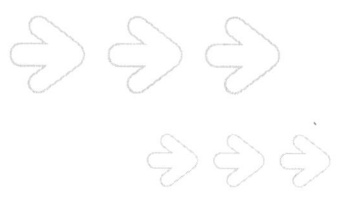

하나님은 교회에 특별한 관심을 갖고 계신다. 이 세상에서 교회만큼 소중한 것은 없다. 하나님께서 창세 전부터 가슴에 품으시고 당신의 아들 예수 그리스도의 피로 교회를 세우셨기 때문이다. 우리가 성경을 조금만 신중하게 읽어보면 하나님께서 교회를 얼마나 소중히 여기시는지를 성경을 통해 쉽게 발견할 수 있다. 더욱 놀라운 것은 예수 그리스도의 보혈로 중생을 경험한 사람들을 '새로운 피조물'이라 부르시고 하나님 나라의 건설 요원으로 삼으시고 그들이 교회공동체를 통하여 세상을 변화시키는 원동력을 공급받도록 하셨다는 사실이다.

'하나님의 비밀', '그리스도의 비밀', '은혜의 경륜', '창세로부터 감춰진 비밀', '하나님의 집', '진리의 기둥과 터', '그리스도의 몸', '그리스도의 신부' 등과 같은 성경의 표현들을 접하면서 우리는 교회의 소중함과 그 본질의 엄청남에 압도당한다. 그리고 그리스도인 모두는 교회의 구성원이 되었고 그리스도의 몸을 이루는 지체가 되었다. 하나님께서 창세부터 계획하신 그 영원한 계획 속에 우리가 동참함은 과분하게 넘치는 하나님의 은혜이며 사랑이다. 그리스도인이 이러한 교회의 영광을 깨닫고 그분의 몸을 이룬 한 지체로서 당당하게 살아가는 태도는 자신뿐 아니라 하나님의 교회를 위해서도 너무도 중요하다.

그리스도인에게 있어서 교회의 재발견은 자신의 신앙을 근본적으로 변화시킨다. 교회에 대한 새로운 이해와 발견은 우리를 감격하게 하고 하나님의 교회에 헌신하게 한다. 그런 의미에서 그리스도인은 교회 속에 있을 때 정상적인 그리스도인으로서의 삶이 가능하다. 우리가 지금까지 세상에서 익힌 삶의 태도는 개인주의적이었다. 어떻게 해야 성공할까? 내가 어떻게 해야 행복하게 살까? 어떻게 해야 명예와 부를 얻을 수 있을까? 이러한 질문만이 우리의 주된 관심사였다. 그러나 이제 하나님은 우리를 하나님의 가족공동체이며 사랑공동체인 교회의 일원으로 불러주셨다. 따라서 우리는 교회의 공동체성을 이해하고 공동체 안에서의 삶에 익숙해져야 한다. 이제 교회의 본질로서의 공동체와 그 공동체를 이루는 한 지체로서의 개인의 위치를 구체적으로 살펴보자.

제6장

교회의 본질과 사명

왜 셀 교회인가? 이 질문의 핵심은 셀 교회의 외적 모습, 구조, 프로그램보다 셀 교회 본질에 관한 것이다. 따라서 이 질문에 대한 나의 대답은 언제나 분명하고 단호하다. 교회가 교회다워지기 위한 이유와 교회의 본질을 회복하고 그것의 유일한 실현 방법이 셀 교회라고 믿기 때문이다. 셀 교회 모델을 결코 정체한 교회 성장의 돌파구라는 실용적 측면에서 이해해서는 안 된다.

교회 성장의 전략, 방법에 앞서 교회의 본질을 실현하려는 강력한 소원의 차원에서 이해해야 한다. 셀 교회 모델은 교회의 본질, 사명, 기능 등과 같은 교회에 관한 기본적인 신학적 개념을 중심으로 이해할 때 바르게 이해할 수 있다. 이러한 이유 때문에 셀 교회의 기본 정신 중 교회로 교회되게 하는 정신이 가장 중요한 위치를 차지한다. 결국 다른 두 가지 정신도 이 마지막 정신을 구현하는 것을 궁극적인 목적으로 한다고 말해도 과언이 아니다. 오늘날 한국 교회에서도 셀 교회 바람이 강하게 불고 있음은 매우 바람직한 일이다. 셀 교회는 교회의 본질을 회복하려는 노력이다. 단순한 숫자적 증가가 아닌 교회 그 자체의 유기적 관계성을 이루려는 열망이 셀 교회를 이루게 해주기 때문이다. 따라서 새로운 가죽부대를 만들려는 노력이 옛 가죽부대로 돌아가는 실수를 저지르지 말아야 한다.

교회의 본질

많은 그리스도인들이 교회다운 교회에서 신앙생활을 하고 싶어 한다. 아마도 성서가 말하는 교회의 본질을 제대로 경험하지 못하기 때문일 것이다. 이러한 갈증과 욕구가 무척 크다. 이 문제를 해결하려면 무엇보다 교회의 본질을 정확히 이해해야 한다. 교회의 본질은 셀 교회가 궁극적으로 어떠한 모습으로 성장해야 할 것인지도 알려준다. 린드그렌(A. J. Lindgren)은 그의 저서인 「목적을 이루는 교회 행정의 기초」(*Foundations for Purposeful Church Administration*)에서 교회의 본질을 하나님의 선택된 공동체, 그리스도의 몸, 구속적 사랑의 교제 등으로 설명하고 있다.[1]

하나님이 선택한 공동체로서의 교회

교회의 본질로서의 하나님이 선택한 공동체 개념은 적어도 다음과 같은 의미가 있다. 첫째, 교회는 그 기원이 하나님 자신이다. 인간의 필요를 위해 인간이 고안한 것이 아니다. 하나님께서 주도권적으로(God's initiation) 선택하신 것이 교회이다. 이스라엘이 하나님의 선민이 되겠다는 의지로 선민이 된 것이 아니라 하나님의 선택으로 선민이 된 것처럼 교회는 전적으로 하나님의 주도권과 의지에 따라 세워졌다. 이와 같은 신성한 기원이 있는 교회는 사실상 하나님께서 창조 이전부터 품으셨던 비밀로서 하나님의 세상 창조의 완성이다. 즉 하나님 창조의 궁극적 목적이 교회를 세우는 것이라는 말이다. 하나님은 교회를 세우는 일을 위해 예수 그리스도의 생명을 그 대가로 지불하셨다. 그리고 교회를 위해 수많은 사람들이 순교했다. 따라서 교회의 일원이 되는 것은 하나님 창조의 완성에 동참하는 일이다. 이로써 인간은 하나님의 모든 은혜와 공급의 최절정을 경험할 수 있는 축복의 자리에 있게 되었다.

> "또 만물을 그 발 아래 복종하게 하시고 그를 만물 위에 교회의 머리로 주셨느니라 교회는 그의 몸이니 만물 안에서 만물을 충만케 하시는 자의 충만이니라"(엡 1:22~23).

둘째, 교회는 공동체이다. 공동체란 '삶이 서로 의존관계를 지니는 사람들의 모임'이다. 이런 점에서 교회는 구성원들 간의 상호의존관계(相互依存關係)를 형성한다. 공동체로서의 교회는 오늘날에 이르러 더욱 절실히 요청되고 있다. 또한 포스트모던 사회에서 그리스도인들이 더욱 절감하고 있다. 많은 사회과학자들과 신학자들은 미래 사회의 변화를 다양한 각도에서 예측해 왔다. 오늘날의 사회는 과거 어느 때보다 급속도로 변하고 있다. 그 변화는 모든 삶의 영역에서 망라되어 있다. 그리고 그 변화의 방향은 교회와 기독교 신앙에 친화적이기보다 배척적이다.

포스트모더니즘(postmodernism)을 21세기를 준비하고 있는 사상적 지주라고 한다. 특히 포스트모더니즘의 특징인 불안정성과 불확실성의 대안으로서 교회는 그 공동체적 본질을 더욱 뚜렷이 드러내야 한다. 김영한 교수는 후기산업사회, 소비자본주의 사회, 다국적 자본주의 사회로 불리우는 현대사회에 도래한 포스트모더니즘은 현대 문화체계의 경험주의적, 합리주의적, 휴머니즘적 가설에 도전하고 있다고 한다.[2] 그는 포스트모더니즘의 특징을 아홉 가지로 제시한다

1. 기존의 전통과 인습과의 극단적인 단절을 이루는 탈정전화(脫正典化)
2. 애매모호성, 불연속성, 탈창조, 탈중심, 임의성, 반항, 변형, 분산, 붕괴, 해체 등으로 확실성과 결정성을 거부하는 비결정성과 불확실성
3. 인간의 주체성, 자아를 중심으로 하는 사고를 극단적으로 거부하는 주체성 상실과 자아분해
4. 모든 사람의 의식과 독특성과 개별성이 사라지고 불확실한 일

련의 해체 성향이 보편적으로 확산되는 보편내재성
(immanence)
5. 총체성, 전체와의 조화, 통합과 종합을 거부하는 파편화(破片化) 혹은 편린화(片鱗化)
6. 문학과 철학의 한계, 문학의 장르의 한계도 무너지는 탈장르화와 이종혼합(異種混合)
7. 억압적인 것, 주변적인 것의 복귀
8. 행위와 참여의 중시
9. 예술과 실생활을 연결시키고자하는 대중문화주의이다.[3]

이런 특징은 필연적으로 포스트모더니즘의 영향력 하에 살아가는 사람들의 의식구조와 생활방식에 엄청난 변화를 가져다 줄 것이다. 이 변화는 결과적으로 사람들이 복음과 기독교 신앙을 대하는 방식에 커다란 변화를 가져다 줄 것이다. 김영한 교수는 포스트모더니즘의 부정적 영향으로 ① 전통과 규범을 극단적으로 부정하고 단절해 전통적 가치와 규범의 해체를 초래함. 그리고 이로 인해 가치와 규범의 혼돈 야기 ② 객관적 지식과 도덕을 극단적으로 회의하고 지식과 윤리의 애매모호성, 붕괴, 임의, 탈중심(脫中心), 불연속성을 선언함으로써 진리와 윤리의 상대주의와 허무주의 대두 ③ 인간의 존엄성과 자아의 존엄성부정 ④ 사회의식과 정신의 단절, 혼돈, 해체와 분해로 인한 사회 통전성(通典性)의 붕괴 ⑤ 문화의 퇴행과 퇴폐 등을 손꼽았다.[4]

전통적 가치와 규범의 해체, 탈중심, 윤리의 상대주의, 사회의식의 단절, 사회 통전성의 붕괴, 문화 퇴행 현상 등은 공동체의 필요성이나 중요성을 부정하거나 약화시킬 것이다.

손봉호 교수는 데카르트 사상이 중심인 현대주의 사상에서 가장 중요한 것은 무엇이 존재한다는 확신과 우리의 생각이 존재한다는 것이었는데 포스트모더니즘이 이것을 통렬히 비판함으로써 기독교에 대한 대단한 위협을 가한다고 한다.[5]

포스트모더니즘은 계몽주의 이후부터 기독교를 위협해온 각종 사상보다 더 심화된 부정적 방향에서 기독교를 위협할 것이다. 이렇듯 사회학적 측면에서 볼 때 교회는 공동체로서의 본질을 반드시 회복해야 한다. 또한 그것만이 사회에 새로운 소망을 제시해 줄 대안이다.

교회에서의 교육은 공동체의 맥락에서 발생한다. 인간은 자신을 양육하고 지원해 주는 사랑과 돌봄의 공동체 속에서 배우며 성장한다. 따라서 교회의 교육 사역을 이해함에 있어 공동체 개념은 기초적인 요건이다.[6]

공동체로서의 교회의 교육적 기능에 관해서는 이미 많은 기독교 교육학자들이 주장한 바 있다. 교회는 하나님의 구속공동체로서 세상을 변화시키는 하나님의 전략이기도 하다. 근대 개인주의 사회로부터 다원주의 사회로 접어들면서 21세기의 신학 교육은 공동체성 회복을 위한 교육에 중점을 두고 이루어져야 한다.

신앙공동체란 공동체가 공유하는 헌신, 행동규범, 문화, 환경, 삶 등이 신앙을 중심으로 이루어지는 교회공동체를 의미한다. '그리스도의 몸' 또는 '하나님의 집', '하나님의 가족'(household of God)

등으로 일컬어지는 이러한 교회의 공동체적, 유기체적 본질은 개인주의적 기질과 성향을 격려하고 촉진하는 교육보다 공동체적 관점의 확립과 공동체 속에서 그 일원으로 행동하는 성향을 육성 받음으로써 실현할 수 있을 것이다. 우리는 이미 지식과 이해력의 증대를 통하여 신앙을 교육할 수 있다는 전제하에 실시되어 온 '교실에서의 교육접근법'(classroom instruction approach)의 한계를 경험했으므로 지금까지의 교육으로부터 공동체적 접근에로의 구체적인 전환을 절실히 요청받고 있다.

세이모어(Seymour)와 밀러(Miller)는 그들의 공동 저서인 오늘날의 「기독교교육 접근방법」(*Contemporary Approaches to Christian Education*)에서 오늘날의 기독교 교육 접근방법을 종교 교훈적 접근(religious instruction approach), 신앙공동체적 접근(faith community approach), 영적발달 접근(spiritual development approach), 해방신학적 접근(liberal approach), 그리고 해석학적 접근(interpretation approach) 다섯 가지로 구분하고 각 교육 접근법에 대한 설명을 제시했다.

종교 교훈적 접근법은 주로 교회학교 중심의 접근법으로 학교-수업형 패러다임(Classroom-instruction paradigm)이다. 이 패러다임에 관해 웨스터호프(John Westerhoff, III)는 기독교 교육을 고사(枯死)시킨 주범이라 부르면서 공동체적 접근을 통한 신앙 교육의 중요성을 역설했다. 이는 탈 중심화의 사회적 특성을 지니는 포스트모던 사회 속에서의 인간 행동양식과도 일치한다. 거대한 집단 속에서 개인이 소외되며 소수의 욕구가 충족되지 못한 상황을 오히려 소집단화를 통해 충족하려는 성향과도 맞아떨어진다는 점에서 결코 무시할 수 없는 상황적 요구였다.

신앙공동체로서의 교회의 교육적 기능에 관하여 넬슨(Nelson)은 "기독교 신앙을 전달하는 자연스러운 작인(作因)은 기독교 신앙공동체"라고 말한다.[7] 즉 기독교 신앙은 공동체 속에서 자연스럽게 체득된다는 것이다. 웨스터호프는 신앙공동체의 교육적 기능을 다음과 같이 설명한다.

"우리는 홀로 그리스도인이 될 수 없다. 우리를 양육하고 지원해 주는 신앙공동체가 있어야 한다. 공동체 또는 집단들은 그것에 속한 구성원에게 막강한 영향력을 행사한다. 개인을 집단(공동체)으로부터 분리해 그의 삶을 변화시킨다는 것은 불가능에 가까운 일이다."[8]

공동체의 교육적 기능에 대한 확고한 신념은 플라톤으로부터 오늘날에 이르기까지 지속적으로 제시되어 왔다. 오늘날에 이르러서는 신앙공동체로서의 교회 본질과 관계되어 새롭게 그 의미가 확인·강조되고 있다. 21세기에서의 교회가 생명력 있는 그리스도의 몸으로서 역할을 감당하고 또 복음의 전달체로서 그 위치를 확고히 하기 위해 반드시 회복해야 할 본질적 문제이다. 플라톤은 학교형의 조직적 교육에 대해서는 거의 무관심했다. 오히려 그는 인간 공동체를 교육의 주체로 보고 의도적이고도 조직적인 교육이 아닌 자연스러우면서도 비조직적인 힘으로 사람들을 감화시키는 공동체 그 교육을 본래적인 교육이라 믿었다.[9]

「복음적인 교회를 구할 수 있는가?」(Can We Save the Evangelical Church?)라는 책에서 빌 헐(Bill Hull)은 소그룹 공동체를 복음적인 교회를 살리는 근본으로 보았다. 그는 참된 코이노니아로서의 교회공동체 본질 회복을 소그룹 공동체를 제시한다. 그는 다음과 같이 주장한다.

"오늘날의 복음적인 공동체가 진정한 성서적 코이노니아 또는 교제로 그 방향을 전환할 수 있는가? 나는 우리가 공동체를 형성하여 제자들을 훈련하는 것으로 가능하다고 본다. 그리스도인들은 공동체가 필요하다. 만일 우리가 공동체라는 말을 의미있게 사용한다면 우리는 그 단어를 서로 정직하게 의사소통을 하고 서로 간에 깊이 있는 관계를 맺고 즐거워하고 함께 슬퍼하며 서로를 기뻐하는 관계로 발전시킨 그룹에 국한해야 한다."[10]

교회가 공동체로서의 본질을 경험하려면 교회를 소그룹으로 재구성하여 모든 교인이 상호관계를 경험할 수 있도록 해주어야 한다. 셀 교회가 바로 이 점을 가능하게 해주는 모델이라는 점에서 관심을 끌고 있는 것이다. 셀 교회는 교회가 수많은 소그룹으로 구성되되 각 소그룹이 '교회 속의 작은 교회'(ecclesiolae in ecclesia)로서 하나의 교회 역할을 감당하는 새로운 형태의 구조를 가지는 교회 모델이다.

하나님의 백성으로서의 교회

성경은 교회의 본질을 '하나님의 백성'이라는 말로 표현한다. 이 표현은 '하나님의 나라'라는 개념과도 밀접한 관련이 있다. 구약에서 '하나님의 백성'이라는 표현은 이방인들을 하나님께로 인도하는 제사장 나라로서의 역할과 임무가 있다는 면에서 특별한 의미였다. 즉 하나님을 알지 못하고 하나님의 창조 섭리나 목적과는 무관하게 살아가는 열방에게 하나님을 소개하고 그분의 의와 사랑과 공의를 드러내는 대리자(代理者) 또는 요원(agent)으로서의 특별한 역할을 위해 하나님께 택함 받은 백성이라는 뜻이다. 그들 속에서 실현되는 하나님의 주권을 보면서 이방인들이 하나님의 나라를 경험하게 되는 것이 하나님의 의도였다는 말이다. 따라서 하나님의 백성으로서 절대적 요건은 그분의 절대주권에 복종함으로써 하나님의 통치를 받는 일이다. 그러한 의미에서 교회는 하나님의 통치를 드러내는 장소이며 하나님의 의와 진리와 사랑이 실현되는 특별한 장소다.

'하나님의 나라'로서의 교회는 교회가 곧 하나님의 나라라는 의미가 있다는 말이다. 하나님의 나라가 곧 교회라는 말은 신학적 논쟁이 있을 수 있겠지만 교회가 하나님의 나라라는 말에는 이론이 있을 수 없다. 즉 하나님의 나라가 하나님의 통치가 이루어지는 장소라는 면에서 단순히 교회만이 아니라 직장이나 기타 형태의 영적 공동체 속에서도 하나님의 통치가 이루어질 수 있다는 면에서 하나님의 나라는 교회보다 넓은 의미를 지닌다.

하지만 교회는 하나님의 나라이며 또한 반드시 그래야만 한다. 교회는 하나님의 통치 하에 존재하며 하나님의 주권이 모든 교회생활에 적용되고 실현되어야 한다. 사람들의 잔꾀나 정치적 수완 따위가 통용되는 교회는 더 이상 교회가 아니다. 그런 교회는 한낱 정치 집단이나 이익집단에 불과하다. 교회는 하나님의 뜻과 사랑과 의를 실현하고 통용하는 곳이어야 한다. 그래야만 교회 공동체를 통해 나타나시는 주님의 모습이 선명하게 드러나게 된다.

하나님의 나라라는 용어를 우리는 매우 막연하고도 추상적인 관념으로 사용하고 있다. 하나님의 통치권이 회복된 장소를 실제로 경험해 보지 못한 사람들의 공허한 관념으로 하나님 나라가 머물러 있는 한 우리는 결코 하나님의 나라를 실현하거나 확장할 수 없다. 여기서 우리는 교회의 하나님 나라 됨을 신중하게 생각해 보아야 한다. 교회는 왕 되신 주님의 주권적 통치에 절대 복종하는 일을 통하여 그분의 통치가 실질적으로 이루어지고 그 결과를 볼 수 있는 장소가 되어야 한다. 따라서 하나님 나라를 전파하고 확장하는 일에 앞서 하나님의 사람들이 함께 하나님의 주권을 회복한 교회를 경험하는 일이 필요하다. 그런 점에서 하나님의 백성으로서의 교회 본질은 하나님 나라의 전파와 확장의 전제가 된다.

그리스도의 몸으로서의 교회

사실상 교회에 대한 이와 같은 성경의 표현은 교회의 공동체적 본질 이상의 의미가 있다. 그것은 교회를 하나의 유기체(생명체)로 표현하며 이 세상 어떤 생명체와도 비교할 수 없는 독특한 생명체로 보게 한다. 그리스도의 몸으로서의 교회 본질은 적어도 다음과 같은 의미가 있다.

첫째, 교회의 머리는 그리스도 자신이시다. 즉 교회를 주관하는 유일한 권위가 그리스도라는 말이다. 교회의 주권이 그 구성원이 아니라 절대적으로 주님께 있다는 말이다. 따라서 어떠한 인간적인 정치적 계산과 행동도 교회를 유린해서는 안 된다. 만약 그러한 것들로 얼룩지면 교회는 그 본질을 훼손당하고 생명력을 발휘하기 어려워진다. 교회는 머리되시는 주님께서 마음껏 역사하실 수 있도록 그리스도께 전폭적으로 순종해야 한다. 하나님의 나라로서의 교회는 그리스도의 주권이 회복되어 그분의 주권이 행사될 때 교회의 본질이 회복되고 실현될 수 있다. 머리의 명령을 받아들이지 않는 몸은 장애이다. 교회의 머리되신 그리스도께 순종하지 않는다면 그 교회는 결코 교회다워질 수 없다.

교회는 마땅히 머리되신 그리스도의 음성을 듣는 귀가 있어야 한다. 그분의 말씀을 들을 줄 모르는 교회는 순종할 수 없다. 몸으로서의 교회는 머리되신 주님의 말씀을 듣도록 영적으로 민감해야 한다. 하나님께서 교회를 향한 뜻이나, 그분께서 지금 교회를 통하여 하시는 일을 분별할 수 있어야 순종할 수 있다. 이는 살아있는 생명체로서의 교회의 필수 요건이다. 초대교회는 성령께서 교회에 하시는 말씀을 듣고 집사를 세우기도 하고, 선교사를 파송하기도 했으며 다른 그리스도인들을 구제하기도 했다.

하나의 생명체로서 움직이는데 있어서 그리스도의 음성을 듣는 일만큼 중요한 것은 전폭적인 순종이다. 하나님의 말씀을 분별하고 그분의 뜻을 식별한다 할지라도 순종하지 않는다면 오히려 뜻을 분별하지 못한 것보다 나을 것이 없다. 인체는 머리의 명령에 일사불란하게 순종함으로써 모든 상황에서 적절히 보호하며 자신의 사명을 수행한다. 마찬가지로 교회의 머리이신 그리스도의 명령에 절대 복종함으로써 교회를 온전히 보존하며 성장시킬 수 있다.

둘째, 교회가 그리스도의 몸이라는 말은 교회의 구성원들이 상호 유기적 관계를 지닌다는 의미이다. 교회의 구성원은 서로의 삶이 유기적 관계를 지닌다는 면에서 밀접한 연관이 있으며 서로 영향을 주고 받는다는 말이다. 이것은 한 구성원의 아픔과 고통, 기쁨과 즐거움이 곧 다른 구성원에게 연결되어 있고 구성원 서로가 그리스도인으로서의 서로의 생존을 위해 결정적으로 기여한다는 것을 의미한다.

오늘날 우리가 속해 있는 교회에서의 유기체로서의 경험은 어떠한가? 하나님 앞에서의 자신의 영적 삶에 있어서 서로가 절대적으로 필요한가? 우리 몸을 이루는 각 지체가 온전한 몸을 이루어 생존하듯이 교인들 상호 간에 밀접한 관계를 맺고 상호의존하는 것이 유기체로서의 교회 본질이다.

나는 어렸을 때 바느질을 하다가 바늘에 손가락을 찔리는 일을 여러 번 경험했다. 오른손에 바늘을 들고 바느질을 하다가 실수해서 왼쪽 손가락을 찌를 때면 온 몸의 지체들이 다친 손가락을 해결하기 위해 총동원 되는 것을 볼 수 있었다. 왼쪽 손 두번째 손가락을 찔리면 왼손의 나머지 네 손가락들은 어떻게 하는가? 즉각적으로 네 손가락들은 다친 한 손가락을 감싸 준다. 그리고 왼쪽 손가락을 찌른

'가해자'인 오른손은 어떻게 하는가? 얼른 바늘을 놓고 나머지 다섯 손가락으로 다친 손가락을 감싸 쥔다. 이때 오른쪽 손은 자신이 저지른 일 때문에 미안한 나머지 재빨리 몸 뒤로 숨어버리지 않는다. 이것 저것 따질 여가도 없이 우선 달려와 다친 손가락을 감싸 쥔다. 이 경우 다친 왼손은 어떻게 하는가? 달려오는 손을 뿌리치면서 "저리 비켜, 병 주고 약주는 거야?"라고 항변하면서 도움을 거절하는 일을 하지 않는다. 오히려 다친 손가락을 내밀고 치료를 의탁한다. 참으로 놀라운 몸의 유기적 관계이다.

셋째, 교회가 그리스도의 몸이라는 말은 사람들이 그리스도를 볼 수 있는 통로로서의 교회 존재를 의미한다. 요한복음 13장 34~35절에서 예수께서는 사랑공동체로서의 교회가 결과적으로 세상이 그리스도를 보게 하는 장소라고 하셨다. 그리스도는 부활 승천하시고 더 이상 육체로 존재하지 않으신다. 그럼에도 그분은 교회를 통하여 계속 사역하신다. 교회가 그분의 몸이기 때문이다. 그리고 몸된 교회는 각 지체 간의 생명력을 서로 주고 받는다.

구속적 사랑(redemptive love)으로서의 교제

교회의 본질에 관한 또 다른 표현이 코이노니아(koinonia)이다. 교회는 건물이나 조직이 아닌 사람들의 모임이다. 즉 교회는 신앙으로 모인 사람들의 모임이다. 코이노니아를 '교제', '공동체'로 번역한다. 이 신앙공동체의 특징은 주님을 모신 것이다. 그 핵심에 살아

계신 그리스도의 임존(臨存)이 이 공동체의 독특성을 결정하며 그 존재 이유가 되기도 한다. 이것이 아니라면 이 공동체는 사람들이 만든 다른 공동체와 다를 바 없다. 많은 모임들을 공동체로 부르지만 결코 코이노니아는 아니다.

교회에서의 교제는 매우 독특하다. 코이노니아는 예수 그리스도가 주님이라는 사실로 연합된 다양한 배경의 사람들로 이루어진 공동체다. 그리스도와의 관계만이 그리스도를 따르는 다른 사람들과의 새로운 변화를 일으키는 관계를 맺게 해준다. 코이노니아는 예수 그리스도를 구주와 주님으로 모신 관계 위에 이루어진다. 예수께 대한 헌신으로 교인들은 한 가족이 되는 것이다.

공동체의 한 가지 특징은 전인적인 참여다. 부분적인 헌신이나 제한된 시간, 또는 삶의 일정 부분의 참여만으로는 공동체를 이루지 못한다. 그리스도를 영접하고 신앙공동체 속으로 들어감은 자신의 전 생애를 공동체 속으로 부르셨다는 사실을 받아들이는 것이다. 자신의 모든 언행으로 그리스도의 증인이 되겠다는 헌신을 드리는 것이다. 공동체가 그리스도를 증거해야 세상이 그리스도를 알게 된다. 코이노니아는 단순히 교회의 친교 프로그램에 참여하는 것이 아니다. 이것보다 훨씬 풍성한 것을 의미하고 하나님과의 관계 속에서 기꺼이 서로 나누며, 서로 복종하고, 서로를 도우며, 서로 짐을 나누어짐을 서약하는 새로운 공동체다.11)

코이노니아는 수직적 의미와 수평적 의미가 있다. 수직적 의미는 하나님의 임재를 뜻하며 수평적 의미는 형제들 사이의 사랑의 관계다. 적어도 초대 그리스도인들이 이해한 코이노니아는 하나님께서 거하시기 위해 선택한 약속의 나라 안에서 선택된 사람들이 모든 것을 공유하는'[12] 것이었다. 진지한 헌신과 책임이 있다. 이러한 사랑으로 관계 맺는 방식 속에 함께 하시는 하나님의 임재가 그리스도를 드러내고 증거하는 교회이며 이러한 코이노니아는 필연적으로 그 속에 있는 사람을 구원하고 주변 사람들에게 그리스도를 드러내고 증거함으로써 구속적 사랑의 공동체 역할을 감당한다.

성경에는 하나님이 임재하실 것을 약속한 세 장소가 나온다. 첫째는 구약의 이스라엘이 출애굽하여 광야를 지나는 동안 모세가 하나님의 지시대로 회막(성막)을 지었을 때 구름이 성막에 덮이고 여호와의 영광이 성막에 충만히 나타났다(출 40:34~35). 또한 "낮에는 하나님의 구름이 성막 위에 있고 밤에는 불이 그 구름 가운데 있어"(38절) 하나님이 그 성막에 임재하신 사실을 나타내셨다. 이스라엘 백성은 구름 기둥과 불 기둥이 그 회막에서 떠올랐을 때 그 구름을 좇아감으로써 광야를 지났다(36~37절). 보이지 않으시는 하나님의 임재가 이스라엘 백성 가운데 이루어지고 있다는 사실을 가시적으로 보여주는 증거가 회막에 나타남으로써 이스라엘 백성은 하나님의 임재를 확인할 수 있었다.

하나님의 임재가 약속된 두번째 장소는 솔로몬이 지은 성전이다. 이스라엘 사람들은 성막을 대체하게 된 성전을 하나님의 임재 장소로 굳게 믿었다. 솔로몬이 성전을 완성하고 언약궤를 성전 안으로 메고 들어왔을 때 구름이 여호와의 전에 가득하여 여호와의 영광이 성전에 가득함으로써(왕상 8:10~11) 하나님의 임재를 가시적으로 드러냈다. 이스라엘 백성들은 성전에 가득한 구름과 하나님의 영광을 보고 하나님의 임재를 확인할 수 있었다.

하나님의 임재가 약속된 세번째 장소는 교회다. 예수께서 잡히시던 날 밤, 그러니까 지상에서 제자들을 훈련하는 일을 마치는 날 밤에 제자들에게 사랑의 공동체가 될 것을 당부하셨다. 이 당부 직전에 제자들은 예수님의 기대와는 다르게 누가 큰가라는 서열 다툼을 하고 있었다. 이제 예수께서 지상 사역을 마치고 떠나야 하는 시점에서 그들은 사랑이 아닌 경쟁적인 태도로 서로를 대하고 있었다. 예수께서는 마음이 아프셨을 것이다. 그들을 가르치고 훈련한 이유가 사랑공동체가 되게 하는 것이었는데 그들은 서열 다툼을 하는 한심한 수준에 있었다. 이때 예수께서는 아무 말도 하지 않고 밖으로 나가 대야에 물을 떠가지고 들어오셔서 제자들의 발을 씻기셨다. 그리고 그들에게 서로 섬기라고 당부하셨다. 식사가 끝난 후 예수께서는 가르치기를 시작하셨다.

> "새 계명을 너희에게 주노니 서로 사랑하라 내가 너희를 사랑한 것 같이 너희도 서로 사랑하라 너희가 서로 사랑하면 이로써 모든 사람이 너희가 내 제자인줄 알리라"(요 13:34~35).

예수께서 의도하신 공동체의 사랑의 수준은 예수께서 우리를 사랑하시는 바로 그 수준이었다.

여기서 한 가지 주목할 사항은 사복음서를 통하여 예수께서 직접 하신 말씀들 중 계명이라는 단어를 사용하신 경우는 단 한 번밖에 없다. 그런데 그것도 '새 계명'이라고 말씀하셨다. 따라서 우리는 새 계명이 차지하는 비중이 막중함을 알 수 있다. 즉 예수께서는 사랑공동체에서 그리스도인들의 사랑을 보고 세상 사람들이 우리가 그리스도의 제자인 것을 알게 되기를 기대하셨다. 그런데 서로 사랑하라는 말씀은 그리스도께서 우리를 사랑하신 수준의 사랑이다. 즉 자기희생적 사랑으로 하나님의 자녀들에 대한 사랑은 서로의 삶을 책임지고 가족으로서 관계를 맺고 살아가는 사랑이다. 그러므로 교회의 본질을 실현하려면 무엇보다도 그리스도인 각자가 그리스도와의 깊은 사랑을 유지하며 헌신해야 한다. 그렇지 않으면 교회의 본질과 유사한 교회를 만들 수는 있지만 그리스도께서 살아 계시는 교회공동체는 실현할 수 없다.

이에 앞서 예수께서 제자들에게 내가 누구냐고 물으셨을 때 베드로의 대답을 듣고 교회를 반석 위에 세우실 계획을 알려주셨다.

"내가 이 반석 위에 내 교회를 세우리니"(마 16:18).

이것은 교회를 세우려는 예수님의 의지와 계획을 나타내주는 말씀이다. 예수께서 의도하신 교회는 사랑공동체다. 그리고 그 공동체의 사랑을 보고 그 속에 예수께서 임재하시는 것을 세상이 알게 된다고 하셨다. 교회에 하나님의 임재를 가시화 하는 것은 교회 구성원들 간의 사랑인 것이다. 사도 요한도 하나님의 임재 방식을 다음과 같이 천명했다.

"우리가 보고 들은 바를 너희에게도 전함은 너희로 우리와 사귐이

있게 하려함이니 우리의 사귐은 아버지와 그 아들 예수 그리스도
와 함께 함이라"(요일 1:3).

여기서 사귐을 헬라어로 코이노니아로 표현했다. 이것은 하나님의 임재가 이루어지는 교제를 의미한다. 비록 사람들이 함께 함으로써 의미 있는 경험을 하는 공동체라 할지라도 그리스도 안에서의 진정한 연합이 없는 경우가 많다. 또한 감동적인 경험들이 그리스도와의 관계에서 왔다고 말할 수 없다. 진정한 코이노니아의 증거는 불일치의 해소와 그리스도 안에서의 연합이다. 초대교회를 깊이 들여다보면 이러한 모습을 발견할 수 있다. 초대교인들은 그리스도의 사랑 안에서 남녀노소, 빈부귀천을 뛰어넘는 사랑을 했다. 다양한 배경과 신분을 뛰어넘은 하나 됨의 사랑은 바로 코이노니아의 능력이다.

비록 오늘날의 사회구조가 코이노니아의 실현을 어렵게 하는 것이 사실이라 할지라도 코이노니아 실현은 반드시 이루어야 한다. 그것은 있으면 좋고 없으면 아쉬운 그런 장식물이 아니라 코이노니아 자체가 교회의 본질이기 때문이다. 교회를 敎會로 표현하기보다 交會로 표현하는 것도 이런 이유 때문이다. 미국이나 유럽의 교회들 중에 교회를 church가 아닌 fellowship으로 표현하는 것도 마찬가지다. 요약하면 진정한 코이노니아가 없는 교회는 아직 교회가 아닌 것이다. 주일 낮 예배 때 서로 무관심한 표정으로 앞만 보고 예배를 드리고 각기 뿔뿔이 흩어지는 생활은 결코 신약성서가 보여주는 교회생활이 아니다. 공동체 경험이 없는 교회에서 그리스도의 임재를 경험하거나 그리스도를 세상에 증거하기란 사실상 불가능하다. 하

나님의 백성'으로서의 코이노니아는 세계를 향한 사명을 부여받은 '사명의 백성'이다. 교회 본질과 관계된 강조점은 공동체 그 자체에 있는 것이지 구조나 제도에 있는 것이 아니다. 교회공동체는 안내하고 지원하고 양육하며 믿음을 새롭게 해주는 성령께서 그 안에 거하시기 때문에 매우 특별하며 독특하다.

하나님의 가족으로서의 교회

성경은 교회 본질을 '하나님의 집'(family of God, household of God)으로 표현한다. 이것은 교회 구성원 간의 가족관계를 극명하게 드러내주는 것으로 교회가 사랑의 가족관계임을 표현한다.

사도 바울은 하나님의 집으로서의 교회를 깨닫고 매우 흥분했다. 그는 하나님의 집으로서의 교회를 '진리의 기둥과 터'라고 말하고 있으며 '하나님의 권속'(엡 2:19), '하나님의 그 은혜의 경륜', '그리스도의 비밀', '영원부터 하나님 속에 감추었던 비밀의 경륜'(엡 3:1~10) 등으로 묘사했다. 교회를 하나님의 집이라고 부르는 것은 사실상 새로운 가족공동체의 출현을 선언하는 것이다. 이는 혈육의 가족 관계를 뛰어넘어 새로운 하나님의 가족공동체가 탄생했음을 의미한다.

우리는 흔히 '형제', '자매'라는 단어로 교인들을 부른다. 이는 단순히 친밀감을 위해 쓰는 게 아니다. 그리스도인들은 영적 가족이기 때문에 사용하는 것이다. 하나님께서 성경을 통해 같은 주님을 믿는 사람들을 가족이라고 하시기 때문에 우리는 가족으로서의 사랑을 주고 받는 삶을 살아야 한다.

에베소서에서 우리는 성령 충만을 받는 사람들의 가족 관계를 배운다. 5장 22절~33절은 부부 간의 관계를 설명한다. 부부 관계를 다루는 많은 이들이 이 본문을 사용해 설교하거나 세미나를 하고 책을 쓴다. 그런데 이 본문을 주의 깊게 살펴보면 부부 간의 관계를 사용하여 그리스도와 교회와의 관계를 설명하는 것이 아니라 교회와 그리스도와의 관계를 설명하면서 부부 관계가 그와 같은 것임을 설명하고 있다. 그렇다면 그리스도인들이 진정한 부부생활을 하려면 진정한 교회를 경험해야 한다. 그것이 부부 관계의 실체이기 때문이다. 바울은 "이 비밀이 크도다 내가 그리스도와 교회에 대하여 말하노라 그러나 너희도 각각 자기의 아내 사랑하기를 자기 같이 하고 아내도 그 남편을 경외하라"(32~33절)고 말함으로써 자신이 언급하고 있는 실체가 교회와 그리스도와의 관계이며 그것의 적용이 부부 관계임을 분명히 했다.

하나님의 가족들이 관계맺고 살아가는 방식은 지금까지 경험해 보지 못한 새로운 공동체다. 우리는 교회의 각 구성원들을 책임지는 사랑의 실체로서의 교회를 자주 만나보지 못했다. 이 때문에 그런 교회를 하나의 이상(理想)으로 생각할 뿐 실제로 가능하다고는 생각지 않는다. 성서가 말하는 교회의 본질로서 코이노니아, 또는 하나님의 가족으로서의 교인관계를 설명하면 "과연 그러한 교회가 이 땅에서 실제로 가능하겠는가"라는 회의적인 질문을 나는 자주 받는다. 우리는 교회에 관한 신학적 개념을 잘 알면서도 코이노니아와 하나님의 가족 개념은 맺을 수 없다고 믿는 모순된 모습을 보인다. 적지 않은 그리스도인들이 사도행전 2장이나 4장에 나오는 초대 그리스도인들의 삶의 모습을 특별한 사건으로 여기고 그러한 공동체의 실현을 포기하고 있었다. 그러나 하나님의 가족인 교인들이 사랑으로 관계 맺는 삶의 방식이야말로 하나님께서 창세 전부터 바라는 사실을 믿는다면 우리는 그 교회의 이상을 실현하는 일을 지상 과제로 삼아야 마땅하다.

성경은 교회를 가족관계와 같은 것이라고 말하지 않는다. 교회는 '하나님의 집이다'(딤전 3:15)라고 직설법을 사용하고 있지 비유법을 사용하고 있지 않다는 말이다. '하나님의 집'이라는 말과 '하나님의 집과 같은 것'이라는 말은 엄청난 차이가 있다. 비유물과 비유 대상물은 동일하지 않다. 그러나 직설법은 선언하는 내용 그 자체가 실체다. 따라서 교회가 하나님의 집이라는 말은 교회가 하나님의 집이며 그 구성원들이 곧 가족이라는 말이다.

몇 년 전, 대전극동방송국에서 30분짜리 대담 프로그램의 사회를 6개월간 맡은 적이 있다. '개척교회 탐방'이라는 프로그램으로 개척교회 목회자 부부와 교인 두세 명이 출연해 교회를 소개하는 선교 프로그램이었다. 나는 출연자들에게 똑같은 질문을 했다.

"성도님, 목사님과 사모님은 성직자이기에 개척하는 고생을 한다 하더라도 성도님은 얼마든지 큰 교회 다니면서 편하게 신앙생활을 하실 수 있으실 텐데 무엇이 좋아서 이렇게 작은 개척 교회에서 고생하십니까? 이 개척 교회에서 고생을 마다하지 않고 헌신하게 하는 장점을 한번 자랑해 보시지요."

출연자들의 대답은 모두가 한결같았다. "우리 교회는 교인도 많지 않고 교회가 크지도 않지만 교인들이 가족 같아요. 그래서 고생을 고생으로 여기지 않습니다." 나는 출연자들의 대답을 충분히 이해했지만 그런 대답을 들을 때마다 마음이 괴로웠다. 교회에서의 교인들 간의 관계가 가족적인 관계가 아니라 가족관계라는 사실을 아직 모르고 있기 때문이다. 그렇다고 방송시간에 그분들을 가르칠 수도 없어 답답했다.

가족적인 관계는 아직 가족이 아니다. 가족은 아니지만 가족의 느낌을 갖는다는 의미다. 교인 간의 관계를 가족적인 관계로 이해한다는 말은 아직도 교회의 본질을 이해하지 못하고 있다는 증거다. 교회의 가족 됨을 이해하지 못하고서는 결코 그리스도께서 함께 하시며 그분 자신을 드러내시는 코이노니아로서의 교회를 경험할 수 없다. 또 다른 문제는 가족관계가 아닌 가족적인 관계만으로도 교회를 자랑스럽게 여기는 현실이다. 가족관계로서의 교회를 경험한 적이 없기에 가족적인 분위기만 경험해도 자랑할 만큼 교회 본질을 이해하지 못하고 있다는 말이다. 그리스도의 임재와 현현이 이루어지는 교회 경험은 가족적인 관계 이상이어야 한다. 교인 간의 사랑의 수준은 단순히 좋은 관계나 가족 같은 관계를 뛰어넘는 것이어야 한다.

교회가 아니더라도 가족적인 분위기를 경험할 수 있는 곳은 얼마든지 있다. 친목회, 동창회, 동호회 등등. 이 모임 속의 관계와 교인 간의 사랑의 관계는 근본적으로 다르다. 무엇이 이러한 차이를 가져오는가? 곧 가족관계이다. 교회를 '하나님의 집'(하나님의 가족, 하나님의 가문, 하나님의 권속)이라고 부르는 성경의 표현은 결코 교회의 본질을 보여주는 것임을 잊지 말아야 한다. 비유가 아니다. 성경은 직설법으로 교회를 설명한다는 점을 잊지 말아야 한다.

우주적 교회가 아닌 지역 교회

우리는 교회 본질을 논함에 있어 잘못된 이해를 갖고 있다. 그것은 그리스도를 믿는 사람들의 총체로서의 교회를 의미하는, 이른바 우주적인 교회(universal church) 또는 비가시적(非可視的) 교회(invisible church)를 교회 본질로 여기고, 지역교회를 의미하는 것으로 이해하지 않으려는 태도다. 물론 성경은 교회의 본질을 언급함에 있어 우주적인 교회를 일차적으로 의미한다. 그러나 문제는 신약성서가 우주적 교회만이 아니라 지역 교회도 교회의 본질을 설명하는 데 언급하고 있다는 것이다. 교회론을 깊이 다룬 에베소서도 사도 바울이 에베소에 있는 교회를 향하여 교회의 본질이 무엇인지를 진지하게 설명하고 있다. 그 외의 모든 서신서에서도 교회를 언급할 때 그 편지를 읽는 지역 교회의 본질을 언급하고 있다. 엄밀한 의미에서 성경은 지역 교회와 우주적 교회를 구분하는 것 같지 않다. 아마도 바울이 각 교회들에게 교회의 본질에 관한 글을 쓸 때 우주적 교회와 마찬가지로 지역 교회도 그러하다는 사실을 동시적으로 의미했던 것 같다. 만일 그러한 사실을 인정한다면 위에서 언급한 교회의 본질은 각 지역교회의 본질이 그러하다는 뜻이 된다. 따라서 우리는 우리가 소속된 지역 교회를 위해 우리의 생명을 걸고 헌신해야 한다. 그렇지 않으면 우리는 공허한 신학이라는 꽹과리만을 요란스럽게 울리고 있는 것이다.

지역 교회 하나하나가 그리스도의 몸이요, 그리스도의 신부이며 하나님의 집이다. 따라서 그리스도인들은 자신의 교회가 교회 본질을 회복하고 실현하도록 헌신해야 한다. 그러한 본질 회복과 실현은 그리스도께서 친히 이루어주시는 것으로서 우리는 주님의 역사하심에 전폭적으로 헌신하여 그분께서 마음껏 그분의 교회를 이루시도록 순종해야 한다.

교회 본질로서의 소그룹

그러면 교회 본질의 회복과 실현은 어떻게 가능한가? 코이노니아로서의 교회 본질 실현과 경험을 위해서는 존 듀이가 말한 것처럼 구성원 서로가 관계를 맺고 상호작용(interaction)[13]을 할 수 있는 기회를 가져야 한다. 따라서 교회가 교인들에게 상호작용의 기회를 마련해줄 수 있는가가 문제이다. 그리고 이러한 상호작용이 있는 곳에 구성원과 공동체 모두의 성장이 이루어지는 상호성장(transaction)이 이루어진다. 교회 본질의 경험이 가능케 되는 기초가 마련된다. 그러나 이것만으로는 충분하지 못하다. 인간 간의 만남은 2차원적이고 수평적 차원이라는 한계가 있기 때문이다. 여기에 하나님과의 만남이라는 수직적 차원의 필연성을 고려해야 한다.

본 훼퍼(Dietrich Bonhoeffer)가 지적한 바, "그리스도인은 누구나 예수 그리스도를 통해서만 다른 사람과 가까워질 수 있다"[14]는 사실이 진지하게 고려된 그리스도인들의 상호작용과 상호성장이 곧 코이노니아의 본질이다. 그리스도인의 사귐은 언제나 예수 그리스도를 중심으로 이루어져야 한다. 이는 곧 그리스도인은 그리스도 때문에 다른 그리스도인들이 필요하다는 뜻이며, 그리스도 안에서 하나가 되었다는 뜻이기도 하다. 따라서 우리가 다른 그리스도인과 상호작용을 할 때 그것은 단순히 두 사람만의 상호작용이 아니라 나와 그리스도, 너와 그리스도 그리고 우리와 그리스도, 이 삼자 간의 인격적 상호작용이다. 정리하면 그리스도인들 간의 교제는 심리적(psychic) 현상이 아니라 영적(spiritual) 현상이라는 말이다.[15]

이러한 경험은 대교회의 회중(congregation) 가운데서는 사실상 불가능하다. 수백 수천 명의 교인들과 깊이 있는 가족 관계를 맺는 것은 현실적으로 불가능하다. 그래서 소그룹이 절대적으로 필요한 것이다.

교회가 공동체로서의 본질을 경험하려면 교회 전체를 소그룹들로 재구성해야 한다. 이러한 점에서 지난 30여 년 동안 전 세계적으로 확산되어 온 셀 교회 모델(cell church model)이 관심을 끌게 되었다. 이 모델은 교회를 수많은 소그룹으로 구성해 각 소그룹이 '교회 속의 작은 교회'(ecclesiolae in ecclesia)로서 하나의 교회 역할을 감당하는 지금까지의 전통 교회와는 전혀 다른 구조의 교회 모델이다. 문제는 그것이 어떠한 형태의 모델이든 간에 소그룹 공동체를 구성하고 그 소그룹 공동체를 육성하되 진정한 코이노니아가 이루어져야 그리스도의 임재를 실제적으로 경험할 수 있다.

후주

1) Alvin J. Lindgren. *Foundations for Purposeful Church Administration* (Nashville: Abingdon, 1981), 38-59.
2) 김영한, '포스트모더니즘과 한국신학', 「목회와 신학」(1992. 8), 81
3) Ibid., 82-91.
4) Ibid., 93-96.
5) 손봉호, '포스트모더니즘 비판', 「목회와 신학」(1991. 5), 53-54.
6) Grant W. Hanson, *Foundations for the Teaching Church* (Valley Forge, PA: Judson Press, 1986), 43.
7) Thomas H. Groome, 「기독교적 종교교육」, 이기문 역 (서울: 대한예수교 장로회 총회교육부, 1983), 183.
8) John H. Westerhoff, *Tomorrow's Church: A Community of Change* (Waco, TX: Word Books, 1976), 25.
9) John Westerhoff III, 「교회의 신앙교육」, 정웅섭 옮김 (서울: 대한기독교교육협회, 1983), 30-31.
10) Bill Hull, *Can We Save the Evangelical Church?* (Grand Rapids: Fleming H. Revell, 1993), 135.
11) Charles Colson, 「이것이 교회다」, 김애진 외 옮김 (서울: 홍성사, 1997), 155.
12) Ibid.
13) 은준관, 「기독교교육현장론」 (서울: 대한기독교 출판사, 1988), 19.
14) Dietrich Bonhoeffer, 「신도의 공동생활」, 문익환 역 (서울:대한기독교서회, 1998), 27.
15) Ibid., 24-6.

제7장

공동체 신학과 **셀 교회**

앞 장에서 공동체를 '삶이 서로 의존관계를 지니는 사람들의 모임'으로 정의했다. 공동체는 반드시 '삶'(life), 또는 '생활'(living)이라는 단어가 들어간다. 구성원의 삶이 상호의존관계를 지니며 이러한 상호의존성이 삶을 가능하게 해주는 집단이 공동체이다.

모든 교회가 셀 교회가 되어야 하는 이유 중 하나는 교회가 공동체의 본질을 회복하기 위함이다. 즉 그리스도인들은 공동체 속에서 영적 생명을 유지하고 성장할 수 있는 존재로 지으심을 받았다. 그러한 공동체가 바로 교회이며 바로 그러한 이유로 하나님은 우리에게 교회를 주셨다. 그러면 하나님이 교회를 공동체로 세우신 이유는 무엇인가? 하나님께서 교회공동체를 통해 일하시기를 기뻐하시는 이유는 무엇일까? 그 이유는 하나님께서 공동체를 귀하게 여기시기 때문이다. 그러면 왜 하나님은 공동체를 귀하게 여기시는가? 바로 여기에 셀 교회의 신학적 바탕을 이루는 공동체 신학의 좌표가 있다.

하나님의 속성은 공동체성이다[1]

하나님의 본질과 속성을 신학적으로 '삼위일체'(三位一體)라 부른다. 하나님은 세 위(位)이신데 이 삼위께서 한 분 하나님이라는 사실이다. 이러한 삼위일체의 교리는 신비 중의 신비이다. 이해할 수 있도록 여러 비유를 사용하여 설명해도 이 교리를 논리적으로 똑 떨어지게 설명할 수 없다. 그럼에도 성경을 통해 계시해 주신 하나님 자신에 관한 수많은 표현들은 하나님께서 삼위이신데 한 분 하나님이심을 명백히 하고 있다. 기독교 역사를 통하여 삼위일체를 부인하는 그룹은 예외 없이 이단으로 판명되었던 것을 우리는 너무도 잘 알고 있다. 앞서 언급한 바 있는 공동체의 정의를 여기에 대입시킬 때 하나님은 삼위로서 어느 한 위만 빠져도 그것은 우리가 믿는 하나님이 아니라는 말이다. 성부와 성자는 믿는데 성령 하나님을 믿지 못하든지, 성부와 성령 하나님은 믿는데 성자 하나님으로 믿지 못하든지, 성자와 성령 하나님은 믿는데 성부 하나님을 믿지 못하든지 이는 모두 삼위일체 하나님을 부인하는 것이다. 그리고 이런 믿음은 거짓이요 잘못된 믿음이다.

오늘날도 이런 이단이 있다. 예를 들면, 통일교는 성자 예수님을 부정하기 때문에 이단이다. 그들은 예수께서 십자가에 달려 돌아가심으로써 구세주로서 실패했다고 한다. 이는 명백한 예수님의 주님 되심과 우리를 구원하시는 성자 하나님으로서의 의미를 부정하는 이단의 소리이다. 여호와 증인들이 이단인 이유는 성령 하나님을 부인하기 때문이다. 비록 성령을 말하지만 그분을 단순히 비인격적 능력 정도로 격하하고 성령 하나님을 부인한다. 삼위일체에 관하여 래리 크랩(Larry Crabb)은 "하나님 자신이 서로 이어진 인격의 공동체로 존재하신다"[2]고 말한다. 공동체성을 지니신 하나님께서는 사실상 인간과 관계된 모든 피조물들의 관계를 공동체성의 관계로 창조하셨다.

하나님 – 인간공동체(神人共同體: God-Man Community)

하나님께서 최초로 만드신 공동체는 신인공동체였다.[3] 하나님께서 인간을 만드실 것을 계획하시는 모습이 창세기 1장 26절에 나타난다. "하나님이 가라사대 우리의 형상을 따라 우리의 모양대로 우리가 사람을 만들고 그로 바다의 고기와 공중의 새와 육축과 온 땅과 땅에 기는 모든 것을 다스리게 하자 하시고." 이 말씀에 의하면 하나님께서는 하나님의 형상을 따라 인간을 만드실 계획을 하셨다. 즉 하나님께서 인간이 하나님과 하나의 공동체를 이루는 존재로 만드시겠다는 계획을 하셨다. 그 이유는 하나님을 대신(대리)하여 하나님의 피조물을 다스리기 위함이었다. 이 상태는 인간과 하나님이 온전한 하나임을 의미한다. 인간이 범죄하기 전에 하나님과 누렸던 하나 됨의 그 영광스러운 상태를 의미한다.

　인간이 하나님과 공동체를 이루는 존재로 만들어졌다는 말은 공동체를 '구성원 서로가 삶의 의존관계를 맺은 집단'으로 정의할 경우, 하나님을 떠나서는 인간 혼자 생존할 수도 없다는 말이다. 그렇기 때문에 처음부터 인간은 하나님을 떠나서는 살 수 없는 존재로 창조되었다. 반면에 인간 없이 하나님이 존재하실 수 없는 분은 결코 아니다. 하지만 인간이 하나님을 떠난 이후 하나님은 한시도 편하신 적이 없었으며 급기야 당신의 아들을 십자가에서 죽게 하시기까지 인간을 사랑하셨다.

부부공동체를 만드신 하나님

　우주 만물을 만드시고 마지막에는 인간을 창조하신 하나님께서는 만드신 만물을 보시고 좋다고 말씀하셨다. 하지만 그분의 창조 기록 중 유일하게 '좋지 못하니'라는 말씀이 있다(창 2:18). 아담이 독처(獨處)하는 것을 보시고 그런 말씀을 하셨다. 그래서 하나님은 아담을 깊이 잠들게 한 뒤 그의 갈비뼈로 하와를 만드셨다. 잠에서 깨어난 아담은 하와를 보는 순간, 한 눈에 반해 사랑의 고백을 한다. "이는 내 뼈 중의 뼈요 살 중의 살이라"(창 2:23). 그는 하와를 자기 자신이라고 고백한 것이다. 영어로는 "This is now bone of my bones, and flesh of my flesh"이다. 즉 하와를 향하여 "이 여자는 나다"라고 한 것이다. '내 뼈, 내 살'이라는 고백을 한 것이다. 아담은 자기 아내를 1인칭 소유격을 사용했다. 하나님은 그들을 향하여 "이러므로 남자가 부모를 떠나 그 아내와 연합하여 둘이 한 몸을 이룰지로다"(창 2:24)고 말씀하시고 부부공동체를 창조하셨다.

부부가 공동체임은 당연하다. 남편과 아내가 각각 둘인데 하나님께서 부부가 됨으로써 둘이 아니라 한 몸이라고 선언하신 것은 부부의 공동체성을 선언하신 것이다. 남편이 없는 아내가 부부일 수 없고 아내 없이 남편만으로 부부일 수 없듯이 남편과 아내로 이루어지는 부부는 온전한 하나의 공동체이다. 삼위일체처럼 남편과 아내가 둘이지만 더 이상 둘이 아니라 한 몸이라는 말은 참으로 놀라운 신비이다. 범죄하기 전, 이들은 이러한 하나 됨의 축복 속에서 에덴을 즐겼다.

처음부터 공동체를 싫어한 사탄

하나님께서 공동체성을 지니신 분으로서 신인공동체를 만드시고 부부공동체를 만드시고 이 세상을 인간들이 하나님을 대신하여 다스리게 하셨다. 하지만 사탄은 처음부터 공동체를 싫어하는 속성이 있었다. 사탄은 하나님과 함께 하기보다는 하나님을 거역하고 하나님으로부터 떠나고 하나님과 무관하게 스스로 존재하며 하나님과 대적하는 쪽을 택했다. 그 결과 사탄은 하나님께 쫓겨났으며 '공중권세 잡은 자'로서 하나님께서 만드신 이 세상에서 모든 악을 조장하며 하나님과 대적하는 존재가 되었다.

하나님은 잠언 18장 1절에서 "무리에게서 스스로 나뉘는 자는 자기 소욕을 따르는 자라 온갖 참 지혜를 배척하느니라"고 말씀하신다. 하나님과 함께 하는 공동체를 떠난 사탄은 스스로를 높이며 자기 욕심을 따르는 존재다. 뿐만 아니라 공동체를 싫어하기 때문에 공동체를 파괴하는 일에 애쓴다. 사탄은 처음부터 공동체를 공격함으로써 하나님의 뜻이 이루어지지 못하도록 방해해 왔다.

사탄의 첫 공격 목표, 신인 공동체

하나님을 떠난 사탄의 첫번째 공격의 표적은 신인공동체다. 하나님과 인간의 상호 의존성을 파괴해서 하나님의 대리자로서의 인간 역할을 하지 못하게 만드는 일은 하나님과 인간을 하나의 공동체로 묶어주는 관계성을 깨뜨리는 것이었다. 사탄은 하와를 유혹했고 어렵지 않게 그녀를 유혹의 제물로 삼는 일에 성공을 거두었다. 그리고 아담까지 선악과를 먹게 함으로써 하나님과 인간으로 이루어진 공동체는 박살냈다. 하나님께서는 이미 다음과 같이 인간에게 명령하셨다.

> "여호와 하나님이 그 사람에게 명하여 가라사대 동산 각종 나무의 실과는 네가 임의로 먹되 선악을 알게 하는 나무의 실과는 먹지 말라 네가 먹는 날에는 정녕 죽으리라 하시니라"(창 2:16).

선악과를 따먹는 날에는 정녕 죽으리라고 말씀하신대로 그 과실을 따먹음으로써 아담과 하와는 하나님과 함께 하는 생명을 상실하고 말았다. 그들은 범죄하고 즉각적으로 하나님의 낯을 피해 숨은 사건은 하나님과의 긴밀한 공동체가 깨어진 사실을 입증하는 행위이다. 신인공동체가 깨진 순간 그들은 하나님과 떨어져버렸고 더 이상 생명을 지속할 수 없는 운명이 된 것이다.[4] 신인공동체의 깨어짐은 그후 인간이 이루고 있는 모든 공동체들을 연쇄적으로 박살냈다.

부부공동체의 파괴

신인공동체를 깨뜨린 사탄의 다음 목표는 부부공동체였다. 아담과 하와가 범죄하는 순간 서로의 수치스러움을 들여다보기 시작했다는 사실은 부부공동체의 파괴를 보여준다. 한 걸음 나아가 나무 뒤에 숨은 아담을 찾아오신 하나님께서 그를 향하여 "아담아, 네가 어디 있느냐?"고 물으셨을 때 아담은 자신이 벌거벗어서 숨었다고 했다. 하나님은 "누가 너의 벗었음을 네게 고하였느냐 내가 너더러 먹지 말라 명한 그 나무 실과를 네가 먹었느냐"고 물으셨다(창 3:9, 11). 여기서 하나님은 아담에게 "네가 먹었느냐?"라고 물으셨다. 그런데 아담은 자기가 먹었다는 대답 대신에 "하나님이 주셔서 나와 함께 하게 하신 여자 그가 그 나무 실과를 내게 주므로 내가 먹었나이다"(창 3:12)라고 대답을 했다.

우리는 아담의 대답에서 깨어진 부부공동체의 모습을 본다. 아담이 처음 하와를 보고 내 뼈, 내 살이었다. 하나님과의 공동체가 깨어짐으로 아담은 자기 아내를 즉각적으로 '그 여자'로 불렀다. 1인칭에서 3인칭으로의 전환이다. 하나님과의 공동체를 상실한 인간은 자기 아내나 남편을 사랑할 수 있는 능력조차 상실한 존재가 된 것이다. 이렇게 부부공동체는 깨어지고 말았다. 오늘날의 깨어진 부부 관계나 비정상적인 부부 관계를 회복하기 위해서는 심리학적 접근 방법을 사용하기 이전에 부부 각자가 하나님과의 깨어진 관계를 회복해야 할 것이다.

가족공동체의 파괴

신인공동체의 파괴는 부부공동체의 파괴로 이어졌다. 그리고 부부공동체의 파괴는 또 다시 연속적으로 가족공동체의 파괴로 이어졌다. 가인과 아벨은 각각 하나님께 제사를 드렸다. 그런데 하나님께서는 가인의 제사를 받지 않으시고 아벨의 제사만을 받으셨다. 가인은 그 일로 인하여 동생인 아벨을 돌로 쳐 죽이는 살인을 범했다. 성경의 정확한 표현은 다음과 같다.

> "아벨은 자기도 양의 첫 새끼와 그 기름으로 드렸더니 여호와께서 아벨과 그 제물은 열납하셨으나 가인과 그 제물은 열납하지 아니하신지라"(창 4:4~5).

본문은 하나님께서 단순히 제물을 열납하시고 안 하신 것이 아니라 제물 이전에 제물을 바치는 사람을 열납하시고 안 하신 것임을 보여준다.

하나님은 동생을 죽이고 시치미를 떼고 있는 가인에게 "네 아우 아벨이 어디 있느냐?"고 물으셨다. 가인은 "내가 알지 못하나이다 내가 내 아우를 지키는 자니이까?"(창 4:9)라고 대들 듯 대답했다. 가인의 대답은 그의 살인의 동기가 단순히 자신의 제물을 열납지 않으시고 아벨의 제물만을 받으신 것에 대한 질투심 때문만이 아니라는 사실을 보여준다. "내가 내 아우를 지키는 자니이까?"라는 답은 이미 가인에게는 동생을 보살피는 마음이 없음을 나타낸다. 이렇게 가족 공동체도 박살나고 말았다.

인간 – 자연공동체의 파괴

신인공동체의 파괴로부터 시작한 여러 공동체의 파괴 현상은 인간-자연공동체에도 발생했다. "…땅은 너로 인하여 저주를 받고 너는 종신토록 수고하여야 그 소산을 먹으리라"(창 3:17)는 말씀 속에서 인간의 범죄로 자연이 어떻게 되었는지 엿볼 수 있다. 그런가 하면 성경은 계속해서 "땅이 네게 가시덤불과 엉겅퀴를 낼 것이라"(3:18)고 말씀하셨다. 인간이 자연으로부터 고통당할 것임을 말씀하셨다. 인간-자연 공동체는 타락 이후 오늘날에 이르러 불화의 극에 달하고 있다. 이 인간-자연의 불화는 너무도 심각해 오늘날 인류가 당면하고 있는 문제 중 가장 심각한 실정이다. 인간 때문에 훼손되고 오염된 자연이 그 반대급부로 인간에게 죽음을 가져다 주었다.

이 악순환의 고리는 오로지 하나님과의 관계가 회복된 새로운 공동체 속에 들어갈 때 비로소 끊어질 것이다.

교회공동체

신인공동체가 박살난 이후 인간은 모든 공동체들을 줄줄이 상실했다. 그러나 하나님은 공동체를 상실하고 하나님의 창조의 목적에서 멀어져 간 인간들에 대한 사랑을 포기할 수 없었다. 인간을 하나님의 품으로 다시 돌아오게 하기를 계획하셨다. 당신의 아들을 세상에 보내 우리를 위해 십자가에서 돌아가게 하셨으며 우리를 의롭게 하시기 위해 죽음에서 다시 부활하게 하셨다. 하나님께서는 예수 그리스도 안에서 전혀 새로운 종류의 공동체를 만드신 것이다. 그 공동체는 그리스도의 피를 중심으로 하는 공동체이며 구성원 상호 간의 사랑을 중심으로 하는 영적 공동체이며 사랑공동체인 교회이다.5)

사도 바울은 에베소서에서 하나님의 교회를 향한 계획에 감동하여 '창세로부터 하나님 속에 감추었던 비밀'이라고 교회를 표현했다. 교회는 이전 세대가 경험하지 못한 새로운 종류의 공동체로서 새로운 피조물들로 구성된 하나님의 가족인 것이다.

17세기에 코르테즈(Cortez) 제독은 17척의 함대를 이끌고 멕시코를 식민지로 만들라는 과업을 스페인 국가로부터 부여 받았다. 그는 오늘날 멕시코 만에 있는 베라크루즈(Vera Cruz)에 상륙해 자기 부하들에게 배에 있는 모든 물건을 해안에 하역하라고 명령했다. 부하들은 명령대로 했다. 그 일이 모두 끝나자 코르테즈는 타고 온 배를 모두 불태우라고 했다. 그때 부하들이 그렇게 하면 자신들이 타고 돌아갈 배가 없지 않느냐고 항의를 했다. 코르테즈 제독은 "그렇다, 우리에게는 스페인으로 돌아갈 배가 없다. 이제 우리가 이곳을 개척하여 새로운 국가를 건설하거나, 아니면 여기서 모두 죽는 것 밖에는 다른 길이 없다"고 말했다.

이렇게 하여 스페인 병사들은 인디오 여인들을 아내로 맞아 낳은 새로운 종족이 멕시코인이다. 그러니까 지금부터 3, 400백년 전까지는 지구상에 멕시칸이라는 인종은 없었다. 그들은 스페인 사람들과 인디오의 혼혈인으로 새로운 인종으로 태어난 것이다. 그리고 그들은 멕시코라는 국가를 건설했다.

하나님의 교회는 그리스도의 피로 새롭게 된 피조물, 곧 새로운 인종으로 태어난 그리스도인으로 구성된 독특한 공동체다. 교회 공동체는 멕시코처럼 우연히 생겨난 것이 아니다. 성경은 교회를 하나님께서 태초로부터 하나님의 마음속에 품으셨으며 계획하셨다고 한다. 하나님이 이 세상을 창조하셨다는 말은 하나님이 창조하실 때 무엇인가를 목적하신 바가 있었다는 말이다. 창조 행위는 목적을 전제로 한다. 우주만물과 인간을 만드실 때 하나님이 품으신 목적을 성경은 교회공동체를 세우는 것이었다고 선언한다. 즉 교회는 하나님의 우주 창조의 목적인 것이다.

우주의 중심인 교회

예수님께서는 언제 재림하실까? 어쩌면 이 질문은 잘못된 질문일지도 모른다. 주님이 오시는 때와 기한은 아버지 외에는 아무도 모른다고 하셨기 때문이다. 하지만 성경에는 주님이 오시는 때를 정확히 어느 시라고는 말하고 있지는 않지만 주님이 오시는 때를 다르게 표현한 곳이 있다. 바로 천국복음이 땅 끝까지 전파될 때이다. 그러면 복음이 언제 땅 끝까지 전파될까? 다른 성경의 표현에 따르면 그때가 바로 교회가 완성될 때이다. 그렇다면 주님은 교회가 완성될 때 오신다는 말이다. 그리고 그때가 바로 인류 종말의 때이다. 따라서 인류의 모든 역사는 교회의 완성을 향해 달려가고 있는 것이다. 다른 말로 바꾸면 인류 역사는 교회를 창조하시는 하나님의 사역의 완성을 중심으로 이루어져 간다는 말이다.

교회는 우주의 중심적 위치를 차지하고 있다. 궁극적 인류 역사의 종착점이 교회를 중심으로 하고 있으며 모든 인간이 살아가는 목적이 결국 교회를 이루는 것이다. 이토록 교회는 전 우주 역사의 중심이다. 이러한 교회를 이루는 일에 그리스도인 각자가 부르심을 받고 자신이 속해 있는 교회에서 그리스도의 신비한 몸을 이루고 있음은 실로 엄청난 사건이 아닐 수 없다.

교회가 하나님과의 공동체성을 이루는 신비함을 이해함에 있어 요한복음 17장에 나오는 예수님의 중보기도가 도움을 준다. 이 기도는 요한복음 13장에서 주신 새 계명을 실천하는 것과 관계가 있다. 그날 밤 주님께서 마지막으로, 교회공동체에 관계되어 4~5시간에 걸쳐 제자들을 가르치시고 그러한 공동체를 이룰 수 있도록 기도하신 내용이다. 이 기도에서 주님은 두 가지 관계를 위해 집중적으로 기도하셨다. 첫째는 예수님과 아버지 하나님과의 관계다.

예를 들면, 1절에서 "아버지여 때가 이르렀사오니 아들을 영화롭게 하사 아들로 아버지를 영화롭게 하게 하옵소서"라는 말씀을 시작으로 모든 구절에서 아버지와 아들과의 사랑의 관계를 기도하신다.

> "아버지께서 내게 하라고 주신 일을 내가 이루어 아버지를 이 세상에서 영화롭게 하였사오니 아버지여 창세 전에 내가 아버지와 함께 가졌던 영화로써 지금도 아버지와 함께 나를 영화롭게 하옵소서"(4~5절).

이러한 성부와 성자와의 사랑 관계는 17장 기도 전체를 이루고 있다. 그런데 두번째는 우리와 하나님과의 관계이다. 이 관계를 위해 주님께서는 그날 밤 집중적으로 기도하셨다.

> "세상 중에서 내게 주신 사람들에게 내가 아버지의 이름을 나타내었나이다 저희는 아버지의 것이었는데 내게 주셨으며 저희는 아버지의 말씀을 지키었나이다"(6절).

예수께서는 자신이 훈련하고 사랑한 제자들이 아버지를 알게 되었다고 말하며, 그들을 위해 기도한다고 말씀하신다. 이어서 예수께서는 우리가 하나가 될 것을 기도하신다.

> "… 거룩하신 아버지여 내게 주신 아버지의 이름으로 저희를 보전하사 우리와 같이 저희도 하나가 되게 하옵소서"(11절).

예수께서는 제자들이 보존되기를 기도하시면서 그들이 세상에 속하지 않은 사실과 아버지의 말씀으로 거룩하게 될 것과 예수님처럼 그들도 세상에 보낸 사실을 언급하신다. 그리고 그러한 제자들과의 관계는 21절에서 절정을 이룬다.

> "아버지께서 내 안에 내가 아버지 안에 있는 것 같이 저희도 다 하나가 되어 우리 안에 있게 하사 세상으로 아버지께서 나를 보내신 것을 믿게 하옵소서."

이 얼마나 놀라운 기도인가? 여기에서 예수께서는 아버지와 아들이 하나인 것 같이 제자들이 하나가 되어 삼위일체 하나님의 하나 되심에 있게 해달라고 기도하시는 것이 아닌가! 즉 교회가 그분의 삼위일체 공동체 속으로 들어오게 하신 말씀인 것이다. 그리하여 교회를 보면 세상 사람들이 아버지를 믿게 되는 일이 있게 해달라는 기도가 그날 밤 주님의 기도의 핵심이었음을 본다.

> "아버지여 내게 주신 자도 나 있는 곳에 나와 함께 있어 아버지께서 창세 전부터 나를 사랑하시므로 내게 주신 나의 영광을 저희로

보게 하시기를 원하옵나이다"(24절).

예수께서는 교회가 주님의 영광을 보는 그러한 수준의 공동체로 자라나기를 기도하신 것이다. 뿐만 아니라 교회공동체 속에 주님을 사랑하신 아버지의 사랑이 있고 또한 주님 자신이 그 안에 계시는 공동체가 되기를 위해 기도하셨다.

"내가 아버지의 이름을 저희에게 알게 하였고 또 알게 하리니 이는 나를 사랑하신 사랑이 저희 안에 있고 나도 저희 안에 있게 하려 함이니이다"(26절).

교회의 사명

미국의 서남침례신학대학원의 교수였던 티드웰(Charles A. Tidwell) 박사는 그의 저서인「교회의 교육 사역」(Educational Ministry of a Church)에서 교회의 사명을 "하나님의 다중적(多重的) 지혜를 알리는 것"(to make known the manifold wisdom)이라고 정의했다. 여기서 다중적 지혜란 곧 복음이다.[6] 그리스도께서는 교회에게 복음을 온 세상에 전파하도록 명령하셨다. 따라서 교회의 구성원 각자가 성실하게 복음을 전하되 하나의 공동체로서, 그리고 그리스도의 몸으로서 교회가 복음을 전하는 것은 그 어떤 것으로도 대체할 수 없는 기본 사명이다.

그리스도께서는 그리스도인 개개인이 복음을 전하는 것은 물론,

교회가 그 일을 자신의 사명으로 여기고 그 사명을 다하라고 하셨다. 이러한 그분의 교회에 대한 의도는 교회 자체가 사랑공동체로 성장하여 세상에 그리스도를 전하는 방식이었다. 함께 연합하여 하나의 유기체를 이루어 그 속에 하나님의 역사가 나타나는 모습을 보고 불신자들이 하나님께로 돌아오게 하는 것이 하나님의 의도인 것이다. 교회는 하나님의 임재가 나타나는 특별하고도 신성한 장소다. 그분의 임재가 드러나는 곳이다. "너희가 서로 사랑하면 이로써 모든 사람이 너희가 내 제자인줄 알리라"는 말씀이 이루어지는 곳이 교회공동체인 것이다.

이러한 공동체는 관계를 중심으로 구성원 각자가 서로 연결되어 있다. 그리스도께서는 그러한 관계성 속에 거하신다. 셀 사역은 교회성장을 위한 프로그램이나 새로운 모형이 아니다. 성경이 말하는 그리스도인의 삶의 유형이며 예수의 생명의 연장선상에 있는 것이다. 셀 교회는 목자와 양, 아비와 자식, 또는 영적 가족 관계를 구체적으로 실현한다.7)

후주

1) Julie A. Gorman, *Community That Is Christian: A Handbook on Small Groups* (Wheaton, Il: Victor Books, 1993), 24.
2) Larry Crabb, 「끊어진 관계 다시 잇기」, 이주엽 역 (서울: 요단출판사, 2002), 114.
3) Gorman, Community, 29-30.
4) Gilbert Bilezikian, *Community 101* (Grand Rapids: Zondervan

Publishing House, 1997), 28-35.
5) Gorman, Community. 42-56.
6) Charles A. Tidwell, *Educational Ministry of a Church* (Nashville: Broadman Press, 1980), 93.
7) 이남하, 「평범한 사람들의 별난 교회」 (서울: 도서출판 나침반, 1996), 100

제8장

역사 속의 셀 그룹

비록 셀 교회가 20세기 종반에 새롭게 등장한 교회 모델이지만 결코 시대의 필요에 의해 갑작스럽게 고안된 모델이 아니라 초대교회 때부터 보여진 교회의 원형이다. 그리고 그때부터 2천 년 동안 셀 교회 모델 또는 셀 사역은 지속적으로 교회사에서 중요한 위치를 차지해 왔다. 본 장에서 초대교회부터 오늘날까지의 기독교 역사 가운데 셀 교회의 모습이 어떻게 이어져 왔는지를 살펴봄으로써 역사 속에서의 셀 교회의 위치를 확인하고자 한다.

초대교회와 셀 그룹

초대교회는 교회 건물도 없었다. 계층도, 신학교도, 기독교 대학도, 주일학교도 성가대도 없었다. 오직 적은 무리의 신자들의 작은 교제 모임만이 있었다. 뿐만 아니라 처음에는 신약성서조차 없었다. 신약성서는 교제의 원인이라기보다 교제의 결과였다. 신약성서 중 초기에 쓴 책들은 그 모임들이 당면한 문제, 위험, 시험 따위를 다루기 위해 성도들에게 쓰여진 편지들이었다. 그들은 어떤 지위도 없었지만 그들 가운데는 신비한 능력이 있었고 그 신비한 능력은 그들이 서로 관계를 맺는 방식에서 나왔다.[1]

　신약성서 시대의 교회는 단순히 셀 그룹만 있지 않았다. 이 시대의 교회는 이중 구조를 지니고 있었다. 날마다 각 집에서 모이는 모임이 있었고 그 모임들이 전체로서의 하나의 지역교회를 이루었던 것이다. 이런 교회의 모습은 예루살렘 교회의 경우에서 명확히 드러난다. 오순절 성령강림 사건 이후 120명의 성도들로 시작된 예루살렘 교회는 한번에 수천 명의 개종자들이 생기는 엄청난 양적 성장을 이룬다. 사도행전 2장 41절은 "이날에 제자의 수가 삼천이나 더하더라"고 기록하고 있다. 그리스도인이 된 사람들은 자연스럽게 성전이나 집에서 모임을 가지게 되었다(2:46). 그러나 엄밀한 의미에서 예루살렘 교회는 일단의 교인들이 수천 명에 이르게 된 이후에는 모두 한 자리에 모여 예배드린 기록은 성경에서 찾아볼 수 없다. 그들이 성전에서 모인 주된 이유는 유대인의 전통대로 성전에 들어가 기도하는 것과 하나님께 예배드리러 온 자들에게 전도하기 위해서다. 많은 이들이 함께 예배드리는 것은 사실상 불가능한 일이었다. 유대인들이 하나님께 예배하는 장소로 사용하던 성전을 그리스도인들이 교회로 사용했을 것이라는 생각은 천진난만한 생각이다. 예루살렘 교회는 주로 가정에서 예배와 교육을 위해 모였다.

예루살렘 교회가 성전에서 예배드렸을 것이라고 믿기 어렵고 수천, 수만 명의 교인들이 한 자리에 모일 수 없었던 또 다른 이유는 그 많은 사람들을 수용할 공간이 없었기 때문이다. 개종자들이 수천 명씩 계속 늘어나면서 이들이 모두 모여서 예배드리는 일은 불가능했다. 따라서 그들은 가정 단위로 모이되 그 집이 수용할 수 있는 정도로 모였다. 그들은 날마다 집에서 모여 떡을 떼며 기쁨과 순전한 마음으로 음식을 먹었다. 초기 예루살렘 교회를 "사도의 가르침을 받아 서로 교제하며 떡을 떼며 기도하기를 전혀 힘썼다"는 말씀을 중심으로 우리는 그들의 교회생활을 연상할 수 있다. 분명히 예루살렘 교회는 예루살렘 교회라는 전체 회중과 각 집에서 모인 소그룹의 이중 구조였다. 열두 사도는 목회자 팀으로서 예루살렘 교회를 돌보며 복음을 전하는 일을 하면서 전체 교회에 사역했다. 그리고 초대교회 신자들은 주로 가정에서 모여 사도들의 가르침을 받고 떡을 떼고 기도하며 교제하는 일을 했다. 이러한 교회의 모습은 예루살렘 교회뿐 아니라 다른 지역의 초대교회들도 마찬가지였을 것이다.

제1세기의 신약교회는 다음과 같은 이중 구조 속에서 교회로서 기능을 발휘했다. 첫째는 함께 모이는 '연합모임'의 구조다. 이는 '전체 교회'로서 하나의 '회중'을 의미한다. 성경 기록에 의하면 이러한 전체로서의 교회는 최초에는 주로 성전에서 모였다가 예루살렘 교회가 양적으로 크게 늘어나자 모든 교인이 한 자리에 모이는 일이 힘들어 졌을 것이다.

둘째는 성도들의 집이다. 이들은 일종의 '흩어진 교회'로서의 구조인 '가정 교회'로 모였다. 그들은 이러한 상황 속에서 셀 그룹으로 모였다. 그리고 가정에서 사도들의 가르침을 받고, 기도, 교제, 식사를 함께 나누었다.

여기서 짚고 넘어가야 할 한 가지 의문은 이러한 셀-회중의 이중 구조가 모든 시대의 모든 장소에서 모든 교회를 위한 것인가이다. 그리고 이러한 교회의 이중 구조 모델이 오늘날과 미래에도 모든 교회에 적용할 것인가이다. 이에 대하여 어떤 이들은 확고하게 아니다 라고 답한다. 교회의 이중 구조는 오로지 신약성서 시대의 문화적 상황 속에서 생겨난 방법이라고 본다. 소그룹으로 모인 신약교회는 시대적 상황에서 생긴 현상이며 '삶의 자리'(Sitz im Leben)일 뿐이라고 주장한다. 그들은 이러한 이유로 교회가 소그룹으로 나눈 모임을 시대착오로 본다.

이러한 주장을 하는 사람들은 처음부터 주일날 모여 예배하고 회중으로서의 전체 교회가 움직이는 전통적 교회가 그리스도께서 처음부터 의도하신 교회라고 본다. 그리고 이런 교회가 오늘날도 여전히 유효한 진정한 형태의 교회라고 믿는다. 한마디로 셀 그룹 형태의 교회가 오늘날과 같은 사회 구조나 경제 구조를 가진 시대에는 더 이상 적합하지 않다는 것이다.

그러나 셀 그룹 형태의 교회를 믿는 사람들은 신약성서에 나타나는 소그룹 공동체가 모든 시대와 상황 속에 동일하게 적용되는 하나의 원리라고 굳게 믿는다. 이들은 소그룹 자체가 교회의 본질이라고 주장한다. 즉 그리스도의 몸으로서의 교회는 소그룹을 통해서 실현할 수 있으며 소그룹 자체가 하나의 교회로서의 본질을 지닌다고 주장한다. 셀 교회 형태를 신약성서적 교회 모델로 믿는 사람들은 소그룹으로 '흩어져 모이는 교회'가 그리스도께서 모든 시간을 초월하여 그분께서 당신의 교회를 세우시는 방식이라고 믿는다.

교회가 진정한 그리스도의 몸이 되고 하나님의 집으로서의 본질을 실현하고 회복하기 위해서는 셀 공동체 구조를 회복해야 한다. 이에 관하여 윌리엄 벡햄(William Beckham)은 하나님이 의도하신 교회는 두 날개를 가진 교회라고 주장한다. 소그룹들의 모임이며 대그룹으로서의 회중이라는 두 날개를 가진다는 것이다. 그리고 이 두 날개가 모두 정상일 때 비로소 교회가 하늘 높이 날 수 있다고 주장한다.[2] 따라서 교회는 회중과 함께 소그룹이 다시 교회의 중요 요소로 자리 잡을 때 비로소 교회가 되는 것이다. 교회의 본질 회복과 실현은 소그룹을 통한 영적 공동체 없이는 결코 이루어질 수 없다.

셀 그룹 교회와 관련된 성구들

교회생활을 가정 중심으로 재편성하는 개념은 교회 역사 전체를 통해 계속 옹호되어 왔다. 누가의 사도행전 기록에 따르면 예루살렘 교회가 시작할 때부터 초대 교인들은 '날마다' '성전에서' 전체 회중들이 모였고 집에서 떡을 떼며 기쁨과 순전한 마음으로 음식을 먹고 하나님을 찬미했다(행 2:46~47).

사도행전 20장 6~11절에서는 바울이 빌립보에서 배를 타고 드로

아로 건너와 일 주일을 머무르는 장면이 있다. 이곳에서 바울은 안식 후 첫날 어느 집에서 형제들과 함께 식사하기(떡을 떼기) 위해 모였다. 이 자리에서 바울은 그곳에 모인 교인들에게 밤중까지 말씀을 전했다. 그런데 다락의 창에 걸터 앉아있던 유두고라는 청년이 졸다가 떨어져 죽은 것을 바울이 살린다. 바울은 아침까지 말씀을 가르치고 아침 식사를 하고 그곳을 떠난다. 이 장면에서 우리는 초대교회 시대에 가정에서 모인 교회의 전형적인 모습을 엿볼 수 있다.

초대교회 교인들의 영적 교제의 수준을 히브리서 10장 23~25절의 말씀에서도 볼 수 있다. 본문은 교인들 간에 '서로 돌아볼 것'을 권면하고 있다. 이러한 돌봄은 상호 작용 관계를 맺을 수 있을 만큼의 사람들로 구성되어야 한다. 또한 여기서의 돌봄은 단순히 피상적인 관심과 돌봄이 아니라 '사랑과 선행을 격려하는' 수준의 돌봄이다. 그리스도께 대한 각자의 사랑을 돌보며, 교인들 간의 사랑을 돌보며, 불신자들에 대한 사랑을 돌보는 일은 필연적으로 교인들 상호 간의 긴밀한 관계를 전제로 할 수밖에 없다. 선행을 돌보는 일도 서로 밀접해야 가능한 일이다. 이러한 수준의 돌봄을 가능케 하는 밀접한 관계를 위해서는 소그룹 단위의 모임이 필수적일 수밖에 없다.

신약성서에서 교인들이 소그룹으로 모였다는 또 다른 근거는 각 가정을 그들의 교제 모임 장소로 사용했다는 사실이다. 우리는 많은 그리스도인들이 자신의 집을 교회로 사용하도록 내어놓은 기록들을 신약성서에서 볼 수 있다. 그 구체적인 예들은 다음과 같다.

예루살렘 교회가 처음으로 모였던 장소이자 교회가 태동한 장소가 바로 마가 어머니의 다락방이었다. 그들은 예수님의 승천 직후 마가의 다락방에 모였다.

"저희 유하는 다락에 올라가니 베드로, 요한, 야고보, 안드레와 빌립, 도마와 바돌로매, 마태와 및 알패오의 아들 야고보, 셀롯인 시몬, 야고보의 아들 유다가 다 거기 있어 여자들과 예수의 모친 마리아와 예수의 아우들로 더불어 마음을 같이하여 전혀 기도에 힘쓰니라 모인 무리의 수가 한 일백 이십 명이나 되더라"(행 1:13~15).

120여 명의 교인들이 함께 모인 것으로 미루어 보아 아마도 마가의 다락방은 제법 컸던 것 같다. 그들은 그후에도 이곳에서 계속 모였고 오순절 날에도 함께 모였다.

"가로되 홀연히 하늘로부터 급하고 강한 바람 같은 소리가 있어 저희 앉은 온 집에 가득하며"(행 2:2).

사도 바울은 2차 선교 여행에서 데살로니가에서 처음은 자기 습관대로 회당에서 복음을 전했다. 그러나 유대인들의 방해 때문에 더 이상 회당에서 복음을 전할 수 없게 되었다. 바울은 결국 그를 맞아들인 야손의 집을 중심으로 사역했고 바울은 야손의 집을 모임 장소로 사용한다는 사실을 유대인도 알고 있었다.

"그러나 유대인들은 시기하여 저자의 어떤 괴악한 사람들을 데리고 떼를 지어 성을 소동케 하여 야손의 집에 달려들어 저희를 백성에게 끌어 내려고 찾았으나 발견치 못하매 야손과 및 형제를 끌고 읍장들 앞에 가서 소리질러 가로되 천하를 어지럽게 하던 이 사람들이 여기도 이르매 야손이 들였도다 이 사람들이 다 가이사의 명을 거역하여 말하되 다른 임금 곧 예수라 하는 이가 있다 하더이다 하니"(행 17:5~7).

사도 바울이 가정을 중심으로 사역한 증거는 고린도에서도 발견된다. 바울은 이곳에서도 우선 회당에서 복음을 전했다. 그러나 거기서도 유대인들의 적대행위 때문에 더 이상 복음을 전할 수 없자 회당 옆에 있는 디도 유스도의 집으로 옮겨 사역을 계속했다. 그리하여 고린도 교회는 유스도 집을 중심으로 성장하고 발전할 수 있었다.

"안식일마다 바울이 회당에서 강론하고 유대인과 헬라인을 권면하니라 실라와 디모데가 마게도냐로서 내려오매 바울이 하나님의 말씀에 붙잡혀 유대인들에게 예수는 그리스도라 밝히 증거하니 저희가 대적하여 훼방하거늘 바울이 옷을 떨어 가로되 너희 피가 너희 머리로 돌아갈 것이요 나는 깨끗하니라 이 후에는 이방인에게로 가리라 하고 거기서 옮겨 하나님을 공경하는 디도 유스도라 하는 사람의 집에 들어가니 그 집이 회당 옆이라 또 회당장 그리스보가 온 집으로 더불어 주를 믿으며 수다한 고린도 사람도 듣고 믿어 침례를 받더라"(행 18:4~8).

그리고 바울은 유스도의 집을 중심으로 1년 6개월 동안 사역을 계속할 수 있었다. 사도행전 21장 8절에서도 하나님의 교회로 쓰인 가정을 볼 수 있다. 바울이 밀레도에서 에베소 장로들과 작별하고 가이사랴로 갔다. 그때 그는 자신이 어디에 유숙해야 할지를 잘 알고 있었다. 예루살렘 교회의 일곱 집사 중 한 사람이며 전도자였던 빌립의 집은 항구에 있었다. 당시 그리스도인들은 그 집을 잘 알고 있던 것 같다. 바울은 바로 빌립의 집으로 들어 갔다. 유대에서 아가보가 찾아와서 빌립의 집에서 예언한 사실은 빌립의 집이 가이사랴에서 교회로서의 역할을 했던 또 다른 증거다.

> "이튿날 떠나 가이사랴에 이르러 일곱 집사 중 하나인 전도자 빌립의 집에 들어가서 유하니라 그에게 딸 넷이 있으니 처녀로 예언하는 자라 여러 날 있더니 한 선지자 아가보라 하는 이가 유대로부터 내려 와 우리에게 와서 바울의 띠를 가져다가 자기 수족을 잡아매고 말하기를 성령이 말씀하시되 예루살렘에서 유대인들이 이같이 이 띠 임자를 결박하여 이방인의 손에 넘겨주리라 하거늘"(행 21:8~11).

교회가 집에서 모였다는 보다 명백한 언급은 다음과 같이 브리스가와 아굴라 부부의 집(고전 16:19; 롬 16:3,5), 빌레몬의 집(몬 2), 눔바의 집(골 4:15)에 관한 언급에서도 나타나고 있다.[3]

바울은 고린도 교회에 편지하면서 아굴라와 브리스가와 및 그 집에 있는 교회라고 말했다.

"아시아의 교회들이 너희에게 문안하고 아굴라와 브리스가와 및 그 집에 있는 교회가 주 안에서 너희에게 간절히 문안하고"(고전 16:19).

그는 이들 부부에 관하여 로마서에서 설명하기를 "그리스도 예수 안에서 나의 동역자들인 브리스가와 아굴라"라고 하면서 "저희는 내 목숨을 위하여 자기의 목이라도 내어 놓았나니 나뿐 아니라 이방인의 모든 교회도 저희에게 감사하느니라"고 극찬을 한 뒤 "또 저의 교회에게도 문안하라"(롬 16:3~5)고 권면하고 있다.

바울은 옥중에서 보낸 서신서에서 빌레몬의 종이었던 오네시모가 예수를 믿은 사실과 그의 주인이었던 빌레몬에게 돌려보낸다는 글에서 빌레몬에게 말하기를 '네 집에 있는 교회'라고 했다. 이는 신약시대의 교회의 대부분이 특정한 사람 집에서 모인 가정교회 형태였음을 보여준다.

"그리스도 예수를 위하여 갇힌 자 된 바울과 및 형제 디모데는 우리의 사랑을 받는 자요 동역자인 빌레몬과 및 자매 압비아와 및 우리와 함께 군사 된 아킵보와 네 집에 있는 교회에게 편지하노니(몬 1:1~2).

골로새서에서 바울은 라오디게아 교회의 교인이었던 눔바에게 문안하며 '눔바와 그 여자의 집'이라고 썼다. 이는 바울이 교회는 가정에서 모이는 보편적 현상을 가지고 있었음을 보여준다.

"라오디게아에 있는 형제들과 눔바와 그 여자의 집에 있는 교회에 문안하고"(골 4:15).

바울을 만나 교인이 된 빌립보 간수의 집 역시 그 지역의 복음전도 센터 역할을 했을 것이다. 그리고 이것이 곧 교회였을 것이다(행 16:33~34). 또한 바울에게 침례를 받은 스데바나와 그 가족들은 그 집을 '성도를 섬기는 일'에 사용했다고 한다. 이 기록 역시 교회로서의 역할을 시사해준다.

"형제들아 스데바나의 집은 곧 아가야의 첫 열매요 또 성도 섬기기로 작정한 줄을 너희가 아는지라 내가 너희를 권하노니"(고전 16:15).

이외에도 초대교회가 많은 가정에서 소그룹으로 모였다는 사실은 많다. 로마서 16장에 나오는 가정과 그 집 사람들에 관한 기록은 다음과 같다. 아리스도볼로의 권속(10절), 나깃수의 권속 중 주 안에 있는 자들(11절), 아순그리도와 블레곤과 허메와 바들로바와 허메와 저희와 함께 있는 형제들(14절), 빌롤로고와 율리아와 또 네레오와 그 자매와 올름바와 저희와 함께 있는 모든 성도(15절) 등이다. 이 사실로 우리는 로마 교회에 수많은 가정 교회가 있었음을 알 수 있다.

콘스탄틴 황제 이후의 시대

가정 모임의 교회 형태는 적어도 콘스탄틴(Constantin) 황제가 기독교를 공인하기까지 보편적인 초기 기독교의 교회 모델이었다. 그러나 콘스탄틴 황제가 313년 밀라노 칙령(Edict of Milan)으로 기독교를 공인한 이후부터 교회는 역사 속에서 심각한 변형을 이루었다. 즉 로마 가톨릭의 교권주의와 성직자주의, 그리고 성례전주의 등의 대두가 가정 교회 형태를 무너뜨리면서 교회의 원형이 크게 훼손당하게 되었다. 특정한 건물에서의 모임은 가정 교회 모습과는 달랐다. 교회의 지도력은 소수에게로 집중되었다. 교회활동은 형식을 갖춘 의식으로 변했다. 공동체가 아닌 건물이 하나님의 성전으로 변했다.4) 이렇게 교회는 건물 쪽으로 그 중심을 옮겨갔다. 첫 그리스도인 황제였던 콘스탄틴은 건물 형태의 교회제도를 낳게 했다. 이때로부터 신학은 교회별로 달라졌으며 예배 형태도 다양해졌다. 그후 17세기 동안 교회의 지도력은 중앙집권적 형태였다.

건물 중심의 교회의 특성은 예배당이라는 특정 건물에 모인다는 점, 대개의 경우 일요일인 특정한 날에 모인다는 점, 교회의 대부분의 사역이 성직자에 의해 이루어지고 사역은 그들의 전유물이 되었다는 점 등이다. 이러한 특성으로 가정에서 공동체를 경험할 수 있게 하는 작은 모임들은 자취를 감추게 되었다. 그리고 대부분의 교인들은 예배와 각종 교회 행사의 참관자로 전락하게 했다. 랄프 네이버는 이와 같은 건물 중심 형태의 교회가 지난 1700년 동안 기독교를 주도해 왔다고 지적한다.5)

교회의 주된 모임이 가정에서 건물로 옮겨지면서 교회에는 몇 가지 중요한 변화가 생겼다. 그리스도의 몸과 피를 상징하며 기념하던 주의 만찬은 상징적 기념에서 의식(儀式)으로 변했고 예배는 모든 교인들이 직접 참여하던 형태에서 몇몇 교회 지도자들이 집례하게 되었다. 따라서 대부분의 교인들은 예배에 수동적으로 참관하게 되었다. 그런가 하면 교회의 지도력은 몸된 교회의 회중들이 교인들의 은사를 알고 그의 은사에 따라 지도자로 세우는 형태에서 신학교나 사역자 양성기관에서 일정한 교육을 받은 사람들이 지도력을 갖게 되었다. 또한 사역의 주된 형태 역시 개인에서 사회적인 것으로 관심을 옮겼고 도제방식 또는 일대일 양육방식을 겸한 교회 공동체 중심의 훈련에서 집단 훈련방식으로 바뀌었다. 이러한 일련의 변화는 교회 내에서의 영적 교제 형태와 수준을 심층적인 것으로부터 피상적인 것으로 변화시켰다. 그리고 신앙의 감격과 헌신은 의무적인 것과 제도 속에서의 기계적인 것으로 변했다. 이러한 변화는 결과적으로 교회 본질 경험의 기회를 구조적으로 박탈하고 성경에서 말하는 교회 본질을 피상적이고 관념적으로만 이해시켜 교회를 그 본질로부터 크게 벗어나게 했다.

종교개혁 이전의 셀 사역

콘스탄틴의 기독교 공인 이후 루터의 종교개혁 시대까지의 역사 속에서 셀 사역을 찾기가 어렵다. 하지만 셀 교회 정신에 있어서 교회의 공동체성 회복이라는 측면서 볼 때 셀 사역의 흔적을 개혁 전 개혁자(pre-reformer)들에게서 찾아볼 수 있다. 그 첫번째 무리가 게르하르트 그루테(Gerhart Groote:1340~1384)가 주도한 형제생활

공동단(Brothers of the Common Life)이다. 그는 부친에게 상속받은 데벤터(Deventer)에 있는 자신의 집을 과부들과 미혼 여자들에게 주고 그곳에서 경건과 선행을 위해 함께 생활하게 했다. 그리고 존 브린케링크(John Brinkerinck)가 이 공동체를 여성공동체 개념으로 발전시킨다. 그루테의 형제생활공동단은 이러한 맥락에서 생겨났다. 그는 평신도로서 설교를 했으며 젊은 성직자들을 고용하여 성경을 사필하도록 했다. 이들은 라데인(Floretius Radewyn)의 제안에 따라 공동체를 이루었다. 이러한 공동체가 독일 전역으로 확산되어 가서 종교개혁의 중요한 밑거름을 형성하게 된다.[6] 이 형제생활공동단이 비록 셀 형태는 아니었지만 공동체의 능력을 개혁 전 시대에 경험하고 그 결과로 종교개혁의 중요한 기초 역할을 했다.

보헤미아 형제단

프라하의 후스(John Huss)는 보헤미아 지방을 중심으로 중세 교회를 새롭게 하는 일을 시도했다. 그가 죽은 지 40년 후 유니타스 프라트룸(Unitas Fratrum) 혹은 보헤미아 형제단(Bohemian Brethren)이라고 불리는 공동체가 생겨났다. 그리고 보헤미아 지방은 유니타스 프라트룸의 주도 하에 영적 변화를 겪었다.

이들은 의식이나 전통보다 예수를 믿는 산 믿음과 코이노니아를 강조하는 소그룹을 만들었다. 이 소그룹이 '형제의 연합'(brotherly harmony)이다. 이 소그룹이 보헤미아에 정착하자 '형제들의 연합'(unitas fratrum - The Unity of the Brethren)이라 바꿔 불렀다. 여기서 연합이란 공동체를 의미했다. 루터는 이들을 종교개혁 이전의 개혁자들이었다고 믿고 "사도시대 이후 이와 같은 사도적인 모임에 가깝게 접근한 교회는 없었다"고 말했다.[7]

루터와 새로운 교회 구조

새 포도주는 새 가죽 부대에 담아야 한다는 것을 루터도 인식하고 있었다. 루터는 교회를 개혁하려는 의도가 분명히 있었다. 루터는 그의 저서인 「독일예배서설」(Preface to His German Mass)에서 라틴어와 독일어 의식 등 두 종류의 예배를 언급하면서 교회는 복음적인 예배를 위하여 진지한 그리스도인이 되기를 원하거나 복음 신앙을 행동과 말로 고백하기 원하는 사람들이 소그룹으로 가정에서 모여 기도와 말씀과 사랑으로 예배해야 한다고 주장했다. 그러나 그는 이러한 이상적인 예배를 실현시키지는 못했는데 그 이유는 그러한 영적 상태에 있는 사람들이 별로 없기 때문이라고 한탄하며 아쉬워 했다.

루터가 그 당시 교회를 개혁하는데 장애가 된 것은 무엇인가? 이에 관하여 랄프 네이버가 말한 다음과 같은 이유에 귀 기울여 볼 가치가 있다.[8]

첫째, 루터는 지나치게 조심했다. 로마 가톨릭을 개혁하는 힘겨운 과업 외에도 교회의 라이프스타일까지 바꾸는 일은 너무도 버거운 일이었다. 루터는 지나치게 신중했던 것 같다.

둘째, 루터의 정치적 입장이다. 루터는 프레데릭(Frederick) 제후의 정치적 비호를 받아 로마 교황청의 위협에서 보호받을 수 있었다. 아마도 루터는 당시의 정치적 상황을 뛰어넘을 수는 없었을 것이다.

셋째, 교인들에 대한 신뢰의 결여다. 그는 '진정으로 그리스도인이 되기를 갈망하는 일단의 사람들이 없다'는 단정을 내렸고 소수의 사람들이 드릴 수 있는 생명력 있는 예배는 쉽게 실현될 수 없다는 결론에 도달했다. 그러한 이유로 루터는 소그룹을 조직할 엄두를 내지 못했던 것 같다.

넷째, 루터는 재침례교도들에게 개혁의 주도권을 빼앗길까봐 두려워했던 것 같다. 루터는 로마 가톨릭과 대립하면서 동시에 당시 개혁성향에 있어서 극좌인 재침례교도(anabaptist)들과의 껄끄러운 관계를 처리해야 했다. 로이드 존스가 지적한 바와 같이 루터는 자신의 개혁의 결과로 생겨난 교회에 생명력이 결여되는 모습에 실망하면서 자신의 개혁 결과와는 다른 영적 생명력이 넘치는 재침례교도들과 협조하기보다는 경쟁 관계였음이 분명해 보인다. 루터가 자기를 따르는 그리스도인들이 재침례교도들과 대항할 수 있게 훈련했다는 로이드 존스의 지적은 개혁의 주도권 문제를 고려한 루터의 입장을 생각하게 한다.

루터와 웨슬리 사이의 소그룹 운동

감리교 창시자 요한 웨슬리를 현대 소그룹 운동의 아버지라 부른다. 루터로부터 웨슬리에 이르는 16~18세기의 적극적인 소그룹 운동은 경건주의 운동의 아버지로 불려지는 스페너(1635~1705, Philip Jacob Spener)에게서 찾아 볼 수 있다.

1669년, 스페너는 교회가 그리스도인들이 소그룹으로 정기적으로 모여 서로 격려하며 훈련하는 것과 이를 위해 교회가 필요로 하는 것이 상호관계임을 알게 되었다. 그리하여 1670년, 스페너는 상호 교제와 돌봄이 있는 모임들을 만들었다. '꼴레기아 피에타티스'(Collegia pietatis:경건 모임들)로 불리는 이 모임은 주일 오후 스페너의 집에서 모였다.9)

교인들의 요청에 따라 스페너는 상호 사역과 성장을 위해 개인적으로 가정 모임을 시작했다. 주중에 두 번 모이는 이 모임은 처음에는 주일 설교를 토의하거나 경건서적을 읽다가 나중에는 성경 토의를 주로 했다. 그러나 스페너는 이 토의가 매우 위험스러운 상황으로 전개되고 있음을 보았다. 그래서 이 모임을 간섭, 논쟁, 자기자랑 등의 일에서 지켜내며 목회자가 적절히 조절해야 한다고 주장했다.

경건주의자들은 이러한 '교회 속의 작은 교회들'(ecclesiolae in ecclesia)로 제도권의 교회를 변화시키는 일을 적극적으로 나서지 않았다. 그 모임들은 자기들의 모임이 진정한 교회가 아니라고 생각했다. 스페너의 이와 같은 소극적인 태도와 프랑크푸르트 시의회가 더 이상 가정에서 모이지 말고 교회에서 모이라고 명령해 꼴레기아는 막을 내렸다.

새 가죽부대를 만든 요한 웨슬리

웨슬리의 감리교 운동은 세 가지 축으로 진행되었다. 소사어티(society), 밴드(band), 그리고 속회(class)이다. 이 세 가지의 기원과 성격을 살펴보자.

웨슬리의 소사이어티(Society)

신도회로도 불리는 소사이어티는 오늘날의 개교회의 회중에 해당하는 조직이다. 소사이어티는 영국 교회(Church of England)의 목회자가 새 교인들의 영적 지도와 그들을 교인으로 받아들이는 책임자의 역할을 했다. 소사이어티는 모든 일에 있어서 영국 교회와 가까운 관계를 유지하며 회중의 기능을 수행했다. 본서는 속회에 초점을 맞추기 때문에 신도회는 생략하기로 한다.

웨슬리의 밴드(Band)

웨슬리의 밴드는 모라비안 교도의 영향을 받은 것으로 보인다. 모라비안 교도는 중세 말 보헤미아의 존 후스의 후예들로서 형제들의 연합(Unitas Fratrum)을 형성하여 신앙을 성장시켰다. 18세기에 이르러 헤른후트(Herrnhut: 주님의 파수꾼)에서 형제들의 연합을 새롭게 정비하였다. 이는 17세기 독일의 스페너를 중심으로 한 경건주의 운동의 영향을 받은 것이다.

18세기에 이르러 새로워진 형제들의 연합은 진젠도르프(Count Nikolaus Ludwig von Zinzendorf)에 의해 이루어졌다. 사도적 제자훈련과 교제가 특징인 형제들의 연합은 '교회 속의 작은 교회'(ecclesiola within the ecclesia)로 인식되었다. 뿐만 아니라 이들은 효과적인 교제와 훈련을 위해 이 모임을 나이, 성별, 결혼 여부로 분류해 클래스(class)라고 불렀다. 이 모임의 책임자는 매일 구성원들을 심방하여 개인적인 돌봄과 양육을 했다. 클래스는 다시 두 부류로 나누었다. 성별, 나이, 결혼 여부로 나뉘어진 사람들을 콰이어(choir)로 부르고 이들 중 깊은 영적 성장을 원하는 사람들을 밴드(band)라는 소그룹으로 묶었다.[10]

일반적으로 밴드는 2~3명이었다. 밴드의 리더는 진젠도르프와 개인적인 관계를 맺었다. 1734년에는 이 밴드가 100개에 달했다.

웨슬리는 모라비안 교도의 밴드를 매우 의미 있게 여기고 자신의 사역에 이를 받아들였다. 그리고 모라비안 교도의 밴드에게 없었던 공동 고백과 상호 간의 책임성을 보완했다. 밴드의 리더는 자신의 상태를 먼저 말하고 난 뒤에 나머지 사람들에게 그들의 상태를 말하도록 요청하도록 교육받았다. 자신의 영적 상태를 살피는 질문들은 다음과 같다.

- 당신은 자신의 죄를 용서받았는가?
- 하나님의 성령께서 당신의 영에게 증거하셨는가?
- 내적으로든 외적으로든 어떠한 죄도 당신을 주관하지는 않는가?
- 당신은 자신의 모든 잘못을 지적받기 원하는가?
- 당신은 우리가 가까이에서 당신의 마음 밑바닥에 있는 것까지 살펴주기를 원하는가?

모일 때마다 참석자들에게는 다음과 같은 다섯 가지 질문을 했다.

- 우리가 지난 주에 모인 이후 당신이 알고 있는 자신이 범한 죄가 무엇인가?
- 어떠한 유혹을 받았는가?
- 그것으로부터 어떻게 구출되었는가?
- 당신이 죄인지 아닌지를 알지 못했을 때 당신은 어떤 생각, 말, 어떤 행동을 했는가?
- 당신에게 비밀로 간직하고 싶은 것은 없는가?[11]

밴드는 속회에 비해 구조면에서 약해 보이지만 매우 강력한 나눔이 있는 조직이었다. 밴드는 친밀한 연합을 원하고 필요로 하는 사람들로 구성되었기 때문에 친밀한 관계가 가능했다. 여기에서 영적 온전함을 향한 요구(spiritual quest for perfection)가 장려되고 지도되었다. 밴드의 회원들은 속회원들보다 더욱 높은 수준의 훈련과 영적 돌봄을 받았다. 그들은 악을 삼가고 열성적으로 선행하며 계속적으로 교회의 모든 의식에 참여했다. 특히 웨슬리는 야고보서 5장 16절의 "이러므로 너희 죄를 서로 고하고 병 낫기를 위하여 서로 기도하라"는 말씀에 밴드가 기초한다고 믿었다. 따라서 밴드의 나눔은 매우 진지하고 깊이가 있었다. 또한 서로에 대한 신뢰에 바탕을 둔 높은 수준의 개방성이 있었다.

웨슬리의 속회(Class)

속회는 신학적으로나 교회 회원권의 전제조건이라는 측면에서 '교회 속의 작은 교회'(Ecclesiola in ecclesia)로서의 개념이 그 핵심이다. 속회는 교회의 최소 기본 단위로서 축소형 교회의 기능을 수행하는 본질적 의미를 가진다는 말이다. 속회는 서로가 그리스도의 제자로서 서로의 삶을 격려하며 서로를 세우는 데 가장 효과적이다. 매주 한번씩 만나 서로에 대하여 책임을 다하는 것임을 (accountable to one another) 발견한 사실에 기초하고 있다.

웨슬리의 속회는 예기치 못했던 방향에서 시작했었다(1742. 2.15). 교인들의 영적 성장을 돕는 방법에 대해서 고심한 웨슬리는 이를 매우 신중한 방법으로 받아들이고 속회제도를 정착시켰다. 속회는 교회 신축 건물의 빚을 청산하는 방법으로 포이 선장(Captain Foy)이 제안함으로 생겨났다.[12]

포이 선장은 소사이어티 구성원 각자가 매주 한 페니씩 헌금하도록 하자고 제안했다. 그러나 교인들의 경제 능력이 이에 미치지 못한다는 반론에 부딪혔다. 그러자 자신이 10~12명을 책임지고 헌금을 모으고 모자라는 금액은 자신이 채우겠다고 하자 동의를 얻어 전체 교인을 12명으로 구성한 클래스를 조직하게 되었다. 헌금을 거두러 다니던 사람들이 개개교인들의 영적 감독자(pastoral oversight) 역할을 하게 되는 기회를 얻게 되는 것은 매우 자연스런 일이었다.

헌금을 거두는 책임을 맡은 사람들 중 하나가 웨슬리에게 방문하여 어떤 사람이 잘못하고 있는 일과 아내와 싸우는 일, 그리고 술 취해 있는 모습 등을 보고했을 때 웨슬리는 오랫동안 고민했던 문제의 해답을 얻었다. 그는 "이것이 바로 우리가 오랫동안 원했던 거야. 리더들은 단순히 모금하는 일뿐 아니라 형제들의 영혼을 돌보며 감독하는 일을 하는 거야"라고 했다.

웨슬리는 이 아이디어를 자신이 신뢰하는 소사이어티의 몇몇 사람들과 나누었다. 그리고 그들의 동의를 얻어 속회를 개교인들을 확실하게 하는 탁월한 방법으로 사용하기 시작했다. 그리고 그들은 모일 때마다 필요한 충고나 책망, 격려 등을 했다. 이로써 서로의 짐을 나누어지고 서로 돌보는 그리스도인의 교제가 신속히 발전하게 되었다.

속회와 밴드

속회가 발전하면서 밴드와 속회의 구분이 모호해지기도 했다. 그러나 중요한 차이점이 있었다. 속회가 감리교 조직의 기초 단위가 되었고 밴드는 중요한 소그룹으로서의 역할을 감당했다. 밴드는 모라비안의 형태를 지속하면서 나이, 성별, 결혼 여부별로 조직했고 속회는 실용적으로 사회 계층별로, 매주 모임을 쉽게 가질 수 있도록 지역별로, 그리고 지도력에 따라 조직했다.

밴드는 초기 감리교 소사이어티에서 핵심적인 그룹이었고 웨슬리도 강력히 격려했다. 하지만 교회 회원의 조건을 요구하지는 않았다. 이와 대조적으로 속회는 교회 회원권의 전제 조건으로 모든 교인이 속회에 속하게 되었다. 또한 밴드는 공동의 교제와 영적 감독을 위해 조직하고 리더는 회원들이 선출했다. 그러나 속회는 리더를 임명했다.

속회는 12~20명 또는 12명 이내로 구성되었다. 속회는 주로 교인들의 영적 유익을 위한 것이었지만 때로는 교인이 되기 원하는 사람들을 위한 것이기도 했다. 남성, 여성, 혼성으로 구성되었다. 주로 저녁 8시 정도에 개인 집에서 모임을 시작했다. 리더는 찬양과 기도로 모임을 시작하고 지난 한 주간 동안의 자신의 경험을 나눈다. 그의 기쁨과 슬픔, 소망과 두려움, 세상과 육신과 마귀와의 갈등, 외적인 싸움과 내적 두려움, 지옥의 두려움과 천국 소망, 경건한 열망과 교회의 번영을 위한 은밀한 기도, 속회에 있는 형제·자매들을 위한 기도 등을 나눈다.

이와 같이 자신의 영혼을 개방하고 속회원들도 자신의 영적 상태를 돌아가면서 고백한다. 이러한 나눔으로 제자의 삶을 세워주었다. 또한 속회의 리더는 속회의 중심적 위치에서 웨슬리와 교인 간의 연결고리 역할을 하면서 목회적 사역을 감당했다. 이들은 매주 목회자와 함께 만나서 속회원들에 관하여 보고하고 목회자에게 조언과 지시를 받았다. 속회의 리더는 교회에서 그들의 잠재력과 영적 성장을 인정받음으로써 임명되었다. 그들을 '보조목사'(sub-pastor), '하사관'(non-commissioned officer), '영적 경찰'(spiritual police)이라 불렀다. 이들은 숙달된 영적 멘토들이었다.

오늘날의 셀 그룹 사역에 비하여 속회는 리더 한 사람이 모든 속회원들의 영적 멘토의 역할을 감당했다는 점에서 그 임무가 막중했다. 그러나 효과적인 사역에 지장을 주는 약점이 되기도 했다. 오늘날의 셀 사역이 목자와 예비목자, 그리고 일대일 양육관계를 책임지는 양육자 등이 목회 사역을 분담하고 있다는 점에서 속회의 리더의 역할과 대조를 이룬다.

조지 휫필드(George Whitefield)와 소그룹

영국의 영적 대각성 운동의 두 축을 이룬 사람은 요한 웨슬리와 조지 휫필드다. 레이 스테드맨(Ray Stedman)은 18세기 영국의 웨슬리 영적 각성운동을 통한 자신의 개종을 기술하면서 조지 휫필드의 말을 인용했다. 그의 인용으로 휫필드의 소그룹의 목적과 행습을 알 수 있다.

"나의 형제들이여, 하나님께서 우리의 영혼을 위하여 해주신 일을 정직하고 자유롭게 서로 말합시다. 이를 위해 다음과 같이 하는 것이 좋습니다.
- 스스로 4~5명의 작은 모임을 구성하십시오.
- 자신의 마음에 있는 것을 서로 고하십시오.
- 필요한대로 서로를 위하여 기도하고 위로하십시오."

오직 경험해본 사람만이 영혼의 연합과 교통의 말로 유익을 이야기할 수 있습니다. 진정으로 자기 자신을 사랑하고 형제를 자신처럼 사랑하는 사람이라면 자신의 마음을 열고 필요한 충고와 책망과 훈계와 기도 받기를 부끄러워하지 않습니다. 신실한 사람은 그러한 일을 가장 큰 축복으로 여길 것입니다.[13]

휫필드 역시 교회에서 진정한 영적 연합과 교제를 위해 소그룹이 중요하다는 사실을 철저히 인식하고 있었다. 하지만 그러한 인식에도 불구하고 교회 안에서 소그룹 중심의 모임을 시도한 것 같지는 않다.

공산 치하에서의 중국 교회

웨슬리의 속회 운동은 엄청난 영향을 미쳤다. 속회 운동의 결과로 감리교단이 생겨났다. 그리고 감리교회는 전 세계적인 교단이 되었다. 하지만 오늘날의 감리교회는 속회를 통해 영적 변화와 갱신이 부족하다. 따라서 오늘날 셀 교회 모델은 사실상 감리교와 직접적인 연관성이 없이 다시 역사 속에 등장한 모델이라고 보아야 한다. 아마도 소그룹 또는 가정에서 모이는 교회 형태로서 오늘날 전 세계로 확산된 셀 교회 모델에 간접적으로 기여한 것이 중국의 가정교회일 것이다. 물론 대부분의 셀 교회가 중국 교회를 본받았다거나 중국의 가정교회를 수정한 것이라고는 보지 않는다. 하지만 지난 50여 년 간 공산 치하 속에서 소규모로 가정에서 모인 중국 교회 속에 역사하신 하나님의 능력을 전 세계 그리스도인들이 놀라움과 경이로움으로 바라보는 것이 사실이다.

예배당을 모두 압수당하고, 교회가 해체당하고, 성경책이 몰수당하고 불태워지며, 믿는 사람들이 체포·처형당하는 혹독한 핍박의 31년의 세월이 지나갔다. 그러한 어려움과 고통 속에서도 오히려 그리스도인들의 숫자가 5천만 명으로 증가되었다. 1949년 중국이 공산화가 되던 해에 기독교 인구는 83만 4천 명이었다. 그리고 1980년 중국 개방 시기에는 무려 5천만 정도이다. 아직도 종교의 자유가 없고 공안당국으로부터 감시를 받고 있는 중국 교회는 공산화 이후 50여 년만에 1억 3천~5천만 명을 헤아리는 놀라운 증가를 이루었다(부정확한 통계일 수 있다). 이러한 역사의 원동력은 소그룹이다. 이것은 셀 교회가 셀을 중요시하는 것과 그 본질에 있어서 동일하다.

현대제자훈련운동과 은사운동

오늘날의 셀 교회 운동은 현대제자훈련운동과 은사운동이라는 거대한 영적 운동과 밀접한 관계가 있다. 특히 젊은이들 중심의 제자훈련사역은 평신도의 사역 개념을 가시화하는 역할을 훌륭히 감당했다. 또한 사역을 위한 훈련 방식도 괄목할 만한 방법과 전략들을 현대 교회에 제시했다. 제자훈련운동은 구체적인 훈련 방식을 강구하지 못한 채 당위성만 강조하던 기존 교회에 실제적이고 구체적인 훈련 방법과 그 방법으로 맺은 열매들을 제시해 주었다. 그 결과 평신도의 사역훈련방식에 많은 도움을 주었다.

그러나 현대제자훈련운동이 필연적으로 직면한 문제가 있다. 바로 교회론이다. 비록 그리스도인들을 개별적으로 훌륭한 평신도 사역자들로 만드는 일에는 성공했지만 그들이 평생 몸담고 섬기는 교회에서 그들의 사역을 펼칠 수 있는 장을 마련해 주지 못했다. 결과적으로 교회라는 가죽부대에 근본적인 변화를 추구할 수밖에 없었고 그러한 요구는 셀 교회라는 새 가죽부대의 형태로 나타났다. 현대제자훈련운동을 주도한 것은 대부분의 경우 젊은이를 주된 사역 대상으로 하는 파라처치 그룹(선교단체)들이다. 그러나 이 그룹은 교회가 아니었다. 일정 기간 동안 훈련을 마친 사람들은 필연적으로 지역교회로 돌아가야 했는데 불행히도 대부분의 지역교회가 훈련받은 이들을 적절히 교회에 안착시키지 못했다. 그 결과로 어떤 이들은 자신들이 배운 것을 사장시켰고 또 어떤 이들은 교회 밖에서 개인적으로 사역하기도 했다.

이러한 상황에서 셀 교회 모델이 등장함으로써 평신도들이 교회 속에서 자연스럽게 복음의 일꾼으로 헌신할 수 있는 기회를 얻게 되었다. 또한 그 사역이 급속도로 성장하고 있다. 이러한 사실은 지금까지 셀 교회로 전환한 교회가 사전에 제자훈련을 했던 교회보다 쉽게 전환되는 모습 속에서 확인할 수 있다. 기본적인 개념과 훈련이 있으면 기초적 작업을 새삼스럽게 할 필요가 없다. 또한 이미 셀 교회로의 전환을 많은 교인들이 공감하고 있어서 셀 교회로의 전환이 용이하게 이루어지는 것이다.

한편, 현대 은사운동이 셀 교회로의 전환에 기여한 바를 간과할 수 없다. 은사운동은 하나님의 실제적 역사를 직접 경험하게 해주어서 관념적이고 피상적인 신앙을 구체적이고 실제적인 것으로 이해하게 했다. 그리고 성령님의 나타나심의 역사를 통하여 기독교 신앙에 생명력 넘치는 역동성을 제공해 주었다. 또한 이러한 경험은 전체 교회뿐 아니라 개인적 차원과 소그룹 차원에서 더 적극적으로 이루어지고 있다. 오늘날 전 세계적으로 셀 교회로의 전환이 오순절적, 또는 은사운동의 성향이 있는 교회들에서 더 적극적으로 이루어지고 있음은 이러한 사실들을 입증하는 한 증거이다.

후주

1) Elton Trueblood, *The Yoke of Christ*, p. 25.
2) William Beckham, 「자연적 교회 성장」, 이병헌. 박영은 역 (서울: 도서출판 NCD, 2001). 213.
3) Vincent Branick, *The House Church in the Writings of Paul* (Wilmington, Delaware: Michael Glaizer, 1989), 13.
4) Ibid, 15.
5) Ralph Neighbor, Jr.의 셀 교회 세미나 자료 참조.
6) Philip Schaff, *History of the Christian Church*. Vol. VI (Grand Rapids: Wm. B. Eerdmans Publishing Company, 1910), 279-80.
7) Ron Trudinger, 「가정 소그룹모임」, 장동수 역 (서울: 기독교문서선교회, 1991), 40.
8) Ralph Neighbour, Jr.의 셀 교회 세미나 자료 참조.
9) D. Michael Henderson, *John Wesley's Class Meeting* (Nappanee, IN: Evangel Publishing House, 1997), 51.
10) Ibid., 59.
11) David Lowes Watson, *The Early Methodist Class Meeting* (Nashville, TN: Discipleship Resources, 1987), 84.
12) Henderson, *Wesley's Class Meeting*, 94.
13) Ray Stedman, *One People: Layman & Clergy in God's Church* (Downers Grove, Il.: Inter-Varsity Press, paperback), 88. John R. W. Stott, 111에서 재인용.

그리스도인이여, 셀이여라!

제4부

셀 교회는 교회 성장 방법이 아니다.
신약성서가 말하는 교회 본질을 회복하고
복음적인 신앙의 본질로 돌아가려는 노력이다.

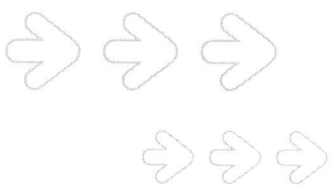

　우리는 앞에서 셀 교회의 신학적 배경과 셀 교회의 근본을 이루는 세 가지 정신을 살펴보았다. 제4부에서는 셀 교회의 정신들이 하나의 공동체로서의 교회에서 어떻게 종합적으로 나타나고 실현되는지 셀 교회 모델의 기본적인 틀과 모형을 정리해 보기로 한다. 셀은 그 자체가 '교회 속의 교회'이다. 다른 소그룹이 특정한 영역의 훈련이나 사역을 위해 조직되지만 교회의 모든 기능을 한 셀에서 모두 수행한다는 점에서 독특하다. 피상적으로 생각할 때 작은 그룹이 어떻게 교회의 기능을 수행할 수 있을지 의아해 한다. 그러나 가능한 일이다.

　셀 교회는 단순히 21세기 대안이 아니다. 더구나 셀 교회는 교회 성장 방법도 아니다. 신약성서가 말하는 교회 본질을 회복하고 복음적인 신앙의 본질로 돌아가려는 노력이다. 따라서 여러 가지 가능성들 중에 하나로 셀 교회를 말하는 것이 아니라 근본적인 교회의 모습을 이루어 본질을 회복해야 한다는 절대적인 명제를 위하여 셀이어야 한다.

제9장

셀 교회의 기본 개념들

셀 교회란?

 셀 그룹 교회에 대한 개념을 이해하기 위해 본 장에서는 셀 교회의 정의부터 살펴보도록 한다. 셀 교회와 셀 그룹 교회는 동의어이다. 셀 교회를 셀 그룹 교회라고 하는 이유는 셀이라는 단어가 생물학적 용어이면서 테러 집단의 기본 단위 또는 과거 공산주의자들이 사용한 기본 단위로서의 의미가 있어서 영어권에서 부정적 이미지가 있다. 그래서 그 셀과 구분하기 위해 셀 그룹이라고 부르는 것 같다. 하지만 오늘날에는 셀 그룹 교회를 셀 교회로 부르는 경향이 생겨 본서에서는 셀 그룹 교회와 셀 교회를 구분하지 않고 같은 의미로 사용한다.

랄프 네이버는 셀 그룹 교회를 '비전통적 교회로서 교회 안에 있는 셀 그룹들이 특정한 방식으로 가정에서 모여 불신자들을 향한 전도, 신자들 간의 사랑의 교제, 양육, 그리고 서로 간의 돌봄과 사역을 시행하는 교회를 의미한다'[1]고 정의한다. 이 정의에 따르면 셀 그룹 교회 모델은 일단 전통적인 교회 모델과 구분된다. 이는 교회의 구조와 활동 등에 있어서 뚜렷한 구분점들을 보여준다. 셀 교회 모델의 특징 중 하나는 셀 그룹들이 교회의 핵심을 이루며 특정한 방식으로 매주 모인다는 점이다. 그리고 셀 모임은 교회 건물이 아닌 셀원의 가정에서 모인다. 이러한 셀 그룹은 전도, 교제, 양육, 사역이 목적이다. 이는 곧 교회의 기능으로써 셀 그룹은 그 자체가 교회의 모든 기능을 수행하는 작은 교회로서의 정체성을 지닌다.

이러한 형태의 교회는 셀 그룹을 '기독교 기초 공동체'(Basic Christian Community) 또는 '교회의 기초 단위'(Building Blocks of Church Life)[2]로 부른다. 이 기초 공동체로서의 셀 그룹들은 교회의 기초 단위이자 그 자체가 교회로서의 위치와 기능이 있다. 셀 그룹 자체가 하나의 작은 교회이기 때문에 이를 일컬어 '교회 속의 작은 교회'(eclesiolae in eclesia)[3]라 한다. 핀넬(David Finnell)은 그의 저서에서 "셀이란 예배, 하나님을 경험하는 일, 구성원 서로 간에 지역공동체를 섬기며 복음화를 위해 소그룹을 이루는 신자들의 유기적 몸이다"[4]라고 정의했다. 이 정의에서도 셀의 기능이 곧 교회의 기능임을 알 수 있다. 또한 '신자들의 유기적 몸'이라는 말은 셀이 하나의 몸으로서 교회를 이루고 있음을 의미한다. 따라서 셀을 5~15명의 침례받은 교인들(교회의 정회원들)로 구성된 '교회 속의 교회들'(ecclessiolae in ecclessia)로서 예배, 교제, 기도, 전도, 교육(양육), 봉사 등의 기능을 수행하며 영적 가족 공동체로서의 경험이 가능하도록 성령님을 중심으로 구성원 상호 간에 영적 삶을 위한 상호의존관계를 맺은 소그룹으로 정의할 수 있다.

셀 그룹과 유사한 그룹들

많은 사람들이 셀 그룹과 소그룹을 혼동해서 사용하고 있다. 셀이라는 용어를 처음 접하는 사람은 셀이 기존의 교회의 소그룹과 어떻게 다른지를 구분하지 못한다. 뿐만 아니라 소그룹의 장점을 경험했으면 소그룹과 셀 그룹의 차이점을 확실하게 이해하지 못하는 경우가 많다. 다음의 소그룹들은 그러한 혼동을 가져다주는 예들이다.

가정 성경공부 모임(Home Bible Study)

성인들의 성경공부 모임으로써 구성원의 가정에서 모이며 주 목적은 성경 공부다. 성경공부 이외에도 기도와 교제, 때로는 그룹으로서 봉사와 섬기는 일이 부수적으로 이 성경공부 모임이 교회 속의 작은 교회로서의 기능을 수행하게 될 것을 기대하지 않는다. 주 목적이 어디까지나 성경을 공부하는 것이다.

가정 교제 모임(Home fellowship group)

성경공부보다는 기도, 교제 또는 기타 목적을 중심으로 모인다. 종종 심리학적 집단 상담 그룹으로서의 역할을 하며, 부부생활, 자녀양육, 금연이나 금주 등과 같은 특정한 목적과 과업을 위해 일정 기간 동안 참석자들에게 유익을 준다.

가정 셀 그룹(Home cell groups)

우리 나라 구역예배 모임이 여기에 해당한다. 주중에 가정에서 모이는 소그룹으로서 기도, 찬양, 나눔, 성경공부 등을 목적으로 한다. 셀 그룹과 다른 점은 '셀을 가지고 있는 교회'(Church with cell groups) 속에 있는 가정 셀 그룹이라는 점이다. 여의도순복음교회의 조용기 목사가 이 용어를 사용했다. 조용기 목사는 1981년도에 미국에서 「성공적인 가정 셀 그룹」(Successful Home Cell Groups)이라는 책을 저술했는데 그 책에서 구역예배를 가정 셀 그룹(Home cell groups)이라고 했다.

기초 위성 단위(Base satellite units)

모 교회로부터 지원받는 이 모임은 일종의 선교 전략이다. 나름대로 상당한 자치권도 있다. 미국 텍사스 주 알링턴(Arlington) 시에 있는 제일침례교회는 이를 네트워킹 그룹이라 부른다. 신자들이 자신들의 가정을 개방하여 매주 자신의 집에 이웃 사람을 초청하여 함께 성경공부를 하고 예배를 드린다. 이를 통해 모 교회에 등록하게

한다. 이를테면 전도 접촉점으로서의 전략적 거점 역할을 한다

가정교회(House church)

가정에서 10~40명 정도의 교인들이 모여 하나의 교회로서의 모든 활동과 기능을 수행한다. 주로 중국의 지하교회가 이 형태다. 전 세계적으로도 가정교회가 확산되고 있다. 가정교회는 한 가정에서 모일 수 있는 숫자를 넘기면 영적 교제가 불가능하다고 보고 새로운 가정교회를 만든다. 하지만 가정교회들 간에 유기적 관계를 맺지 않고 완전한 하나의 독립적 교회가 된다.

셀 그룹(Cell group)

단순히 셀로 불려지기도 한다. 이 형태는 셀 교회 속에 있는 전형적인 소그룹을 일컫는 말이다. 하나의 작은 교회로서의 본질을 지니는 셀 그룹은 영적 가족공동체로서 교회의 모든 기능을 지닌다. 이 셀들이 모여 한 지역교회로서의 회중을 이룬다. 우리가 본서에서 다루는 셀 그룹이 바로 이것이다.

셀 교회의 구조

셀 교회에서의 신앙생활은 일차적으로 교인들의 가정에서 모이는 셀을 중심으로 한다. 그리고 이와 같은 여러 개의 셀이 모여 하나의 회중을 구성한다. 회중으로서의 단위가 하는 일은 하나의 지역교

회가 지니는 기능과 역할이다. 대개 10~25개의 셀들이 하나의 회중을 이룬다. 이 회중 단위가 한 지역 교회로서의 역할을 담당하여 매주 예배하고 교육, 훈련, 활동한다. 그러나 여러 개의 회중들로 구성된 보다 큰 크기의 전체 지역교회는 매월 또는 격월로 1회 정도 규칙적으로 모여 축제 예배를 드리며 연중 행사를 하며 각 회중과 셀을 지원한다.

셀 교회는 예수 그리스도의 기초 위에 세 가지 기본적인 단위로 구성된다. 셀(cell), 회중(congregation), 축제 예배(celebration)다. 물론 구조는 두 개 이상의 회중을 가진 대형 교회들의 경우에 해당된다. 교회의 기초 단위로서의 셀과 그 셀들의 집합체로서 한 지역 교회의 단위를 이루는 것이 회중이다. 그리고 여러 개의 회중이 보다 큰 대형 교회를 이루면 이를 축제 예배라 부른다.

셀 그룹(Cell Group)의 일차적인 목적은 그리스도인 상호 간과 불신자들이 사는 지역사회에서 역사하시는 하나님과 함께 하는 교제 공동체를 만드는 일이다. 그리하여 하나의 영적 공동체로서 구성원 각자가 그리스도의 빛이 되어 주변의 사람들에게 감동을 주어 그리스도의 발 앞으로 그들을 인도하고 그분의 몸이신 교회의 교제 가운데로 인도하며 그분과 함께 동행하는 삶을 가르치는데 있다.[5]

회중(Congregation)은 셀의 사역과 성장을 관리하기 위해 지역 또는 동질의 그룹들을 하나의 조직으로 묶은 것이다. 이는 사실상 하나의 지역교회를 의미한다. 회중은 적게는 2~3개의 셀부터 많게는 20~30개의 셀들로 구성된다.[6]

축제 예배(Celebration)는 하나님을 경험하고 예배하기 위해 모인 교인들(모든 회중들)의 모임이다. 축제 예배 단위를 가지는 셀 교회는 여러 개의 회중을 가진 대교회일 경우에 해당한다. 회중 단위의 경우 모든 교인들이 매주 함께 예배드리고 프로그램이나 활동을 하지만 축제 예배의 경우 일차적으로 모든 교인들이 함께 모여 예배드리거나 전도 집회로 모인다. 혹은 이벤트성 프로그램이나 프로젝트를 수행한다.

훈련사역(Equipping Ministry)이란 교회가 목적을 달성하기 위해 필요로 하는 물리적·영적 자원들과 함께 지식, 관계, 섬김과 사역기술 등을 관리하는 것을 의미한다. 여기에는 제자훈련, 성경공부, 기도, 교제, 사역, 교회행정 등이 포함된다. 셀을 세우기 위해 지원하는 모든 종류의 교육훈련 기회들이 여기에 해당된다.

셀 교회의 세 가지 기본 구조를 담당하는 지도자로는 목자, 지역사역자, 지역목사, 그리고 담임목사 또는 수석목사가 있다. 이들의 상호 연관성을 나타내는 조직체의 모습과 각 구조에 대한 책임자(지도자)를 도표화 하면 다음과 같다.[7]

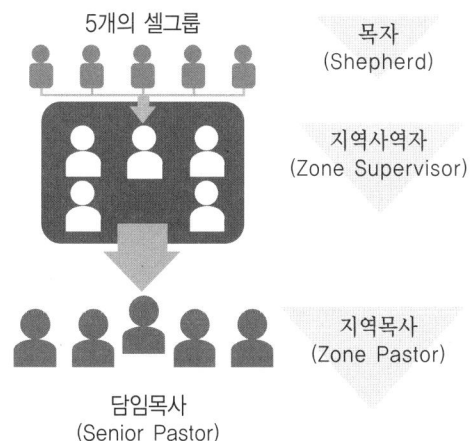

위의 도표를 좀더 자세히 설명하면 맨 위에 있는 회색의 원들이 10명 내외로 구성되는 셀 그룹들이다. 그리고 이 셀을 책임지고 리더 역할을 하는 사람이 목자(shepherd)다. 이 셀들을 5개 단위로 묶어서 한 사람의 책임자가 돌보는데 그가 지역사역자(zone supervisor)다. 따라서 한 지역사역자는 일반적으로 5개의 목장을 돌보는데 주로 다섯 명의 셀 리더들을 돌본다. 이러한 지역사역자 다섯 명을 돌보는 책임을 맡은 사람이 지역목사(zone pastor)이다. 따라서 한 명의 지역목사는 25개 정도의 셀을 돌본다. 한 셀의 구성원을 10명 정도로 볼 때 한 지역사역자는 약 250명의 교인을 맡게 된다. 대규모의 셀 교회의 경우 한 명의 지역사역자가 돌보는 25개의 셀들이 하나의 회중(congregation)을 이룬다.

대형 셀 교회의 경우 이와 같은 회중들이 수십 개씩 있을 수 있다. 위의 도표에서 보는 바와 같이 지역목사들이 하나의 목회자 팀을 이루게 되며 이들 목회자 팀을 책임지는 사람이 곧 담임목사 또는 수석목사(senior pastor)가 된다. 수석목사는 전체 교회의 모든 활동과 방향을 책임지고 인도하며 목회자 팀의 리더 역할을 감당한다.

셀의 구조

셀에는 두 명의 지도자가 있다. 목자(shepherd)와 예비목자(intern)다. 이 두 사람의 영적 리더십 아래 8명 정도의 그리스도인들이 한 셀을 이룬다. 이 셀원들은 영적 성장 정도가 각기 다른 사람들로 구성된다. 사도 요한이 요한일서에서 언급한 바와 같이 영적 아비 수준의 교인들과 영적 청년 수준의 교인들, 그리고 영적 어린 아이 수준에 있는 교인들을 한 셀로 구성한다. 영적 아비 수준의 사람들은 스스로 영적 생활을 할 수 있는 성장한 그리스도인이다. 이들은 같은 셀 속에 있는 영적으로 어린 사람들을 도우며 양육할 수 있는 수준에 있다. 영적 청년에 해당하는 사람들은 아직 충분히 성숙한 상태는 아니지만 제자로서의 삶을 살면서 계속 성장하는 열망을 가지고 교회 및 셀 모임에 참석하는 교인을 의미한다. 영적 아이 수준에 있는 사람이란 새신자들로서 다른 사람들의 도움이 절실히 필요한 사람들이다. 또한 새신자는 아니지만 다른 사람들이나 사건으로 인하여 상처를 입은 사람들로서 세심한 사랑과 돌봄을 필요로 하는 사람들도 영적으로 아이 수준에 있는 사람들이다. 이들로 구성된 셀의 구조는 다음과 같이 표현될 수 있다.

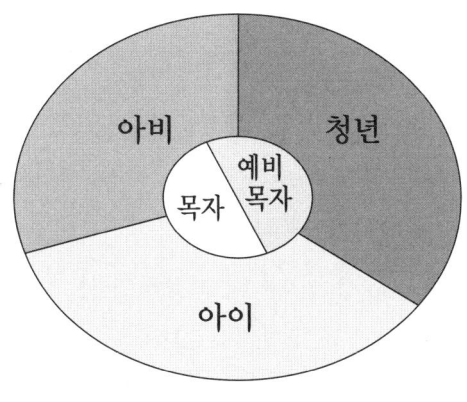

- 셀 구조 그림 -

셀의 종류

오늘날 많은 교회가 셀 교회의 모습을 지니고 셀 교회임을 자처한다. 사실상 구조나 기능 등을 살펴보면 그러한 교회들은 거의 비슷한 모습이다. 하지만 같은 셀 교회라 할지라도 그 형태가 현저하게 다른 두 종류의 셀 그룹이 있다. 하나는 열린 형태의 셀(Opened cell)이며 다른 하나는 닫힌 형태의 셀(Closed cell)이다. 여기서 '열리다'는 말과 '닫히다'는 말은 셀 구성원의 자격을 교회의 정회원(church membership)에게만 국한하거나 비회원에게도 셀 구성원이 될 수 있는 길을 열어두는지를 알려주는 말이다.

셀 구성원의 자격을 교회의 회원에 국한하는가 아니면 불신자들도 셀원이 될 수 있는 길을 열어두는가의 문제는 셀 교회의 기본 정신을 이해하고 그 정신에 따르는가 아니면 셀 교회를 단순히 교회 성장의 방법으로 여기는지를 보여준다. 하나님의 집(가족)을 이루는 셀 교회 정신이 실현되는 장소가 곧 셀이기 때문에 개방 여부가 셀을 셀답게 만드는지를 결정하는 요인이 된다.

우리는 종종 용어 자체가 우리에게 던져주는 뉘앙스 때문에 본질을 오해하는 잘못을 범할 수 있다. 아마도 이러한 문제가 '열린 형태의 셀'과 '닫힌 형태의 셀'이라는 용어에도 적용되는 것 같다. 사람들은 대체적으로 개방을 선호한다. 폐쇄적이라는 말에는 부정적인 태도를 지닌다. 따라서 주의 깊게 이 용어들을 대하지 않으면 선입견으로 그 의미를 오해할 소지가 있다.

열린 형태의 셀

- 열린 형태의 셀 -

이 그림에서 가장 큰 원은 교회를, 그 속에 있는 작은 원들은 셀을 나타낸다. 그리고 그 작은 원들 속에 있는 검은 그림(사람)은 교회의 정회원을, 흰 그림(사람)은 불신자들을 포함한 비회원을 나타낸다. 이 형태의 셀은 구성원이 되는 자격을 교인에게만 국한하지 않고 교회에 출석하는 사람이나 처음 교회에 나오기 시작하는 사람들도 셀 구성원이 되게 한다. 얼핏 생각하기에는 불신자들을 셀 속에 받아들임으로써 전도할 수 있는 좋은 형태의 셀이라고 생각할 수 있다. 하지만 그렇게 단순하지는 않다.

열린 셀이 구성원들 간의 상호 용납과 섬김, 그리고 정직한 나눔 등의 분위기를 형성하려면 서로에 대한 믿음이 있어야 하고 상호 의존적 관계이어야 한다. 그런데 신자들과 불신자들이 그러한 관계를 형성한다는 것은 사실상 불가능하다. 오히려 그러한 셀 분위기를 형성함에 있어서 불신자가 오히려 장애가 될 수 있다.

　기존 교회들의 경우 셀 교회로 전환하려 할 때 이미 교회 내에 존재하고 있는 구역을 셀로 전환하면 될 것이라고 생각하기 쉽다. 이러한 발상은 셀 교회의 본질과 그 근본정신을 모르기 때문에 생겨난다. 셀을 모든 사람에게 개방한다는 말은 가족으로서의 영적 공동체를 실현하는 정신을 고려하지 않고 있거나 거의 강조하지 않고 있음을 보여준다. 불신자들이 신자들과 함께 한 셀에 있을 경우 그리스도인으로서 겪는 갈등과 고통을 이해하지 못한다. 거기다가 셀에서 고백한 그리스도인 구성원의 문제를 오히려 소화하지 못해 그리스도인이 되는데 걸림돌이 될 위험성이 있다. 영적 공동체로서 또는 영적 가족공동체로서의 정체성을 가진 셀이 되기는 사실상 불가능하다.

　설사 열린 형태의 셀을 통하여 단시간 내에 교인들의 숫자가 몇 배로 증가해서 전도의 방법으로서는 성공했을지 모르지만 이것은 진정한 의미의 영적 가족공동체로서의 셀 구현은 사실상 포기한 것이나 마찬가지다. 나아가 일정한 시간이 지나면 열린 형태의 셀을 운영하는 교회는 지금까지 기존 교회가 가졌던 문제들을 전혀 개선하지 못함을 발견하게 된다. 우리는 그동안 영적 힘을 발휘하면서 놀라운 성령의 열매를 맺은 선교단체나 교회가 시간이 지남에 따라 그 본래의 영적 힘을 상실하는 모습을 보았다. 예를 들면 제자훈련 사역에 있어서 영적 세대가 거듭함에 따라 1세대로부터 2, 3세대에 이르러 점점 훈련 정도나 헌신 정도가 약화되는 현상을 경험했다. 열린 셀 형태도 동일한 문제를 경험할 것이다. 셀들이 배가함에 따라 점점 영적 생명력이나 구성원들 간의 결속력이 무너지는 현상을 필연적으로 경험하게 된다는 말이다.

닫힌 형태의 셀

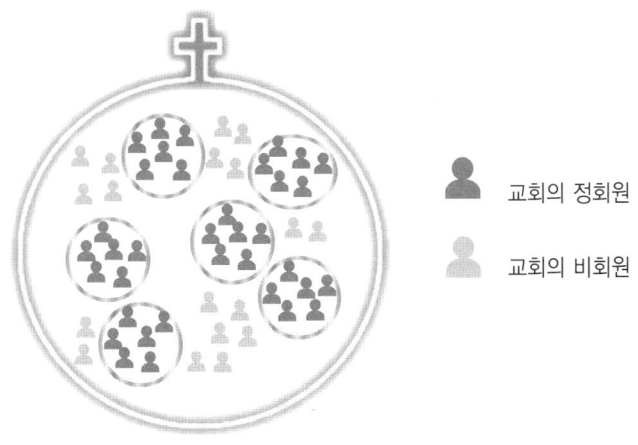

- 닫힌 형태의 셀 그림 -

닫힌 형태의 셀은 구성원을 교회의 정회원에 국한한다. 그림에서 흰 점들은 모두 셀 전체 교회 안에 있다. 하지만 셀 그룹 속에는 속하지 못했다. 이 형태의 셀은 셀원들 상호 간의 깊이 있는 나눔과 영적 가족공동체로서의 경험을 가능하게 하는 것에 중요한 강조점을 두고 있다. 교회의 본질이 영적 가족공동체임에 주목하고 가족공동체를 경험하려면 진정으로 그리스도를 주님으로 영접한 신앙고백이 있어야 한다. 신앙고백을 한 사람들이 교회를 자신의 영적 가족으로 믿고 영적 가족으로서 관계 맺는 장소가 바로 닫힌 셀이다. 삶의 모든 것을 주저 없이 나누는 일은 자신들의 부족함은 물론이고 다른 가족들의 죄나 부족한 점까지도 서로 고백하고 용서하고 기도해야 한다. 그렇지 않으면 교제와 삶은 피상적 수준에 머문다. 불신자나 아직 영적 가족공동체의 일원이 아닌 사람들과의 이러한 영적 교제는 사실상 불가능하다. 또한 이러한 교제를 하기란 현실적으로 매우 어렵다. 따라서 닫힌 셀은 가족공동체로서의 교제가 가능한 사람들로 제한한다. 닫힌 형태의 셀과 열린 형태의 셀을 비교하면 다음과 같다.

	닫힌 셀	열린 셀
자격	교회의 정회원	정회원, 새신자, 불신자
전도	수적 증가가 느림	수적 증가가 빠름
교제	영적 가족 경험 가능	피상적 수준의 교제
모임	모임 시간이 비교적 길다	모임 시간이 비교적 짧다
배가	긴 시간	짧은 기간

열린 셀 닫힌 셀의 혼합형

1) 교회학교와 셀의 혼합

닫힌 형태의 셀이 바람직하지만 셀로서 불신자들과 접촉할 기회가 없다면 그 셀은 전도하지 않는 병에 걸릴 수도 있다. 셀(세포)이 배가하지 않으면 결과적으로 그 세포는 암세포가 될 우려가 있다. 셀 구성원들 간의 강한 결속과 사랑을 즐기는 일 때문에(이를테면 코이노니티스 질병[8]), 전도하는 사역을 게을리 하지 않기 위해 열린 형태의 셀과 닫힌 형태의 셀을 적절히 조화시킬 필요가 있다. 그러한 노력의 일환으로 닫힌 형태의 셀이 비회원이나 불신자들을 셀로 초청하여 교제할 수 있을 것이다. 더 나아가 교회의 구조와 제도 속에서 셀에 속한 사람들과 아직 셀 구성원이 되지 못한 사람들에게 정기적으로 만날 기회를 준다면 문제를 어느 정도 해소할 수 있을 것이다.

불신자 또는 비회원들과 정기적 모임이 있는 교회가 목산침례교회이다. 목산침례교회는 교회에 출석하는 모든 사람들이 매주 주일에 주일학교 반에 소속되어 성경을 공부한다. 이 주일학교 반은 교회의 정회원과 정회원이 되지 않은 교인들을 같은 반으로 편성한다. 이로써 교회의 정회원들은 매주 성경공부 시간에 비회원들과 지속적으로 만나고 교제함으로써 전도의 기회 또는 교회의 정회원이 되어 셀원이 될 수 있도록 격려하며 섬기게 된다. 그리고 주중의 정회원들만의 닫힌 셀 모임을 갖는다.

2) 셀 스태프형 모델

미국의 버클랜드 침례교회는 열린 형태의 셀로 전환하면서 셀 스태프(cell staff) 모임 제도를 활용해 한 셀 속에 닫힌 셀과 열린 셀을 동시에 가지는 모델을 개발했다. 예를 들어 10명의 셀원이 있을 경우 그 셀에는 목자, 예비목자, 회계, 찬양인도자, 총무 등 5~6명의 셀 스태프가 핵심 셀원이 되어 별도의 모임을 갖는다. 이 모임은 철저히 닫힌 형태의 셀로서 삶의 깊은 것들을 나눈다. 하지만 새신자나 불신자들 모두 열린 셀을 주중에 가짐으로써 먼저 성숙한 그리스도인의 삶의 본을 받을 수 있는 기회를 제공하고 영적으로 어린 사람들이 그 뒤를 따라가도록 큰 도움을 준다. 열린 형태의 셀과 닫힌 형태의 셀에 관하여는 제11장에서 더 깊이 다루기로 한다.

셀 속의 작은 그룹들

흔히 셀 교회로 전환한다고 할 때 주로 일 주일에 한번 셀 모임을 갖는 것으로 만족한다. 그러한 전환은 결코 성공할 수 없다. 셀 교회란 한 주에 한 번의 셀 모임만으로 만족하는 것이 아니라 주중에 셀원들 간의 교제와 전도활동을 계속하면서 전체적으로 일 주일에 한 번 셀 모임을 해야 하기 때문이다. 이 일을 위해 셀 그룹 속에는 두 종류의 하부 그룹들(sub-groups)이 있다. 이 그룹은 셀 그룹을 통하여 훈련을 받으며 전도하는 것으로 전도 소그룹이다.

일대일 양육관계(Sponsor-Sponsee) - 돌봄(Caring)을 위하여

소그룹으로서의 셀의 장점은 새신자 또는 양육이 필요한 구성원을 효과적으로 돌보며 양육하는 것이다. 어떻게 이것이 가능한가? 양육인과 피양육인의 일대일 관계로 가능하다. 이 관계 속에서 영적으로 미성숙한 셀원이 개별적인 돌봄을 받으며 그의 개인적인 필요를 충족받는다. 이러한 양육관계는 구성원의 영적 상태에 따라 목자와 예비목자의 책임 하에 맺어진다.[9]

전도 소그룹(Share Group) - 나눔의 그룹

셀 그룹 속에 존재하는 또 다른 하부 그룹(sub-group)은 나눔의 그룹, 또는 전도 소그룹으로 부르는 전도 목적의 소그룹이다. 일반적으로 한 개의 셀은 2~3명을 한 조로 하여 3~5개의 전도 소그룹을 갖는다. 이들이 그룹 단위로 전도를 위한 소그룹 활동을 한다. 이들 소그룹들은 전도 대상자를 발견하면 두세 사람이 함께 기도하고 접촉할 기회를 만들어 함께 전도한다. 이들은 함께 운동, 식사, 취미 활동 등을 통해 먼저 전도 대상자와 사귀고 전도 대상자가 마음을 열면 복음을 전한다.

전도 소그룹은 보통 10주간 존속하다가 전도 대상자를 전도하면 해체한다. 10주가 지나도 전도 대상자의 마음이 열지 않으면 다른 셀원들로 구성하여 다시 새로운 전도 소그룹이 전도하는 일을 감당한다. 이 나눔의 그룹에서는 불신자를 접촉하여 셀 모임에 초청하고 교회의 예배나 전도 집회 등에 초청하여 복음을 전하여 결신을 얻도록 노력한다. 일단 결신하면 교회의 회원이 될 수 있도록 안내하고 침례를 받을 때까지 계속 도와준다.

셀 모임(Cell Meeting Agenda)

저녁시간에 셀 모임을 한다. 교회가 아닌 가정에서 2시간 또는 그 이상의 시간을 모인다. 한 가정에서만 모이는 것이 아니라 가급적이면 셀원들 가정을 돌아가면서 모인다. 영적 가족으로서 한 주에 한 번 모이기 때문에 가장 편리하고 적절한 시간대를 찾아 모임을 갖는다. 셀 모임은 성경공부 모임이 아니고 가족이 함께 하는 시간이므로 한 주간 동안 있었던 자신들의 삶을 나눈다. 일반적으로 셀 모임은 다음과 같이 네 가지 요소를 순서에 따라 포함시킨다. 이 네 가지는 영어단어 첫 글자를 따서 4W라고 부른다.

환영(Welcome) : 10~15분

이 시간은 셀 모임의 시작이다. 일 주일 동안 떨어져 있던 셀 가족들의 서먹서먹함을 부드럽고 화기애애한 분위기를 만들어 서로가 마음을 열게 해준다. 일반적으로 간단한 게임을 하거나 긴장을 풀 수 있는 활동을 준비해 모든 셀원이 적극적으로 참여하도록 해서 마음을 열도록 한다.

예배 및 찬양(Worship) : 20~30분

하나님과의 관계가 이루어지는 시간이다. 찬양 인도자는 미리 특정한 찬양의 주제를 중심으로 선곡하여 자연스럽게 하나님을 찬양하는 일에 셀원들이 몰입하도록 인도한다. 하나님을 높이며 경배하는 시간이므로 신중하게 찬양을 준비하여 모든 셀원들이 적극적으로 주님을 찬양하고 예배하도록 인도하는 시간이다.

말씀(Words) : 1~2시간

셀 모임의 절정이라 할 수 있다. 말씀에 비추어 본 자신의 삶을 이야기하고 함께 주님을 경험하는 것을 목적으로 한다. 셀원 각자가

QT를 통해 깨달은 말씀이나 주일 예배에 들은 설교 말씀을 통해 도전받은 내용들을 나누는 시간이다. 이때 목자는 셀원들의 나눔 속에서 성령께서 무슨 말씀을 하시기를 원하는지에 초점을 맞추어 주의 깊게 듣고 그 주제를 모든 셀원들이 함께 나눌 수 있도록 토의를 주재한다. 이렇게 해서 이 시간에 그 주제와 관계된 각자의 문제를 해결한다. 회원 모두가 적극적으로 토의에 참여해야 한다. 또한 구성원 모두가 서로 격려, 위로, 도전, 권면, 책망을 적절하게 할 수 있어야 한다.

비전(Works) : 20~30분

전도 소그룹이 한 주 동안 전도 대상자들과 접촉하여 이룬 진전이나 어려움 등을 함께 나누는 시간이다. 즉 각 전도 소그룹이 한 주간의 사역을 보고 하는 시간이다. 비록 한 전도 대상자를 한 전도 소그룹이 만나지만 이 시간에 그 결과들을 나눔으로써 모든 셀원이 함께 지원하고 기도한다. 이 시간을 통해 전도 소그룹이 전도한 사람이 셀이나 교회에 나오면 이미 기도로 그 영혼을 위해 간구한 셀원 모두가 이 사람을 전도한 것이다. 따라서 비전을 나누는 시간은 자연스럽게 기도모임으로 이어진다. 앞서 나눔의 시간이나 토의시간, 또는 비전을 나누는 시간에 목자가 메모해 둔 내용을 중심으로 합심하여 기도하는 시간이며 서로를 위해 기도해 주는 시간이기도 하다.

셀 교회에서의 성경교육 및 훈련

셀 교회가 셀 모임과 셀 활동을 강조함으로써 말씀 교육과 훈련을 하지 않으면 특정한 영역의 제자훈련을 받지 못하는 결과를 초래할 수도 있다. 따라서 성경을 기본으로 공부할 수 있는 기관이 필요하다. 이러한 기관을 통하여 제자로서의 삶을 배울 수 있도록 함은 매우 중요한 일이다. 이를 위하여 셀 교회들은 성경훈련학교나 교회학교 또는 제자훈련반을 운영해야 한다. 셀 교회는 성경교육과 훈련을 어떠한 이유로든 약화시키거나 생략해서는 안 된다. 셀 교회에서의 셀이 가정이라면 학교에 해당하는 교육기관은 마땅히 있어야 한다. 가정과 학교, 이 두 곳은 인간의 배움을 위한 가장 중요한 장소다. 이와 마찬가지로 셀은 영적 가정으로서, 성경학교나 훈련학교는 기초적인 지식을 습득하고 경험하게 해주는 학교로서의 역할을 감당한다. 따라서 셀 교회의 가장 중요한 기관은 셀과 성경훈련학교이다.

셀 교회에서의 성경교육이나 제자훈련에 관한 또 다른 접근은 성경훈련학교를 따로 두지 않고 셀 그룹 속에서 직접 훈련하는 것이다. 이 방식은 영적 지도자로서의 목자와 셀원들 간의 영적 관계를 공고히 해주며 전인적인 관심과 돌봄을 가능케 해준다. 그러나 한 목자가 모든 훈련과정을 담당하기에는 여러 면에서 힘들다. 따라서 지원체제로서의 전체 교회가 이 부분을 감당해 주어야 한다. 성경교육과 제자훈련을 위한 성경훈련학교에 대하여 제12장에서 자세히 다루기로 한다.

후주

1) Ralph Neighbour, Jr.는 그가 인도한 한 셀 교회 세미나에서 이와 같이 셀 교회를 정의한 바 있으며 대부분의 셀 교회에 관한 서적들이 그의 이와 같은 정의를 따르고 있다.
2) Ralph Neighbour, Jr., 「셀 교회 지침서」, 장진우 역 (서울: 도서출판 NCD, 2000), 149.
3) '교회 속의 작은 교회들'이라는 의미의 이 용어는 독일의 경건주의자 필립 제이콥 스페너(Phillip Jacob Spener)로부터 진젠도르프(Zinzendorf)와 요한 웨슬리(John Wesley)로 이어지는 개념이다.
4) David Finnell, 「셀 교회 평신도 지침서」, 박영철 역 (서울: 도서출판 NCD, 2000), 23.
5) Ibid., 29.
6) Ibid., 29~30.
7) Ralph Neighbour의 개념을 저자가 발전시켜 도표화했음.
8) 이 용어는 영어로 koinonitis로서 교제에만 치중함으로써 전도를 비롯한 교회의 퍼져나가는 기능을 수행하지 않거나 또는 "여기가 좋사오나 여기에 초막 셋을 짓겠습니다"라는 태도에 고착된 상태를 일컫는 말이다
9) Ralph Neighbour, Jr., 301-5.

제10장

셀 그룹의 실제

생물학적 세포와 셀 그룹

셀은 생물학 용어이다. 셀 교회로 부르는 이유는 셀 교회의 기본 단위가 셀이며 그것의 총체가 그리스도의 몸을 이루는 생명체라는 사실에 기초했기 때문이다. 그런데 셀 그룹의 실제에 있어서 소그룹을 연구한 사람들의 발견은 매우 유익함을 볼 수 있다. 사실상 셀 그룹과 소그룹은 본질에 있어서 동일한 면이 많다. 이 때문에 이러한 도움은 큰 무리가 아니다. 따라서 본 장에서는 소그룹과 셀 그룹을 뚜렷하게 구분하지 않고 사용할 것이다. 트루딩거(Ron Trudinger)는 생물학적 세포구조와 교회 셀의 원리를 어떻게 병행했는지를 다음과 같이 셀(세포)의 특성들과 비교하여 제시한다.[1] 그의 이와 같은 제시는 생물학적 세포 구조 속에서 교회의 셀이 배워야 할 원리들을 제공한다.

축소형들

셀 자체가 하나의 작은 생명체이듯이 교회의 셀도 하나의 작은 생명체이며 교회 속의 작은 교회이다.

다양성

세포는 모양, 구조, 기능 등이 다양하다. 막대 모양, 나선형, 직사각형, 공 모양, 데이지 꽃 모양, 눈송이 모양, 완두콩 모양, 작은 방울 모양 등으로 다양하다. 교회의 셀도 모양과 모델이 다양하다. 다양성과 융통성은 건전한 성장과 유지를 위해 필수적이다.

핵

핵은 세포 중심에 통제와 권위의 본부로서, 유기체의 존속을 위한 청사진이 있다. 교회의 셀도 그 자체를 통제하고 돌보며 인도하는 합당한 지도자와 영적 권위가 있어야 한다.

공동체

세포들은 다른 세포들과 '고도의 복합적인 공동체적 삶'에 의존하여 존재한다. 교회의 셀도 다른 지체인 셀들과 상호의존적 관계를 지님으로써 전체로서의 그리스도의 몸인 교회를 성장·발전시켜 나간다.

전파(퍼져나감)

세포에는 골기체(Golgi Complex)가 있다. 이 골기체를 통해 각 세포에서 생산되는 양분이 세포로 나간다. 교회의 셀도 그 셀이나 교회 자체만을 위해 존재하지 않고 주위의 이웃을 섬기는 사역을 담당하여 교회가 가지는 하나님의 풍성함을 나눈다.

재생산

세포의 번식은 두 개의 다른 세포(mitosis)라 불리우는 변형을 통해 가능하다. 교회의 셀도 제자 삼는 사역을 통해 둘로 나누어지며 배가된다.

보호

세포 속에는 리소좀(Lysosomes)은 세포를 보호하고 치유한다. 리소좀은 세포를 파괴하는 바이러스에 맞서는 항체를 생산해낸다. 교회의 셀도 사탄의 공격에 의한 영적 전쟁으로부터 셀원들을 보호한다.

개인주의

각 세포 안에는 법을 깨뜨리고 날뛰는 '거스리는 개인주의자'가 있다. 세포의 변형을 일으키고 셀 자체를 비정상적으로 만드는 암세포와 같이 교회의 셀에도 독자적 행동 등으로 통해 셀과 교회를 망가뜨리는 사람이 있다.

왜 셀 그룹인가?

우리는 여기에서 성서적·신학적 이유를 떠나 실제적인 필요에 따른 셀 그룹의 필요성을 살펴본다.

소그룹은 인간 성장의 기본 장소이다.
인간의 생활 가운데 소그룹은 매우 중요한 위치를 차지한다. 소그룹과 관계를 맺지 않고 살아가는 사람은 아무도 없다. 따라서 인간에게 소그룹은 인간을 존재할 수 있게 해주는 핵심적 요소 가운데 하나다. 예를 들어 인간은 태어나면서부터 가정이라는 소그룹에 소속되어 성장한다. 또한 인간은 성장하면서 다양한 소그룹에 속하여 자신을 계속 성숙시켜 나가며 온전한 사회적 존재가 된다. 이러한 점은 하나님의 자녀로 거듭나고 성장해 가는 영적인 면에도 그대로 적용된다. 우리는 그리스도인으로서 교회에 소속되어 그 속에 있는 다양한 소그룹을 통해 성장한다.

교회는 근본적으로 소그룹을 활용하여 성장하고 유지된다.
교회 내에는 많은 종류의 소그룹이 있다. 이 소그룹들의 성장과 확장을 통해 교회는 성장하고 유지해 나간다. 예를 들어 주일학교의 반이나 구역예배모임, 여전도회나 형제회의 조직 역시 그 속에 작은 그룹을 두어 운영하고 있다. 뿐만 아니라 선교활동, 음악활동, 각종 봉사 등을 소그룹으로 하고 있다. 비록 이것들이 셀 교회가 말하는 셀로서의 소그룹이 아니더라도 이러한 소그룹들이 기존의 교회 구조의 근본을 이루고 있다.

소그룹이 교회에서의 교육 방법이다.

소그룹을 통하여 개인의 의견을 발표하고 평가를 받으면서 인간관, 윤리관, 가치관을 정립한다. 또한 진정한 인격적 만남을 통해 서로가 서로를 고무하고 격려하는 가운데 학습활동이 활발하게 전개된다. 바로 이런 특징 때문에 소그룹이 중요한 것이다. 특히 기독교 교육에 있어서 교회의 교육적 사명을 이루며 그리스도인으로서의 삶이 새롭게 변화되고 성장되며 개혁될 수 있도록 하는데 소그룹을 사용한다. 특히 성인들이 교회에서 배우는 학습방식은 어릴 때의 객관적 모드(objective mode)로부터 청년기의 주관적 모드(subjective mode)에 비하여 다른 사람들과의 관계성을 중심으로 하는 관계적 모드(relational mode)에 의해 이루어진다는 점에서 셀 그룹은 신앙 교육의 매우 중요한 방법이다.[2]

전요섭은 그의 저서에서 그룹 방법은 다른 어떤 교육 방법보다 우선해야 한다고 주장하면서 그 이유를 다섯 가지로 제시한다.[3]

1) 심리적으로 아늑하여 의사소통과 감정표현이 자유롭다.
2) 참가의 기회가 많으며 학습 평가도 많고 학습 동기가 고조된다.
3) 개인의 인격이 중시되고 개인적 책임감을 증대한다.
4) 자발적 자기 결정적 지도행위를 기를 수 있다.
5) 집단을 지도하는데 쉽다.

한편, 리틀(Sara Little)은 그룹 학습 방법이 기독교 교육학적 의미를 지니는 이유를 다음과 같이 주장한다.[4]

1) 그룹 속에서의 성도의 교제를 통해 하나님의 진리를 빠르게 이해할 수 있다.
2) 그룹 방법은 기독교 신앙의 본질에 따라 요구되는 특수한 학습이 된다. 진리는 언어가 아닌 인격을 통해 배운다.
3) 교회의 그룹들이 각 개인을 보살피고 도와줌으로써 개인은 그룹의 친교에 깊이 뿌리를 박고 여기서 새로운 삶을 구현하게 된다.

미래 교회의 대안이 소그룹이다.

Charles E. Fuller Institute of Evangelism and Church Growth의 책임자인 칼 조지(Carl George)는 「미래를 위해 당신의 교회를 준비하라」는 자신의 저서에서 미래 교회를 위해 소그룹이 중요한 이유를 다음과 같이 진술했다.

1) 개인적 관여(personal touch)에 대한 갈망
2) 새로운 가능성에 대한 계속적인 필요
3) 세상에서 발생하는 일들에 대한 해석이 주어질 장소의 필요
4) 급격한 변화에 대처할 교회의 구조
5) 사람들을 사역으로 인도할 장소의 필요
6) 개개 교인의 삶과 사역에 동기 부여할 수 있는 방법

7) 사람을 다룰 수 있는 조직적 구조
8) 각 사람을 돌볼 방법

지난 30여 년간 소그룹은 전 세계적인 현상으로서 사회 전 분야와 인간 삶의 모든 영역에서 폭발적인 양상을 보여 왔다. 이러한 현상은 포스트모던 사회에서 더욱 고조될 것이다. 리드(Reid)의 다음과 같은 주장은 일리가 있다.

"최근에 기도회로부터 인격 성장 그룹까지 각양각색의 소그룹이 탄생했다. 부부 간의 대화그룹도 한 예이다. 우리가 상상할 수 있는 모든 종류의 소그룹의 폭발적 상태에 놓여 있다. 범죄학, 정신위생, 사회사업, 경영, 성인교육 등 각 분야에서 소그룹을 적극적으로 활용하고 있다. 교회도 소그룹의 폭발적 관심에서 제외된 것은 아니다."5)

리드는 이러한 현상의 주된 이유를 현대인의 깊은 욕구 때문이라고 지적한다. '밀접한 인간관계의 목마름'과 아울러 급변하는 사회 속에서 인간은 안정감과 소속감을 얻고 싶어한다고 리드는 지적한다.6)

소그룹은 군중 속에서 찾을 수 없는 사랑과 용납에 대한 인간 욕구를 채울 수 있다. 리드는 소그룹에 관한 그의 신념을 다음과 같이 네 가지로 제시한다.7)

1) 교회의 목회자가 소그룹 지도를 중요한 임무로 깨닫는다면 그 교회의 목회 사역은 크게 증진될 수 있다.
2) 모든 종류의 그룹 활동에는 공통의 역동적 과정이 있다. 모든 그룹 지도자들은 이 역동성을 크게 활용할 수 있다.
3) 소그룹은 교회의 참된 사명을 수행하게 하는 데 큰 잠재력이 있다.
4) 소그룹의 인간관계 훈련모임에서 실험한 '함께 서로 나누는 지도력'의 가능성은 교회의 장래에 큰 희망을 준다.

셀 그룹의 목표

맥브라이드(McBride)는 소그룹들의 모델이 다양한 만큼 그 목표도 다양하겠지만 모든 그룹들에게 적용되는 것들을 성서에서 찾아 다음과 같이 정리했다.[8]

첫째, 성서적인 사랑의 육성(요 13:35; 고전 13:13; 갈 5:13; 엡 5:2; 요일 4:7, 11, 21), 둘째, 교제(코이노니아)와 연합의 증진(행 4:32; 롬 12:5; 고전 12:12, 25; 엡 4:3, 5, 13; 요일 1:3, 6~7), 셋째, 그리스도의 몸을 세움(롬 14:19; 엡 2:19~22; 4:11~16; 골 1:10~12, 28; 2:6~7), 넷째, 영적 은사의 계발(롬 12:6~8; 고전 12:4~11)이다.

트루딩거는 소그룹의 목표를 여섯 가지로 제시한다.[9]

상호의존성(interdependence)

소그룹의 중요한 목표 중 하나는 구성원들이 서로의 짐을 나누어 지며 서로를 격려하는 관계를 형성하는 것이다. 주님이 우리의 짐을 지시는 주된 방식은 그의 몸인 교회, 즉 모든 지체들이 '서로 짐을 지는 교회'를 통해 이루신다(갈 6:2). 작은 그룹의 지체들이 서로를 알게 되고 모든 사람들이 참여할 때 장벽들이 무너지고 진정으로 서로 격려할 수 있다(살전 5:10~11).

경계와 바르게 함

사랑으로 자신을 돌보아주는 인도자 밑에서 자신의 가면과 자기기만, 자기만족, 변화에 대한 거부감 등을 극복할 수 있다. 경계하며 교정하는 사람과 그것을 받는 사람 사이의 사람의 관계를 늘 확인하며 그러한 사랑 때문에 개인 문제까지도 경책하고 권면할 수 있는 관계가 필요하다. 그런 관계는 소그룹을 통해 가능하다.

가르침

하나님의 나라에서 열매 맺는다는 말은 그리스도인의 삶에서 결과와 가치가 있고 효율성이 있다는 것을 의미한다. 개인적 관점에서의 열매는 사랑, 희락, 화평, 자비, 양선 등이며(갈 5:22~23) 단체적 관점에서의 열매는 다른 사람들을 축복할 수 있는 것을 의미한다. 그러기 위해 각자는 그리스도 안에 거하는 삶을 살고 열매 맺는 삶을 배워야 한다. 소그룹이 이러한 요청을 충족할 수 있다. 단순한 지식 전달이나 이해가 아닌, 본을 통한 가르침이 소그룹에서 가능하기 때문이다.

공급

마케도니아 교회들이 '성도 섬기는 일에 참여함에 대하여 우리에게 간절히 구했다'(고후 8:4)고 기술한 바울은 뒤이어 섬김과 공급에 대하여 '이 봉사의 직무'라고 표현했다(고후 9:12). 또한 사도행전 4장 34절에서 우리는 "그 중에 핍절한 사람이 없었다"는 말씀을 읽을 수 있다. 이러한 공급은 교회를 통해 이루어졌고 각 사람의 사정을 가장 잘 알 수 있는 곳이 곧 셀이다.

자극을 줌

자극과 격려야말로 사람들을 침체에서 벗어나 새로움과 신선함으로 들어가게 하는 촉매재다. "서로 돌아보아 사랑과 선행을 격려하는"(히 10:24) 일을 통해 소극적인 성격의 삶이 적극적으로, 부정적인 사람이 긍정적인 사람으로 바뀔 수 있다. 이러한 일은 소그룹 속에서 개인적인 돌봄을 통해 가능하다.

보호와 안전

하나님은 우리를 악의 세력에서 구해주시고 우리의 피난처가 되신다(시 46:1). "저가 너를 그 깃으로 덮으시리니 네가 그 날개 아래 피하리로다"(시 91:4)는 말씀의 실제적이고 현실적인 제안은 주의 몸 안에 있는 사람들이라는 사실을 알려준다. 시편 27편 4~5절에서 다윗이 계속적으로 언급하고 있는바 자신을 숨기시고 지켜주는 장막이 단순히 물리적인 장막이 아님이 분명하다. 또한 히브리서 3장 6절에서는 하나님의 백성을 그 집으로 부르고 있다. 하나님의 보호와 안전을 보장해 주는 교회의 소그룹은 결혼의 회복, 가정질서의 회복, 경제적 문제의 회복, 직업, 거주, 장래문제, 봉사, 인격의 완성, 건강과 치유 등 삶의 전반에 걸쳐 영향을 미친다.

셀 그룹의 크기(Size)

소그룹의 인원에 관해서는 다양한 견해가 있다. 작게는 2명으로부터 20~30명까지를 보기도 한다. 레이포트(Martha M. Leypodt)는 15명 이하를 소그룹으로, 그 이상을 대그룹으로 본다. 그런가 하면 피셔(Fisher)는 소그룹은 최소 3명 이상부터 목적에 따라 그 수를 결정해야 한다는 다소 신축성 있는 입장이다. 위브(Michael Wiebe)는 2~8명으로 보았다. 그는 8명 이상이 되면 전체 구성원의 참여가 어려워지기 때문에 소그룹이 가지는 장점을 누릴 수 없게 된다고 주장한다. 구성원의 적극적인 참여를 위하여 가장 효과적인 숫자에 관하여 해크맨(Hackman)과 비드말(Vidmal)는 하바드 및 예일 대학생들을 대상으로 한 조사한 결과 5명이라고 한다.

트루딩거는 소그룹의 이상적 숫자를 10~12명으로 보았다. 첫째, 이스라엘이 열두 지파인 점, 둘째, 이스라엘의 최소 단위 책임자가 십부장이었던 점(출 18:19~22), 셋째, 예수님의 제자가 12명이었다는 점(막 3:12~13), 넷째, 바울의 전도팀 일행이 10명이었다는 점(골

4:7~14)을 그 이유로 들었다.

랄프 네이버는 8~15명을 소그룹의 적정 수로 보았다. 그 이유는 최초로 한 셀 그룹을 시작할 때 8명으로 시작하여 배가가 되었을 때 그 숫자가 리더를 제외하고 15명이 되기 때문이다. 15명에 도달하면 다시 그 셀 그룹을 둘로 나누어야 한다는 논리이다.

셀 그룹 교회에서의 셀 그룹의 크기는 교회마다 다르다. 그러나 구성원 간의 인격적 사랑의 관계와 서로를 책임지는 관계가 되기 위해서는 소그룹의 인원이 중요하다. 영적 역동성이 있으려면 그 수가 너무 적어도 안 되고 너무 많아도 안 된다. 한 사람이 지휘할 수 있는 숫자가 8~9명이기에 전통적으로 군대의 최소 단위인 분대는 8~9명으로 구성했다. 그러한 의미에서 셀은 8~10명(리더 포함)이 좋을 것 같다.

셀 그룹의 기능

아이스노글(Icenogle)은 소그룹의 기능을 다음과 같이 설명하는데 이는 셀 그룹이 가지는 기능과 동일한 수준의 기능이다.[10]

죄를 고백하고 치유하는 공동체로서의 소그룹
"이러므로 너희 죄를 서로 고하며 병 낫기를 위하여 서로 기도하라 의인의 간구는 역사하는 힘이 많으니라"(약 5:16).

위의 말씀과 같이 소그룹은 죄, 숨은 동기와 피상성, 학대 등을 서로 솔직하게 고백함으로써 용서와 치유가 이루어지는 기능이 있다. 죄의 고백이 이루어지려면 구성원 서로에 대한 신뢰와 상호의존관계가 이루어져야 한다. 또한 개방성과 정직성이 있어야 한다.

심리학자나 상담학자가 말하는 집단 치유(group therapy)가 발생하는 곳이 바로 소그룹이다. 집단 치유는 서로의 삶과 문제를 나누는 가운데 어떤 사람의 문제와 그 해결방식이 동일하거나 유사한 문제를 가진 사람에게 모델이 되어(role modeling) 그 사람의 문제가 해결되는 것이다. 어떤 사람이 자신의 문제를 고백하면 다른 사람들의 사랑 어린 용납과 함께 책임지는 분위기 속에서 그 문제가 어렵지 않게 해결되는 것이다.

기도 공동체로서의 소그룹

기도는 하나님과의 친밀한 관계 속에서만 가능하고 친밀성을 개발시켜준다. 따라서 그룹에서 다른 구성원들과 함께 기도한다는 말은 자신이 하나님과 가장 정직한 대화를 다른 사람들 앞에서 가진다는 말이다. 이렇게 하려면 독단적인 신앙생활을 포기하고 소그룹의 절대적 필요를 깊이 인식해야 한다.

세상 속에서 치유 기관으로서의 소그룹

소그룹 속에서 죄의 고백과 용서를 경험한 구성원들은 개인적인 차원과 아울러 그룹 자체가 치유되는 경험을 갖는다. 이러한 치유의 경험을 세상 속으로 확대하는 기능이 있다.

사랑공동체로서의 소그룹

성경에서 말하는 그리스도인들 간의 사랑의 수준은 형제를 위하여 목숨을 버리는 수준이다. 이런 사랑은 예수께서 주신 새 계명 속에서도 명백히 나타나 있다.

"…내가 너희를 사랑한 것 같이 너희도 서로 사랑하라…"(요 13:33~34).

이러한 자기 희생적인 사랑은 요한일서에서도 일관되게 요구하고 있다.

"그가 우리를 위하여 목숨을 버리셨으니 우리가 이로써 사랑을 알고 우리도 형제들을 위하여 목숨을 버리는 것이 마땅하니라"(요일 3:16).

서로 사랑하는 것이야말로 교회에서 함께 하는 삶의 요건이다. 그것은 교회의 본질이면서 그리스도인의 근본이기도 하다. 소그룹에서 구성원 각자는 중요한 존재이다. 따라서 소그룹은 사람 사랑하는 일이 중심이 되어야 한다. 사랑하는 것은 의도적이고도 희생적으로 자신의 삶을 나누어주는 것이다. 소그룹은 예의 있는 언어를 쓰는 유쾌한 모임이 아니라 가족으로서 생각, 감정, 고통과 기쁨 등 모든 것을 나누면서 개인의 필요를 채우는 곳이어야 한다.

소그룹의 발전 단계

사람들은 큰 기대와 열망으로 셀 그룹에 속하기를 바란다. 하지만 셀 그룹에 속하고 셀 그룹을 이루어가는 일은 그렇게 낙관적이지만은 않다. 소그룹의 발전 단계를 연구한 많은 학자들은 소그룹 자체가 하나의 생명체로서 탄생하여 성장하고 다시 번식하는 일련의 과정을 거친다는 사실을 밝혀주었다. 따라서 소그룹의 발전 단계에 대한 적절한 지식과 이해가 있어야 그 과정에서 생기는 여러 상황을 당황하거나 두려워하지 않고 다음 단계로의 발전하는 과정에서 겪는 자연스러운 일임을 인식하고 적극적으로 대할 수 있다.

바커(Steve Barker)는 소그룹의 발달 단계를 탐색기, 변화기, 행동기, 종말기로 나누고 그 특징을 다음의 도표와 같이 설명한다.[11]

	탐 색 기	변 화 기	행 동 기	종 말 기
그룹 구성원의 생각	내가 이 그룹에 속해있는가? 나에게 기대하는 것이 무엇인가? 나는 다른 구성원들에게 무엇을 기대할 수 있는가?	내가 이 그룹을 신뢰할 수 있는가? 이 그룹은 누구의 그룹인가? 이 그룹은 목표를 향해 제대로 가고 있는가?	무엇인가를 해야겠다. 모험이라도 감수하겠다 다른 구성원들에게 자신을 나타내 보이겠는가?	그것은 가치 있는 일인가? 나 자신에 대해 배운 것이 무엇인가? 또 다른 구성원에 대하여 배운 것은 무엇인가?
그룹 구성원의 느낌	기대 불안 흥분	긴장, 분노, 불안, 욕구 불만, 성급함	수용 자유 결의	온화, 존경. 이해, 평가, 섭섭
그룹 구성원의 행동	정보 제공, 다른 구성원을 받아들임	자신에 대한 자서전적 소개	긍정적인 느낌을 나눔. 평가의 기회	사랑과 존경의 표현, 서로에게 감사

이 도표에서 보는 바와 같이 셀 그룹이 형성되면 그 그룹원들은 진정한 사랑과 용납이 이루어지며 영적 가족으로서 사랑을 나누는 셀이 되기를 바란다. 그리고 그런 기대와 흥분의 감정을 가지고 다른 구성원들과 좋은 관계를 가지려고 노력한다. 이 단계는 일종의 신혼기라고도 할 수 있다. 이 단계에서는 서로를 참아주고 받아주려는 노력이 필요하다.

두번째 단계는 변화기이다. 이 단계에 접어들면 자신이 속한 셀 그룹원들의 누적되고 반복되는 문제점들을 더 이상 참을 수 없다고 생각한다. 그리고 긴장, 분노, 불안, 욕구 불만, 성급함의 감정으로 힘들어 한다. 일종의 갈등기이다. 그러나 어러한 갈등현상은 오히려 다음 단계로의 발전을 위해 필요한 건설적 과정으로 이해해야 한다. 사람은 자신에게 잘해주는 사람들에게 친절하다. 하지만 성경에서 요구하는 사랑은 서로의 짐을 지고 서로를 섬기며 돕는 사랑이라는 점에서 상대방의 연약함과 허물을 용납하는 훈련을 받는 단계로서 이 변화기는 매우 중요하다. 열망과 기대로 시작한 셀 그룹이 얼마 가지 않아 셀원들 서로 간의 상처와 갈등 때문에 셀 자체가 깨지는 경우가 있다. 변화기에 대한 이해가 없기 때문이다.

사실상 셀 그룹이 생겨나 성장, 발전하는 전체 과정에서 변화기가 가장 중요하다. 변화기에서 사람들은 조급해지며 자신이 속한 셀에 그 사람만 없으면 좋아질 것이라고 생각한다. 그 사람 때문에 자신이 속한 셀이 성장하지 못한다고 결론을 내리고 그 사람을 포기하는 방향으로 나아가는 위험성이 있다. 그렇기 때문에 이 단계에서 셀원들 간의 갈등과 부조화는 종종 다툼의 형태로 나타나기도 한다. 그러나 셀의 이 단계를 건강한 과정으로 받아들이고 믿음과 성령께서 주시는 사랑으로 다툼과 갈등을 극복하는 지혜와 용기가 필요하다.

세번째 단계인 조화기에는 갈등 단계를 극복하고 셀원의 바람직하지 못한 모습도 수용해 주고 참된 셀을 이루려는 결의를 다지며 자신을 헌신한다. 자신에게 어려움을 주는 구성원을 받아들이고 그들의 단점을 오히려 장점으로 승화할 수 있도록 도우며 함께 성장한다. 또한 자신을 힘들게 하는 셀원 때문에 갈등하는 자신의 미성숙함을 발견하고 자신을 조정한다.

마지막 단계는 종말기로서 한 셀을 성장시키고 이제는 다른 셀을 탄생시키는 단계이다. 이 단계에 들어가면 구성원들은 서로에 대한 사랑과 감사와 존경의 감정을 표현한다. 그리고 또 다른 한 셀을 만들기 위해 헤어져야 한다는 사실에 아쉬워 한다.

셀 그룹의 존속 기간

한 셀이 탄생하여 또 다른 셀을 탄생하는데 드는 시간은 얼마일까? 또는 한 셀이 존속하는 기간이 얼마일까? 이러한 질문에 대한 답은 셀을 통해 기대하는 바가 무엇인가에 따라 달라진다. 일반적으로 열린 셀을 하는 경우 그 셀의 존속기간은 짧다. 하지만 영적 가족 공동체 경험에 중점을 두는 닫힌 셀은 그 존속기간이 열린 셀보다 길다.

6개월~1년으로 보는 견해

전도를 중점으로 하는 열린 셀을 강조하는 경우 한 셀의 존속 기간은 짧게는 6개월, 길게는 1년이다. 이 견해에 따르면 1년이 지나서도 셀 그룹이 배가하지 않으면 인위적으로라도 그 셀 그룹을 해체하고 새로운 구성원들로 재구성해야 한다고 주장한다. 그 이유는 배가하지 않는 세포는 암세포로 변하는 것과 마찬가지로 영적 번식을 중단한 셀 그룹은 오히려 교회 내에서 문제를 일으킨다는 것이다. 따라서 교회는 매년 각 셀 그룹을 점검하고 재편성하는 일을 정기적으로 해야 한다. 이러한 방식은 지도자를 세우는 일을 1년 또는 그 이내로 잡음으로써 목자가 충분한 자격자가 아니거나 충분한 훈련 없이 임명되는 문제로 계속적인 배가나 질적인 영적 성장이 어려워진다.

2년 이상으로 보는 견해

한편, 영적 공동체로서의 가족 경험을 강조하는 셀 그룹의 경우 적어도 2~3년, 또는 그 이상으로 본다. 셀 그룹 구성원들 간의 영적 공동체 경험이 가능하기 위해서는 오랜 시간이 필요하기 때문이다. 구성원들 간의 관계를 중요하게 여기기 때문에 단순히 서로를 사랑하는 경험을 잠깐 해보는 것으로 만족하지 않는다. 사랑이 자연스런 생활이 될 수 있는 긴 시간을 요하는 것이다. 따라서 그러한 관계성을 중심으로 하는 목자의 배출에 관심을 두고 그러한 리더십이 생겨날 수 있도록 충분한 시간을 잡는다.

셀 그룹 리더의 자질

맥브라이드는 그의 저서에서 영적 원리에 대한 이해, 그리스도와의 관계 성장, 사람들을 돌보는 일에 헌신하는 마음(그리스도의 마음을 가진 사람), 섬기려는 강한 열망, 배우려는 자세, 필요한 시간의 대가 지불하려는 태도, 목자의 심정, 부모의 심정 등 여덟 가지를 소그룹 리더의 자질로 본다.[12]

도브교회의 수석목사인 크래이더는 실제적인 셀 사역을 감당한 목자(리더)들을 관찰한 결과로 셀 리더의 자질을 열두 가지로 제시한다.[13]

1. 겸손함으로 기꺼이 섬기려는 마음을 가진 사람
2. 셀 사역 경험이 있는 사람
3. 분명한 간증이 있는 사람(구원, 주님과의 사랑의 관계, 영혼을 돌봄 등)
4. 믿음이 있는 사람
5. 지역교회 비전을 지원하는 사람
6. 열정적인 사람
7. 새신자는 안 되고 실패의 경험을 가진 사람
8. 결혼한 사람들의 경우 배우자가 함께 할 수 있는 사람
9. 십일조를 하는 사람
10. 책임감이 있는 사람
11. 배우려는 마음이 있고 신뢰할 만한 사람

12. 자신의 부족함을 적절하게 느끼는 건강한 사람

셀 그룹에 도움을 주는 실제적인 원리

맥브라이드가 말하는 다음과 같은 소그룹에서의 실제적인 원리들은 셀 그룹을 인도하는 일에 많은 도움을 준다.[14]

원리 1: 사람들은 자신의 필요를 충족하기 위해 그룹에 가입한다. 즉 처음에 그룹에 가입하는 동기는 대개의 경우 자기중심적 동기이다.

원리 2: 그룹의 목표와 활동이 매력 있고 보상이 있을 때 그룹에 남는다. 일단 그룹에 참여한 사람들은 그곳이 자신에게 보상을 준다고 생각할 때 계속 모임에 참여한다.

원리 3: 사람들은 나이, 취미, 태도, 성격, 경제적 정도, 능력 등에 있어서 비슷한 사람들이 있는 그룹을 선호한다.

원리 4: 소그룹의 전체적인 참여는 그룹 사이즈의 증가에 따라 감소한다. 많은 사람들이 참여하면 그 속에 있는 개인이 자신을 표현하고 대화할 수 있는 기회가 줄어들게 되며, 결과적으로 소극적이 될 수 있다.

원리 5: 소그룹 사람들을 일반적으로 대그룹보다 소그룹을 더 긍정적으로 평가한다. 이러한 태도는 그룹원들로 하여금 자신이 속한 그룹에 애착을 가지게 한다.

원리 6: 그룹이 작을수록 리더십의 기회가 더 많다. 반대로 그룹이 클수록 지도자 한 사람의 역할을 기대하며 의존적이 되는 성향이 있다.

원리 7: 그룹이 만나는 물리적 장소가 그룹 맴버들의 태도와 활동에 영향을 미친다. 사람들은 공식적인 자리나 형식을 갖춘 자리보다는 비형식적인 자리를 더 편안해 한다. 따라서 셀 모임은 교회가 아닌 가정에서 하는 것이 건강한 셀 그룹 활동을 할 수 있다.

원리 8: 사교적으로나 인격적으로 적응력이 뛰어난 사람이 그룹의 기능에 영향을 끼친다. 이러한 사람들이 적절한 수를 이룰 때 셀 모임은 활성화되며 효율적인 셀이 된다.

원리 9: 오래 믿은 사람이 최근에 믿은 사람보다 그룹에 더 많은 기여를 하는 것은 아니다. 그룹에 대한 기여도는 믿은 시기보다는 성격과 흥분과 기대 정도에 따라 좌우되는 것 같다.

원리 10: 영적으로 민감한 셀원이 그룹의 기능에 기여하며 영적 거물인 체 하는 셀원은 오히려 역기능을 한다. 성령의 역사는 교만한 곳이 아닌 겸손한 곳에서 이루어진다.

원리 11: 높은 수준의 동기가 부여된 맴버가 목표 달성에 더 기여한다. 따라서 셀의 건강지수는 셀원들의 셀에 대한 기대와 동기에 의해 좌우된다.

원리 12: 공동 목표를 받아들이고 추구하는 상황에서 긍정적인 상호인간관계가 나타난다. 단순히 피동적으로 셀에 참석하는 것이 아니라 셀을 통해 도달할 목표가 강력한 동기를 형성할 때 구성원 상호 간의 응집력이 생긴다.

원리 13: 그룹의 수행능력은 목표에의 진전에 관한 자신들의 만족감을 자유롭게 나눌 수 있는 정도에 좌우된다. 억압감 없이 자신이 느끼는 바를 자유롭게 표현할 수 있을 때 그룹은 역동적으로 움직인다.

원리 14: 성격에 있어서 동질성의 그룹보다 이질성으로 구성된 그룹이 보다 효과적이다. 처음 셀을 시작할 때는 동질성 그룹이 활발한 상호작용을 하지만 시간이 지나면서 이질성 그룹이 셀로서의 정상기능을 발휘한다. 따라서 구성원들의 다양성이 효과적인 셀을 만든다.

원리 15: 목사와 같은 신분의 사람이 그룹의 규칙을 벗어나도 그룹에 유익을 끼친다면 별 다른 제재 없이 대화를 주도할 수 있게 한다. 셀에 목회자가 방문하여 참석할 경우 그가 말할 수 있는 자유를 주는 것이 셀에 유익하다.

원리 16: 지도력이 분산된 그룹이 그룹의 규칙을 더 잘 지킨다. 한 사람의 리더가 모든 역할을 담당하기보다는 셀원들에게 지도력을 분산해서 주인의식과 책임감을 심어주는 것이 좋다.

미숙한 셀 리더의 문제점

셀 그룹이 건강하게 성장하지 못하게 데에는 목자의 미숙함이 있

다. 리드는 소그룹을 파괴하는 위험한 기술에 관하여 다음과 같은 것들을 언급했다.15)

1. 그룹을 처음부터 지배하라. 자신이 민주적이라는 인상을 최대한 심어주되 스스로 기본적인 결정을 하며 모든 문제에 대한 권위자가 되어라.
2. 셀원들의 요구와 흥미에 유의하지 말라. 많은 사람들이 자기에게 가장 좋은 것을 모르고 있다.
3. 신학과 철학 분야의 이론적 수준에서 토의하라. 사람들이 열등감을 느낄 수 있도록 신학자들이나 유명한 철학자들의 이름을 언급하라.
4. 자신을 그룹의 교사로 제시하여 모임 때마다 셀원들을 가르치려 하라.
5. 가능한 셀원들이 토의하는 시간을 갖지 못하게 하라.
6. 셀원들이 개인적인 이야기는 절대로 하지 못하게 하라. 그러한 이야기가 나오면 즉시 주제를 지적인 토론으로 돌려버려라.
7. 셀원들이 자신을 표현하도록 격려하는 일을 제지하라.
8. 침묵하고 있는 셀원들을 말하라고 독촉하지 말라.
9. 한두 사람이 토론을 지배하도록 하라.
10. 소그룹에 가능한 한 많은 사람들을 받아들여라. 그러면 서로를 알거나 서로의 관계가 강력해지는 일은 없을 것이다.
11. 모일 때마다 오랫동안 사업적인 모임을 가져라.

12. 가급적이면 의자 배열이나 모임을 형식에 맞추라. 둥글게 앉거나 비형식적인 분위기를 만들어주는 일이 없도록 하라.
13. 자신이 직접 모든 질문에 답하라. 셀원들이 대답하지 못하게 하라.
14. 셀원들이 상호 간에 느끼는 부정적인 감정이나 적의감을 절대로 나누지 못하게 하라.
15. 모임 때마다 적은 숫자가 참석했다고 불평하라. 참석자들이 죄책감을 가짐으로써 다른 사람들을 참석하도록 종용하여 곧 대그룹이 되거나 그룹이 해체될 것이다.

셀 그룹에 있어서 우려되는 중대한 문제 중 하나는 그것이 교회 내에서 하나의 분파가 되거나 그룹 이기주의로 발전하는 것이다. 이것은 그룹들 상호 간에 보다 큰 공동체의 실체를 보지 못할 경우 종종 심각한 문제를 일으킨다. 따라서 소그룹은 반드시 전체라는 큰 공동체 속에서 그 위치를 잡아야 한다. 또한 이러한 우려를 해소하기 위해서는 두세 셀이 함께 모여 교제할 수 있는 기회를 몇 달에 한 번씩이라도 마련해 주고 전체 교회가 함께 하는 시간에 셀을 넘어선 교제를 할 수 있도록 해주어야 한다.

나오는 말

모든 교인들이 그리스도께 절대 주재권을 드리며 그분을 목적으로 삼고 살아가도록 돕는 방식에 있어서 소그룹 활용은 필수적이다. 모든 교인들이 사역자의 삶을 살도록 개발하는 일에 있어서도 소그룹은 절대적으로 필요하다. 또한 교회가 교회의 본질을 회복하여 하나님의 집으로써, 그리고 하나님의 다중적 지혜를 드러내는 교회의 사명을 감당할 수 있게 하기 위해서도 소그룹은 절대적으로 필요하다. 소그룹이 지니는 다양한 특성들을 적절히 활용하는 지혜가 필요하다. 따라서 교회에서의 소그룹의 실제적 활용을 위해 적극적인 연구와 그에 대한 연구 결과는 계속 검토되고 보완되어야 한다. 이것은 구체적 방법과 관계된 중요한 실마리이기 때문이다.

후주

1) Rom Trudinger, 「가정 소그룹 모임」, 장동수 역 (서울: 기독교문서선교회, 1991), 29-33.
2) William A. Bud Smith, 'Teaching Adults', in Daryl Eldridge(ed.), *The Teaching Ministry of the Church* (Nashville: Broadman & Holman Publishers, 1995), 261.
3) 전요섭, 34.
4) Ibid., 34-35.
5) Clyde Reid, 「성숙한 교회를 위한 소그룹운동」, 고용수 역 (서울: 한국장로교출판사, 1993), 19.
6) Ibid.
7) Ibid., 34-37.
8) Neal F. McBride, *How to Lead Small Groups* (Colorado Springs: Navpress, 1990), 26.
9) Trudinger, 68-91.
10) Gareth Weldon Icenogle, *Biblical Foudations for Small Group*

Ministry (Downers Grove: IVP, 1994), 295-305.
11) 전요섭, 43-44.
12) McBride, 30.
13) Larry Kreider, 「셀 그룹 리더십」, 박영철 역 (서울: 도서출판 서로사랑, 2001), 34-38.
14) McBride, 57-58.
15) Reid, 163-66.

제11장

셀 교회의 양적 성장과 질적 성장관계

　　풀러신학교의 맥가브란(Macgavran) 교수가 1955년 기초를 쌓은 교회 성장학1)의 주된 관심은 교회의 양적 성장이었다. 그리고 이러한 양적 성장에 대한 관심은 교회의 질적 성장의 문제를 강조하는 많은 사람들에게 비판받아 왔다. 양적 성장을 위해서 무슨 일이라도 할 수 있다는 실용주의적 접근은 성서적, 신학적 근거가 없는 위험한 접근이다. 따라서 또 다른 문제점들을 야기한다는 점에서 신중히 고려해야 한다. 지난 30여 년 동안 한국 교회의 모습도 양적 성장에 치우쳤음을 부인할 수 없다.

　　오늘날 전 세계적으로 확산되고 있으며 한국에서도 그 관심이 지대한 셀 교회 운동의 경우도 이러한 양적 성장과 질적 성장의 상충성에 관한 심각한 검토와 반성이 있어야 한다. 많은 목회자와 교회 지도자들이 교회성장을 말할 때 양적 성장에 관심을 쏟고 있는 것이 사실이다. 따라서 신중하고도 사려 깊은 노력을 기울이지 않을 경우 셀 교회에 쏟아지는 관심은 당연히 숫자 증가에 도움이 되는 영적 성장의 한 방법이라는 인식으로부터 출발할 것이라는 우려가 생긴다. 나는 양적 성장의 각도에서 셀 교회를 접근해 오는 많은 목회자들을 만났었다. 셀 교회 모델은 질적 성장을 전제로 양적 성장을 바라본다는 면에서 셀 교회의 진정한 의도와 정신을 알리는 일이 중요한 시점이다. 따라서 본 장에서는 교회성장의 양적 측면과 질적 측면의 관계를 규명하고 그것이 셀 교회에서 어떠한 관계성을 지니면서 조화를 이루는 것이 바람직한지를 논하기로 한다.

교회 성장의 질적 측면

교회의 질적 성장은 무엇을 뜻하는가? 질적 성장은 무엇으로 측정하고 평가할 수 있는가? 오늘날에 이르러 교회의 질적 성장은 종종 '건강한 교회 성장'(healthy church growth), 또는 '자연스러운 교회 성장'(natural church growth)[2]이라 불려진다. 아마도 이러한 최근의 용어들이 시사하는 바는 인위적이고도 비정상적인 수적 증가 중심의 교회 성장에 대한 대안으로서 질적 성장을 강조하는 표현들이라 믿어진다. 이러한 각도에 비추어 볼 때 교회의 질적 성장이란 건강한 교회로서의 성장을 의미하며 교회의 본질을 구현하는 교회를 의미한다고 볼 수 있다.

교회의 본질 구현을 이해하는 과업은 두 가지 차원이 있다. 첫째는, 교회의 질적 성장을 가늠하는 기준으로서 성경에서 말하는 교회의 본질에 관한 이해이다. 둘째는, 이러한 이해에 바탕을 둔 교회의 질적 성장은 전적으로 그 교회를 구성하는 구성원 개개인의 영적 성장과 직결되며 그리스도인의 제자도(discipleship)를 이루는 삶과 직결되므로 여기에 철저한 교육과 제자훈련의 과정들이 전제를 이룬다. 그리스도의 몸으로서의 교회공동체가 지니는 다양한 측면에서의 균형잡힌 성장과 기능 수행은 개개 교인들의 영적 성장의 응집의 결과로 나타난다는 면에서 볼 때 개개 교인들의 제자도는 교회의 질적 성장의 기초라 할 수 있다. 공동체로서의 교회는 그 자체가 하나의 생명체로서 온전한 기능을 수행할 수 있는 여부에 의해 그 건전성과 건강성을 드러낸다 할 수 있을 것이다.

교회 본질 구현으로서의 교회 성장

교회의 질적 성장이란 교회의 본질에 부합되는 정도에 좌우된다. 린드그렌(Alvin J. Lindgren)이 말한 바, 하나님의 선택된 공동체로서의 교회 본질, 그리스도의 몸으로서의 교회 본질,[3] 코이노니아로서의 교회 본질, 하나님의 가족으로서의 교회 본질이 어느 정도로 실현되었는지가 질적 성장의 척도가 될 수 있을 것이다.

공동체를 구성원들이 삶을 위하여 상호의존관계를 맺는 집단으로 규정할 수 있다는 점에서 공동체로서의 교회 본질 구현 정도는 교인들 상호 간의 의존관계성의 정도에서 찾을 수 있을 것이다. 이러한 상호관계성은 영적으로 유기적 관계를 맺을 수 있는 데까지 나아간다. 따라서 그리스도의 몸으로서의 기능 수행 정도를 또 다른 중요한 척도로 삼을 수 있다. 슈바르츠(Schwartz)는 「자연적 교회성장」에서 교회 성장에 관하여 원리중심 접근 방식을 취했다. 그는 교회의 균형잡힌 성장을 위한 필수적 요소로 생명체 원리를 말하면서 생명체 원리를 다음과 같이 6가지로 제시한다.[4]

1. 상호 의존 – 교회는 하나님의 계획에 따라 상호 연관된 부분이 많은 복잡한 유기체이다.
2. 번식 – 유기체는 끊임없이 자라는 것이 아니라 재생산(자체의 한계를 뛰어넘는 성장 형태)한다.
3. 에너지 전환 – 생명체가 생명 존속을 위해 에너지 전환을 시도하는데 이는 현존하는 힘과 에너지를 미세한 조절을 통해 원하는 방향으로 바꾸는 것이다.
4. 다목적 – 자연에서는 쓸모없는 것이 없다. 낙엽도 거름으로 변해 나무 성장에 도움이 되는 자양분이 된다.
5. 공생 – 두 개의 서로 다른 유기체가 서로 유익을 주고 받으며 밀접하게 함께 사는 것이다.
6. 기능 – 하나님의 창조 세계 내에 있는 모든 생명들은 원래부터 열매 맺을 수 있는 능력을 보유하고 있으며 이는 각각의 종류나 종족을 보존하기 위함이다.

교회가 진정으로 생명체로서 이러한 생명체 원리가 작용하는 장

(場)이라면 교회의 본질은 구현될 것이다. 또한 교회의 생명력을 발휘함으로써 필연적으로 질적 성장을 가져 올 것이다. 교회 본질의 구현 정도는 이와 같은 생명체 원리들이 구체적으로 작용하며 실현되어지는 정도에 달려있다.

한편 교회가 그리스도의 몸이라는 말은 그리스도께서 교회의 머리가 되심을 의미한다. 또한 몸의 각 지체가 서로 유기적 관계임을 의미한다. 첫째, 그리스도께서 머리되신다는 말은 교회는 모든 상황과 경우에 그리스도의 명령을 받으며 그분의 명령에 절대 순종하는 관계라는 말이다. 교회가 그리스도의 말씀을 분별하지 못하고, 또 분별했다 할지라도 그 명령에 순종하지 않는다면 교회는 결코 건강하지 못하고 하나님께 쓰임 받을 수도 없다. 이러한 의미에서 모든 교회는 반드시 건강한 교회가 되어야 한다. 즉 교회 본질을 반드시 구현해야 한다는 말이다. 이러한 이유로 린드그렌은 교회의 사명을 '그리스도의 구속적 몸'(redemptive body of Christ)이 되는 것이라고 말한 것이다.[5]

교회가 그리스도의 몸이라는 말 속에는 교회 구성원 간의 상호의존적 관계성을 강하게 내포하고 있다. 몸의 어떠한 지체도 그 자체가 독자적으로 존재하지 못한다. 오로지 각자의 기능을 제대로 수행함으로써 공동의 건강을 유지하며 한 몸으로서의 역할을 감당할 수 있다. 그리스도의 몸으로서의 교회 본질 구현은 사회 속에서 교회의 역할과 위치를 확고하게 하는 결정적 요소가 되기도 한다.

코이노니아로서의 교회 본질 구현은 교회는 언제든지 그리스도의 임재와 현현이 실제로 이루어지는 장소로 실현되는 것을 의미한다. 이러한 코이노니아는 그리스도인들이 함께 사귀는 곳에서 발생한다. 즉 교인들이 서로 상호작용하는 물리적 공간에서 삶을 함께 나누며 사랑의 공동체를 이루는 것을 의미한다. 예수께서는 "두세 사람이 내 이름으로 모이는 곳에는 나도 그들 중에 있느니라"(마 18:20)고 말씀하심으로써 교회공동체 속에 나타나실 자신의 현현을 예고하셨다. 진정한 코이노니아가 발생하는 곳에 주님 자신이 나타나심으로써 세상 속에 자신을 증거하시는 주님의 계획을 믿기 때문에 교회는 반드시 교회 본질로서의 코이노니아를 실현해야만 한다.

하나님의 가족으로서의 교회 본질을 구현한다는 말은 막연하고 추상적인 개념이 아니다. 교인들이 실질적으로 하나님의 가족으로서 관계를 맺고 상호절대 의존관계로 살아가는 것을 의미한다. 이러한 가족 관계의 특징은 첫째, 구성원들은 혈연관계로 맺어져 있다. 둘째, 가족 간의 관계는 지속적(영원한) 관계이다. 서로의 관계의 친밀성 여부에 따라 가족이 되었다가 다시 그 관계가 끊어지는 한시적인 관계가 아니라 하늘나라에까지 연장되는 영원한 관계이다. 셋째, 진정한 가족 관계는 가족들 간에 서로 책임지는 사랑(accountability)의 관계이다. 부모가 자녀를, 자녀가 부모를, 그리고 형제가 형제를 책임지는 관계이다. 이러한 책임성은 모든 삶의 영역에 걸쳐있다. 따라서 가족은 운명공동체인 것이다. 그리고 마지막으로 가족으로서의 교회는 구성원 상호 간에 자기희생적 관계를 가진다. 이러한 영적 가족관계는 결국 그 본질이 영적 사랑공동체라는 뜻이며 진정한 하나님의 자녀들 간의 사랑이 통용되는 곳이라는 말이다. 교회의 건강지수는 이러한 영적 가족으로서의 아름다운 사랑의 간증에 의해 표현될 수 있다.

교회 성장의 본질적 기초로서의 제자도

교회는 공동체로서의 본질과 그 공동체를 이루는 개개 구성원에 대한 주님의 부르심이라는 본질적 측면이 있다. 개개 그리스도인을 제자도에로 부르심은 일차적으로 개별적인 것이다. 전체가 아닌 개별적인 만남을 통해 제자도의 삶으로 부르셨다는 면에서 개인적인 제자도(personal discipleship)가 교회의 기초다. 공동체란 개개인의 영적 성장과 발전의 응집이라는 차원에서 교회의 질적 성장을 위해 개인적인 제자도는 꼭 필요하다.

교회는 모든 교인을 기초부터 철저히 가르치고 양육하여 그리스도의 신실한 제자가 되도록 해야 한다. 주님의 지상명령에서 보는 바와 같이 "내가 분부한 모든 것을 가르쳐 지키게 하라"는 말씀대로 개개 그리스도인을 충성스러운 제자로 만드는 일이 교회 본질 구현에 결정적이다. 그리스도를 향한 헌신과 사랑을 시작으로 그분을 아는 지식과 사랑에서 자라가는 일이 계속될 때 공동체로서의 전체 교회가 온전한 그리스도의 몸을 이룰 수 있다는 면에서 교회는 끊임없이 교인들을 가르치고 훈련해야 한다.

교회공동체가 온전한 공동체로 성장하기 위해서는 구성원 각자의 주님께 대한 헌신과 사랑, 곧 제자로서의 온전한 충성과 헌신이 절대적이다. 이것이 없으면 공동체는 구성원들에 의해 어려움을 겪게 되며 심할 경우 그 공동체가 와해되기도 한다. 이 점에 관하여 아놀드(Heinrich Arnold)는 다음과 같이 경고한다.[6]

"우리가 교회 공동체 안에 살고자 한다면 오직 하나님만을 위해 살아야 한다. 그렇지 않으면 아무리 좋은 뜻을 가지고 있어도 교회 생활 안에서 기생충과 같은 존재가 될 것이다. 남보다 더 많이 일하고, 남보다 더 많은 수입을 남긴다하더라도 그와 같은 노고는 나머지 공동체 사람들에게 무거운 짐만 될 뿐이다. 우리는 모든 사람에게 열린 문을 가지고 있다. 하지만 동시에 완전한 제자생활의 도전을 받아들여 함께 머물고자 하는 사람들을 기대한다. 그렇지 않으면 우리 공동체는 산산조각이 날 것이다."

교회의 질적 성장의 임상적 증거

우리는 앞에서 교회의 질적 성장의 기준으로서 신학적으로 교회 본질을 검토하였다. 교회의 질적 성장의 현상적 증거들을 연구하기 위하여 독일의 슈바르츠는 방대한 설문 조사인 자연적 교회성장 연구 프로젝트를 시행했다. 그 결과 건강한 교회를 위한 질적 특성을 8가지로 제시했다. 사역자를 세우는 지도력, 은사 중심적 사역, 열정적 영성, 기능적 조직, 영감 있는 예배, 전인적 소그룹, 필요 중심적 전도, 사랑의 관계 등이 건강한 교회를 위한 질적 특성이다.[7]

이와 같은 임상적 연구 결과는 매우 흥미롭게도 사우스웨스턴침례신학대학원의 총장이었던 켄 헴필(Ken Hemphill) 박사가 1994년에 저술한 「안디옥 이팩트」에서 제시하는 건강한 교회를 위한 8가지 원리와 거의 동일하다. 그런 점에서 교회의 질적 성장을 논할 때

슈바르츠가 제시한 8가지 원리는 그 타당성을 뒷받침받는다고 말할 수 있다. 슈바르츠의 연구는 1994~1996년 동안 이루어졌고 헴필 박사의 저서는 1994년도에 출간되었기 때문에 이 두 연구 사이에는 실질적인 참고나 관련이 없는 것으로 보인다. 헴필 박사가 제시한 8가지 원리는 다음과 같다.

1. 영적 능력이 충만한 교회
2. 역동적인 예배가 살아있는 교회
3. 기도의 불이 꺼지지 않는 교회
4. 목회 지도력이 확고한 교회
5. 영적 가족관계가 이루어진 교회
6. 하나님 주신 비전이 뚜렷한 교회
7. 복음 전도적 열정이 타오르는 교회
8. 성도들을 사역자로 무장시키는 교회[8]

이상의 두 연구 결과는 우리에게 교회의 질적 성장의 기준이 무엇인지를 임상적으로 알려주는 역할을 한다. 물론 헴필 박사가 제시한 원리들은 전혀 임상학적 접근이나 결과는 아니었다. 슈바르츠가 연구한 임상적 자료들을 논리적으로, 신학적으로 뒷받침한다는 사실을 유념할 때 여기서 제시된 원리들이 교회의 질적 성장과 밀접한 관계가 있음을 알 수 있다. 또한 앞에서 신학적으로 살펴본 교회 본질에 관한 설명과도 상당 부분 일치한다는 면에서도 의미 있는 연구 결과이다. 이렇듯 교회의 질적 성장은 교회의 본질을 구현하는 정도를 의미하며 교회 전반에 걸친 성장을 의미한다. 이제 교회의 질적 성장에서 양적 성장으로 논의의 주제를 옮겨보겠다.

교회의 양적 성장과 질적 성장의 상충성

앞서 진술한 바와 같이 오늘날 교회성장이라는 용어는 주로 양적 성장을 의미한다. 그러나 질적 성장을 가볍게 다루거나 적극적인 관심을 두지 않는다는 면에서 문제가 있는 것이지 양적 성장은 불필요하거나 비성서적이라는 말은 아니다. 오히려 성경은 복음이 전해지는 곳에서 양적 성장과 팽창이 급속도로 이루어졌음을 기록하고 있다. 예를 들면 예루살렘 교회는 오순절 성령강림 사건 이후 기독교 전체 역사를 통틀어서 가장 괄목할 만한 양적 성장을 이루었다. 오순절 성령강림 사건이 있었던 그날에만 3천 명의 사람(남자)들이 회개하고 그리스도를 믿고 침례를 받고 그리스도의 제자가 되기도 했다(행 2:40). 뿐만 아니라 그 사건을 기점으로 "주께서 구원받는 사람을 날마다 더하셨으며"(행 2:47), "말씀을 들은 사람 중에 믿는 자가 많으니 남자의 수가 약 오천이나 되었고"(행 4:4), "믿고 주께로 나오는 자가 더 많으니 남녀의 큰 무리"였으며(행 5:14), "그 때에 제자가 더 많아졌으며"(행 6:1), "하나님의 말씀이 점점 왕성하여 예루살렘에 있는 제자의 수가 더 심히 많아지고 허다한 제사장의 무리도 이 도에 복종했다"(행 6:7).

바울의 세 차례에 걸친 선교 여행의 경우에도 복음의 전파 속도는 놀라웠다. 그리고 괄목할 만한 양적 성장을 이루었다. 바울은 가는 곳마다에서 수많은 사람들이 그리스도의 도에 복종하는 센세이션을 일으켰다. 바울의 사역은 온 성을 소동케 하고 온 도시 사람의 지대한 관심을 받았다. 그리고 각 도시와 성에서 믿는 사람들을 많이 얻고 교회를 세웠다.

그가 전도한 지역은 주로 이방인 지역이었다. 따라서 성경을 알거나 그리스도를 직접 만난 적이 있는 일차적 목격자가 거의 없는 지역들이다. 다시 말해 이방 지역의 개종자들은 충분한 성경 지식이나 훈련을 받은 경험이 없었다. 그러나 그들 속에서도 복음의 역사는 계속되었다. 복음은 그 자체가 생명의 역사를 일으키는 능력이 있다는 점에서 교회의 양적 성장은 질적 성장과 무관하게 이루어질 수 있음을 알 수 있다. 우리 나라 속담에 "꿩 잡는게 매"라는 말처럼 '결과적으로 양적 성장을 이루면 그만' 이라는 태도가 만연한 것 같다. 물론 양적 성장에 따라 질적 성장이 이루어진다고 볼 수도 있다는 점에서 교회의 양적 성장은 결코 무시되거나 거부되어서는 안 된다.

하지만 교회의 양적 성장이 성령의 역사하심에 순종한 결과가 아닌 지극히 인위적이고도 부자연스러운 강조에 의해 이루어지는 것으로 이해한다면 결과적으로 교회 속에 비기독교적 요소들을 끌어들이고 교회의 본질을 구현하기보다는 오히려 교회 본질을 훼손하는 역기능을 불러일으킬 수 있다. 즉 기독교 신앙을 미신적인 차원으로 끌어내림으로써 맹신과 광신이 보편화되는 문제점을 일으킨다. 이러한 현상은 이미 역사 속에서 수없이 보아왔다. 오늘날에 있어서 지난 50년간 양적 성장을 거듭한 한국 교회와 충격적인 양적 성장을 이룬 중국 교회의 경우에서도 이러한 문제점이 잘 나타나고 있다. 1949년 중국이 공산화 될 당시 그리스도인은 불과 83만 4천 명 정도였다. 그러나 오늘날은 1억 수천만 명을 넘는 숫자를 헤아리고 있다. 하지만 이러한 양적 팽창의 이면에는 성경 지식의 부족과 신학 부재현상으로 그들의 신앙에 미신적인 모습이 있다. 심지어 이단들의 거짓 교리에도 쉽게 넘어가기도 한다.

한국 교회도 지난 30여 년간 기록적인 양적 성장을 이루었다. 하지만 빛과 소금으로서의 그리스도인들의 역할에 대해서는 자신할 수 없다. 오히려 한국 사회 전체를 떠들썩하게 만든 각종 사고와 사건 뒤에 그리스도인들이 있었다. 우리는 양적 성장의 이면에 가리어진 질적 성장의 결여가 가져온 병폐를 결코 간과해서는 안 된다.

교회 성장을 논함에 있어 질적 성장과 양적 성장은 쉽게 결합할 것 같지 않는 상충성이 있는 것 같다. 교회의 양적 성장을 강조하면 질적 저하를 가져오고, 교회의 질적 성장을 강조하면 양적 성장의 둔화를 경험하게 된다는 목회 임상 결과로 이 양자의 적절한 조화에 관한 문제는 그렇게 단순하지만은 않다. 따라서 우리는 이 양자 간의 대립적 상황을 극복하고 승화시킴으로써 상호보완적인 역학관계를 이해해야 한다. 셀 교회의 발전은 이 양자의 균형을 적절히 이루는 방향에서 이루어져야 한다는 절실한 요구에 직면해 있다.

질적 측면과 양적 측면의 상호보완성

성경의 첫 모델인 예루살렘 교회는 양적 측면과 질적 측면의 조화를 이뤄 우리에게 좋은 예를 제시한다. 예루살렘 교회의 지도자들이었던 열두 제자들은 우선 유대인으로서 전통적인 율법 교육을 어렸을 때부터 철저히 받았다. 그들이 열두 살이 되었을 때는 이미 율법을 대부분 암송할 만큼 토라(Torah)에 통달한 자들이었다. 비록 그들의 출신이 교육의 혜택을 받지 못한 평민 계층이었다 할지라도 그들은 유대인의 전통에 따라 출생 때부터 율법을 철저히 교육받은 자들이었다. 이러한 바탕 위에 그들은 예수님으로부터 직접 3년 반 동안 제자로서 훈련을 받았다. 그들은 자신들의 지식과 이해 수준에 배운 말씀들을 실제생활이라는 상황 속에서 부딪히고 경험함으로써 말씀의 체질화가 된 사람들이었다.

제자로서 이러한 질적 성장의 경험은 양적 성장을 가져오게 하는 결정적 요소가 되었다. 그들이 준비되었을 때 하나님은 그들을 무제한적으로 사용하셨다. 뿐만 아니라 그들은 자신들의 경험이 그러하듯 많은 사람들이 교회로 돌아왔을 때 즉각적으로 그들을 날마다 가르치며 제자로서 훈련하는 일에 돌입했다. 이 점에 관하여 성경은 "저희가 사도의 가르침을 받아 서로 교제하며 떡을 떼며 기도하기를 전혀 힘쓰니라"(행 2:42)고 기록하고 있다. 사도들은 날마다 집에 모여서 교인들을 말씀으로 가르치고 교제와 기도로 제자훈련을 한 것이다. 그리고 그러한 훈련으로 교인들이 계속해서 복음을 전해 엄청난 수의 개종자들을 얻는 양적 성장을 이루었다.

교회의 질적 성장은 필연적으로 양적 성장을 가져와야만 바르게 이루어졌다고 말할 수 있다. 질적으로는 성장했지만 양적 성장이 이루어지지 않았다면 그것은 아직 충분한 성장을 하지 않았기 때문이다. 현실에 있어서 적지 않은 교회들이 이 양자 간의 불균형과 부조화로 한쪽으로 치우쳐 다른 한쪽을 희생시키는 결과를 낳는다.

질적 성장에 집착하고 양적 성장을 이루지 못하는 경우를 어떤 이는 '코이노니아 질병'(koinonitis)이라고 부르기도 한다.[9] 한편, 양적 성장에 집착함으로써 질적 성장을 놓치는 경우는 그 신앙의 내용에 있어서 미신이나 맹신 또는 단순한 기복 신앙이 될 위험이 있다. 이러한 문제는 제자훈련을 강조하는 목회와 전도를 강조하는 목회 사이에 있는 긴장과 동일한 문제이다.

교회의 질적 성장과 양적 성장의 이상적인 관계는 상호보완관계다. 즉 교회의 질적 성장은 궁극적으로 교회의 양적 성장을 낳고 양적 성장은 교인들의 열성과 신앙의 질을 높여주는 결과를 가져와서 교회 전체가 질적으로 성장하게 된다. 따라서 우리는 이 양자 간의 균형과 조화를 이루는 셀 교회 성장 모델에 관심을 기울이게 된다.

셀 교회에서의 질적 측면과 양적 측면의 조화

셀 교회도 양적 성장과 질적 성장의 긴장 관계가 존재한다. 근본적으로 셀 교회에 쏟는 관심은 침체되고 정체된 교회를 다시 불붙게 하려는데 있다. 그러나 전 세계적으로 성장하고 있는 셀 교회들의 경우 셀 교회 운동은 한결같이 교회성장운동이 아니라 교회갱신 운동이며 교회혁신운동이다. 이 점에 관하여 국제터치사역(Touch International)의 벡헴은 오늘날의 셀 교회운동을 제2의 종교개혁운동이라고까지 말한다.[10]

하지만 실제에 있어서 많은 목회자들은 셀을 교회의 양적 성장을 위한 새로운 방법으로 이해하고 접근하고 있다. 셀 교회로 하여금 셀 교회가 되게 하는 가장 근본 요소가 되는 셀 모델을 크게 두 가지 형태로 나눌 수 있다. 열린 형태의 셀(opened type cell)과 닫힌 형태의 셀(closed type cell)이다. 이 셀 모델들은 각각 장점과 한계점을 가지고 있다. 이제 이 문제에 관하여 좀더 구체적으로 살펴보자.

열린 형태의 셀 모델

열린 형태의 셀은 일차적으로 그 구성원이 될 수 있는 자격을 교회의 정회원(membership)으로만 한정하지 않는다. 불신자까지도 셀 회원이 될 수 있도록 그 범위를 열어둔다. 전도 대상자는 본인이 원하면 언제든지 셀 모임에 참여할 수 있다. 열린 형태의 셀의 장점으로는 다음과 같다.

첫째, 교회에 다니는 사람이면 누구나 셀 모임에 참여할 수 있다. 이러한 개방성은 교회 내에 위화감을 불러일으킬 소지가 없다. 둘째, 먼저 믿는 사람들의 삶과 교제를 불신자들이 관찰할 수 있어서 감동을 받고 예수 믿는 일이 발생할 가능성이 높다. 셋째, 성숙한 그리스도인들의 삶을 영적으로 어리거나 미숙한 그리스도인들이 모델로 삼아 영적 성장과 발전을 도모할 수 있다.

그러나 열린 형태의 셀은 한계점도 있다. 첫째, 불신자들이나 새신자들의 경우 먼저 믿는 사람들의 열정적인 삶으로부터 나오는 삶의 모습이 자신들과 너무도 달라서 오히려 불편할 수 있다. 둘째, 신자들 간의 깊이 있는 교제가 셀 모임 속에 있는 불신자들이나 새신자들로 말미암아 이루어지기 어렵다. 따라서 영적 가족으로서의 셀 경험이 어려워진다.

위와 같은 장점과 한계점들을 고려할 때 열린 형태의 셀 모델은 질적 성장보다는 오히려 양적 성장에 관심과 초점을 둔 것 같다. 전도 대상자를 발견하면 즉각적으로 접촉한 뒤 셀 모임에 초청하여 자연스럽게 복음을 받아들이고 믿음을 가질 수 있게 하는 모델이다.

닫힌 형태의 셀 모델

닫힌 형태의 셀 모델은 셀의 구성원을 철저히 교회의 정회원으로 엄격히 제한한다.[11] 따라서 불신자나 교회의 회원이 아니면 셀 구성원이 될 수 없다. 교회의 회원권을 가진, 먼저 믿은 사람들은 영적 가족으로서의 경험이나 각자의 신앙의 깊은 문제들을 자연스럽게 털어 놓을 수 있어 사랑의 분위기 속에서 문제를 해결할 수 있다.

닫힌 형태의 셀 모델의 장점은 첫째, 회원 간의 사랑의 교제와 나눔이 깊이 있게 이루어질 수 있다. 이러한 나눔은 단순히 영적인 문제에 국한되는 것이 아니라 물질적인 나눔까지를 포함한다. 둘째, 이러한 나눔은 결과적으로 셀 구성원 간의 영적 가족 됨을 경험할 수 있게 해준다. 교회의 본질로서의 가족 됨은 교회 본질 구현의 중요한 측면이다. 그리고 교회의 질적 성장을 위한 결정적 요소가 된다.

그러나 닫힌 형태의 셀은 한계점도 있다. 첫째, 교회 내의 불신자들이 소외감을 느낄 수 있다. 비록 그리스도를 주님으로 아직 영접하지 못했지만 다른 그리스도인과 다르다는 이질감을 줄 수 있다. 둘째, 셀에 들어간 사람들이 자신들만의 교제에 빠져들어 교제 자체만을 즐기려는 문제점이 있다.

열린 형태의 셀 모델은 확실히 전도 지향적 구조다. 닫힌 셀 모델에 비하여 양적 성장을 지향한다. 이 모델은 단기적으로 볼 때, 수적 증가가 빠르며 빠른 시간 안에 셀이 배가 된다. 만약 배가하지 않으면 그 셀을 건강하지 못한 셀로 판단해서 해체하거나 재구성한다. 그러나 닫힌 셀 모델은 긴 시간 동안 진정한 영적 가족 관계가 형성되도록 기다린다. 실제적이고 영적인 가족 관계를 경험할 수 있도록 한다는 면에서, 질적 성장을 지향한다. 따라서 이 양자 간에는 양적 성장과 질적 성장의 긴장이라는 역학관계가 형성된다.

양적 성장과 질적 성장의 조화를 이루는 셀 모델

셀은 그 자체가 교회 속의 작은 교회로서 영적 유기체이며 생명체이다. 따라서 셀은 공동체로서의 본질 곧 그 자체가 생명체로서의 질적 특성을 지닌다.[12] 따라서 셀은 양적 성장과 질적 성장의 조화를 적절히 이룰 수 있는 본질적 특성을 지닌다. 이러한 맥락에서 셀 모델 개발을 위해 지난 수년 간 전 세계의 셀 교회들은 나름대로 다양한 형태의 모델들을 개발해 왔다. 그중 첫번째 형태가 목산침례교회이다.

1) 목산침례교회의 모델 - 교회학교와 셀의 혼합

서울 목동에 위치한 목산침례교회는 전체 교인들이 매주 주일에 주일학교 반에 소속되어 성경을 공부한다. 그리고 이 성경공부반은 교회의 정회원들인 셀 구성원들을 핵심 구성원으로 하고 교회의 비회원을 같은 반에 편성한다. 셀의 구성원들은 매주 성경공부 시간에 비회원을 만나 지속적으로 교제한다. 이 교제를 통해 전도의 기회 또는 교회의 정회원이 되어 셀원이 될 수 있도록 비회원을 격려하며 섬긴다. 그리고 셀원들은 주중에 별도의 셀 모임을 갖고 닫힌 셀의 장점을 누린다. 이러한 모델은 이를테면 주일학교 반 속에 셀 그룹이 있는 형태인 것이다.[13]

2) 셀 스태프형 모델

미국의 버클랜드침례교회는 열린 형태의 셀로 전환하면서 셀 스태프(Staff) 모임 제도를 활용해 한 셀 속에 닫힌 셀과 열린 셀이 동시에 있는 모델을 개발했다. 예를 들어 10명의 셀원이 있을 경우 그 셀에는 목자, 예비목자, 회계, 찬양 인도자 등 5~6명의 스태프를 핵심 그룹원으로 하고 별도의 모임을 갖는다. 이때 이 모임은 철저히 닫힌 형태의 셀을 유지해 삶의 깊은 것들을 서로 심도 있게 나눈다. 하지만 새신자나 불신자를 모두 포함한 열린 셀 모임을 다른 시간에 갖고 성숙한 그리스도인의 삶의 모습을 보여주어 영적으로 어린 사람들이 그 뒤를 따라오는데 큰 도움을 주도록 한다. 온두라스의 데구치갈파에 있는 '살아 있는 사랑의 교회'(Love Alive Church)도 이러한 유형의 모델을 쓰고 있다. 이 교회의 1천여 개의 셀 중 90퍼센트의 셀 속에 리더팀이 있다. 리더팀은 리더, 예비리더, 재무담당, 그리고 특정한 책임을 맡지 않는 두 명의 회원들로 구성된다. 이들은 매주 별도의 모임을 갖고 셀의 운영 전반에 걸친 논의를 비롯하여 깊이 있는 교제를 나누며 셀의 핵심요원으로서의 역할을 감당한다.[14]

이러한 혼합형 셀 모델은 지난 10년 동안 광범위하게 개발되어왔다. 그 증거로 엘살바도르에 위치한 엘림교회(Elim Church)가 있다. 엘림교회는 동일한 형태의 셀 모델을 개발해 놀라운 질적, 양적 성장을 이루어냈다. 이 교회는 셀 그룹 속에 리더, 보조리더, 장소제공자, 재무담당, 비서, 아동담당교사, 그리고 특정한 임무를 맡지 않은 소수 회원들로 핵심 그룹 팀을 이루고 이들이 한 팀으로 셀 그룹을 인도하는 형태를 개발했다.[15] 또한 미국 루이지애나 주의 베다니 세계기도교회는 한 주는 열린 셀로 다른 한 주는 닫힌 셀로 모여서 이 양자 간의 조화와 균형을 이루기도 한다.

3) G-12 모델

열린 형태의 셀과 닫힌 형태의 셀이라는 구도로 셀을 범주화할 수는 없지만 콜롬비아 보고타에 있는 국제은사교회(International Charismatic Missions)는 지난 13년 간 나름대로의 셀 모델을 개발해 엄청난 양적 성장을 이루어냈다. 1990년 당시 200명의 교인을

70여 개의 셀로 나누어 교회를 시작했는데 1998년 6월 말 1만 9천 개의 셀로 증가했다. 그리고 2000년 말 2만 3천 개 셀에 25만 명의 교인이 모이는 대교회로 성장했다.[16] 국제은사교회는 양적 성장만 하지 않았다. 질적인 면에서도 놀랄 만한 성장을 이루어냈다. 이 교회의 이런 균형잡힌 성장은 이 교회가 개발한 G-12 덕분이다.

G-12 모델은 한 사람의 셀 리더가 12명의 셀원을 가르치고 훈련하는 것이다. 그리고 그 셀원은 각자 자신들의 셀을 개척한다. 물론 리더는 셀원이 또 다른 셀을 개척하도록 돕는다. 그리하여 12명 모두가 셀을 개척하면 최초의 셀 리더와 새로운 리더는 기존에 갖던 셀 모임을 중단하고 그때부터는 새롭게 세운 12명의 리더를 평생 돕는 관계가 된다.[17]

G-12 모델은 과거 한국의 대학 캠퍼스를 중심으로 활발한 사역을 하던 선교회(네비게이토, CCC, 죠이선교회, UBF 등)의 소그룹과 동일하게 그룹을 활용하고 있다. 각 선교 단체들은 한 사람의 리더가 소그룹을 형성하여 그들을 양육하고 일정 수준에 이르면 그 소그룹의 구성원 각자가 소그룹을 갖게 된다. 그리고 새로운 그룹이 형성되고 배가 되면 더 이상 그 그룹은 존재하지 않는다. 그러나 처음에 형성한 영적 관계는 계속 유지된다. 바로 이 점에서 G-12 모델과 비슷하다.

4) 밴드 모델[18]

장학일 목사는 그의 셀을 밴드라고 부르며 활발하게 목회해 왔다. 또 많은 교회에 영향을 끼쳤다. 장 목사는 감리교의 창시자 요한 웨슬리의 속회(class) 모임과 밴드(band) 개념을 중심으로 밴드(BAND) 목회 개념을 개발했다. 이는 속회(또는 구역회) 모임을 열린 셀로 보고 그들 중 핵심 멤버 2~3명이 주중에 따로 모여 교제하며 훈련받도록 했다. 이를테면 속회의 핵심 멤버들이 주중에 별도의 닫힌 셀 모임을 하는 것이다. 그리고 이들은 자체 모임만이 아니라 교회의 지도자(사역자)로서의 강도 높은 훈련을 받는다.

교회의 질적 성장과 양적 성장은 결코 쉬운 결혼이 아니다. 그것은 세계적으로 확산되는 셀 교회의 경우도 예외가 아니다. 하지만 이 양자의 균형은 선택의 문제가 아니다. 반드시 이루어야 하는 절대 과제이다. 교회가 그 본질을 회복하는 일에 있어서 조화와 균형을 상실한다면 온전한 의미의 교회 본질 회복은 없다. 이 두 가지 문제에 대한 인식과 함께 문제 해결을 위한 부단한 노력은 기필코 하나님의 교회를 교회답게 만드는 복된 결과를 가져다 줄 것이다.

후주

1) Thom S. Reiner, *The Book of Church Growth* (Nashville: Broadman Press, 1993), 27.
2) 독일의 Christian Schwartz가 전 세계의 1천여 개 교회를 대상으로 설문조사를 한 뒤 교회 성장 유형을 네 가지로 나누어 분석했다. 그가 제시하는 교회 성장이론은 자연적 교회성장(Natural Church Development), 약칭 NCD라 부른다.
3) Alvin J. Lindgren, *Foundations for Purposeful Church Administration* (Nashville: Abingdon Press, 1981),
4) Christian A. Schwartz, 「자연적 교회성장」윤수인 외 3인 역(서울: 도서출

판 NCD, 1999), 66-67.
5) Lindgren, *Church Administration*, 44.
6) Heinrich Arnold, 「공동체 제자도」 이상신 옮김(서울: 도서출판 쉴터, 1997), 88.
7) Schwartz, 「자연적 교회성장」, 22-37.
8) Ken Hemphill, 「안디옥 이팩트」 이명희 역(서울: 도서출판 서로사랑, 2000).
9) 이는 코이노니아를 지나치게 주장함으로써 전도나 기타 교회의 기능들을 약화시키거나 경시하는 불균형을 지칭하는 말이다.
10) William Beckhem, *The Second Reformation* (Houston: Touch Publications, 1995).
11) Ralph Neighbour, *Where Do We Go from Here?* (Houston: Touch Publications, 1990), 198.
12) David Finnell, *Life in His Body* (Houston: Touch Publications, 1995), 33.
13) 목산침례교회의 혼합형은 1999년 10월에 개최한 제4회 CCDC에서 발표한 바 있다.
14) Joel Komiskey, 「셀 그룹 폭발」 박영철 역(서울: 도서출판 NCD, 2000), 101.
15) Ibid., 102.
16) 코미스키는 그의 책 「지투엘브 이야기」에서 1998년 6월말 현재 24,000개의 셀이 있다고 말했지만 저자가 2000년 7월에 그것을 방문하여 담임목사로부터 직접 확인한 바에 따르면 여기서 제시한 통계수치였다.
17) Joel Komiskey, 「지투엘브 이야기」 정진우.홍원팔 역 (서울: 도서출판 NCD, 2000), 105-116.
18) 밴드 목회에 관하여는 장학일 목사의 「밴드목회의 이론」 (서울: 서로사랑, 1999)을 참조하라.

제12장

셀 교회에서의 성경교육 및 훈련

→ → → → →

셀 교회에서의 성경교육과 제자훈련은 어떻게 이루어지는가? 셀 교회가 셀 그룹 활동을 중요시 여긴다는 점에서 성경교육과 훈련에 있어서 오히려 퇴보하거나 취약해질 위험성이 있다는 우려가 있다. 실제적으로 적지 않은 교회가 셀 교회로 전환한 이후 기존의 성경교육 프로그램이나 제자훈련 프로그램들을 모두 없애고 오로지 셀 활동에만 치중하는 모습을 쉽게 볼 수 있다. 셀 사역은 기본적인 성경훈련과 제자훈련 위에서 건강하게 이루어진다는 점에서 어떠한 이유에서든 성경교육과 제자훈련은 보다 체계적이고도 효과적으로 이루어져야 한다. 셀 교회를 검토하는 가운데 기존의 교회교육 패러다임에의 과감한 변혁을 시도한 결과로 교회가 기본적인 교육인 성경교육 프로그램을 약화시키고 있다. 어떤 교회의 경우 아예 정규 성경교육 프로그램을 없애버리기도 했다. 균형잡힌 교육을 위하여 정규적이고도 기본적인 성경교육은 필수적이라고 볼 때 셀 교회의 여러 장점에도 불구하고 이러한 면은 반드시 보완해야 한다.

성경교육의 일차성

셀 교회는 두 개의 기둥으로 균형을 유지한다. 첫번째 기둥은 셀 그룹이며 또 다른 기둥은 성경교육을 위주로 하는 교육기관이다. 셀 그룹이 가정으로서의 교회를 경험하고 구성원 간의 가족관계를 형성·발전시키는 것에 초점을 맞추고 있는 반면 교육기관은 주로 성경을 가르치고 특정한 영역을 훈련하는 것에 초점을 맞추고 있다.

점증하는 셀 교회에의 관심은 일반적으로 셀 그룹 자체에 모아지고 있는 실정이다. 따라서 자칫 그리스도인의 성장과 발전에 있어서 기초가 되는 성경교육이나 제자훈련을 소홀히 여기는 잘못을 범할 수 있다. 사실상 싱가포르의 신앙공동체 침례교회(Faith Community Baptist Church)은 오직 셀 그룹만으로 이루어지고 있어 체계적이고 지속적인 교육과 훈련에 문제가 있다. 물론 이 교회는 셀 중심의 공동체 생활 그 자체를 교육의 주된 커리큘럼이라고 주장하지만 성경교육이 신앙교육의 근간을 이룬다는 측면에서 볼 때 지속적이면서도 정규적인 성경교육과 훈련은 매우 중요하다.

콜만(Lucien E. Coleman) 박사는 성서가 기독교 교육의 교과서라는 사실을 상기시키면서 기독교 교육의 본질이 그리스도의 형상을 닮는 것이며 이것은 부지런히 성경을 공부함으로써 달성할 수 있다고 주장한다.[1] 그는 계속해서 제자 삼는 사역에 있어서도 성경교육은 필수적이라고 주장한다.[2] 이 점에 관하여 찰스 A. 티드웰(Charles A. Tidwell) 교수의 다음과 같은 주장도 같은 맥락에서 이해된다.

"우리는 성경이 교회의 교육적 사역에 있어서 기초 교과서라는 전제를 이미 언급한 바 있다. 교회는 반드시 성경을 가르치고 배우는 일을 지속해야 된다. 성경의 권위를 신앙과 행습의 문제에 있어서 일차적인 지침으로 의지하는 사람들에게 그러한 교육 사역은 결코 선택적인 것일 수 없다. 그것은 교육 사역의 근본적인 차원의 문제이다. 교회의 교육적 사역의 다른 모든 차원이 어떤 모양으로라도 성경을 가르치는 것과 배우는 일에 관련되지만 전적으로 성경을 가르치고 배우는 일을 위한 특정한 프로그램이 필요하다."[3]

스마트(James D. Smart)도 교회 교육에 있어서 성경의 중심적 위치에 관하여 같은 주장을 한다. 비록 성경교육이 반드시 생활과 관련되어 이루어져야 한다고 주장하지만 그렇다고 성경 그 자체를 공부하는 것이 불필요하다거나 부수적이라고 말하지 않는다. 스마트가 교회 교육이란 일차적으로 성경교육이여야 함을 주장하는 이유는 교회의 본질에 관한 바른 이해를 가져다주는 근거가 곧 성경이기

때문이다. 따라서 교회교육에 있어서의 성경의 중심성을 강조한다.[4]

스마트는 특히 교회에서의 성경교육의 문제점으로 파편성(fragmentariness)을 지적했다. 성경교육이 매우 단편적으로 이루어지기 때문에 일정한 기간의 교육을 받았음에도 불구하고 학생들이 성경에 관한 종합적이고도 유기적 이해를 결여함으로써 교회교육이 실패하고 있다고 지적했다.[5] 이 경우 학생들은 성경을 전체적으로 사용하여 자신의 삶과 관계된 문제를 어떤 성경으로부터 어떻게 도움을 입을 수 있는지를 알지 못한다. 따라서 어려서부터 체계적으로 성경을 공부함으로써 성경의 구조와 체계 및 핵심적인 내용을 배워야 한다.

세이모어와 밀러는 오늘날의 기독교 교육 접근방법을 종교 교훈적 접근법(religious instruction approach), 공동체적 접근법(community approach), 영적 발달 접근법(spiritual develpoment approach), 해방신학적 접근법(liberation theology approach), 그리고 해석학적 접근법(interpretation approach) 등 다섯 가지로 구분하고 이들 중 전통적 접근법이 종교 교훈적 접근법임을 지적한 바 있다. 그리고 그들은 이 접근법의 장점으로는 교육학적 발견의 활용, 체계적인 지식 교육 등에 적합한 점을 지적했으며 단점으로는 기독교 교육을 단순한 지식과 이해력의 증진에 국한시킨 결과 일반 교육과 기독교 교육이 그 내용에 있어서만 다를 뿐 차이점이 없게 만들어버린 점을 그 단점으로 지적했다.[6] 한편 전통적 교회교육 접근법인 종교 교훈적 접근법에 반작용으로 나타난 공동체적 접근법의 경우 이 접근법을 주장하며 옹호하는 사람들은 종교 교훈적 접근 방법을 오늘날의 교회교육을 황폐화시키는 주범으로 공격하면서 공동체(교회)를 신앙교육의 상황, 내용, 그리고 방법으로 규정지으며 형식을 갖춘 전통적 교육방법에 대하여 신랄한 비판을 가한다. 특히 웨스터호프는 교실 안에서의 종교 교훈적(classroom instruction) 패러다임으로는 신앙교육이 불가능하다는 전제하에 신앙공동체 속에서의 신앙 문화화(faith enculturation) 과정을 그 대안으로 제시한다.7)

웨스터호프가 말하는 신앙 문화화란 신앙이 교육되는 방식은 단순히 지식과 이해력의 증대로 이루어지는 것이 아니라 사회적 존재로서의 인간이 자신이 속한 사회의 문화 속에 완전히 잠김으로써 그 공동체의 가치와 신앙을 자신의 것으로 내면화하는 (internalization) 과정을 통하여 신앙을 습득한다는 이론이다. 이러한 신앙 문화화 이론은 매우 설득력이 있으며 사실상 성경에서 교회공동체를 '하나님의 비밀'이라고 부르며 '은혜의 경륜', 또는 '비밀의 경륜'이라고 부르는 신학적 이해와 상통하는 이론이라 믿어진다. 사도 바울은 자신이 하나님의 비밀을 깨달은 사실을 감격 속에서 에베소 교인들에게 피력하면서 교회공동체가 '하나님의 집'(household of God)으로, '그리스도의 신부'(bride of Christ)로 그리고 더 나아가 '그리스도의 몸'(body of Christ)으로 불리는 독특한 공동체임을 천명한다(엡 1:9, 23; 3:2~10).

그러나 아무리 공동체 접근법이 신앙교육의 절대적 요건이라 할지라도 앞서 콜만 박사와 스마트가 지적한 것처럼 성경 그 자체를 교육하는 프로그램을 없애면서 단순히 공동체 생활에만 신앙교육을 의존할 수는 없는 일이다. 성경이 우리의 신앙의 근거이지 공동체의 가치 기준이 절대적일 수 없기 때문이다. 그리고 교회공동체의 행습과 가치도 끊임없이 공동체 구성원들에 의해 성경에 비추어 점검되고 평가될 수 있을 때 건전한 공동체로서의 성장이 이루어지기 때문이다. 신앙공동체 접근법에 대한 비판이 공동체 자체가 언제나 선하며 완전하다는 잘못된 가정을 가질 수 있다는 점임을 감안한다면 계속 성장하는 공동체의 기준으로서 성경이 구성원 모두에게 근본적으로 교육될 수 있어야 함은 당연한 이치이다.

정일웅 교수는 교회교육의 목표 설정을 논함에 있어 교육 철학적으로 다음의 세 가지 관점을 거론한다. 첫째, 인생관 확립의 문제, 둘째, 세계관의 확립, 셋째, 가치관의 확립이다. 그는 이러한 확립의 문제에 있어서 성경이 모든 것을 판단하는 가치 기준이며 절대적인 의미를 지닌다고 주장한다. 그는 계속해서 다음과 같이 주장한다.

"그러므로 성경말씀이 보여주는 절대적인 가치 기준은 크리스천의 신앙 인격 형성의 중심에 영향을 주어야 한다. 그리고 하나님의 말씀의 가르침을 받은 크리스천들의 신앙관과 성경의 가치관을 받아들이면서 또한 그 어떤 사회적 가치관의 혼란에 부딪힌다 하더라도 하나님의 뜻에 따르는 사람이 되도록 교회교육은 책임을 다해야 할 것이다."[8]

셀 교회의 두 기둥

교육공동체로서의 셀 교회 모델은 최소한 두 가지 교육적 기둥이 있다. 셀 그룹과 성경훈련학교이다. 인간이 태어나 온전한 인격체로 성장하는데 꼭 필요한 조직이 있다면 그것은 가정과 학교이다. 사람은 누구나 가정에 태어나서 가족들로부터 사랑과 보호 속에서 양육받는다. 가정에서 인간의 기본적인 욕구가 채워지며 성품과 인격이 형성되며 발달한다. 부모의 가치관을 가정에서 자연스럽게 모방하고 그러한 가치관 아래 훈련받는다.

셀 교회가 굳이 셀 그룹을 강조하는 이유가 바로 여기에 있다. 하나님의 집으로서의 교회에서 개개의 그리스도인이 가족들의 사랑과 돌봄과 교육을 받을 수 있기 위해서는 가족적 관심과 돌봄이 가능한 크기의 셀 그룹이 불가피하며 여기에서 개개인은 하나님 나라의 시민으로서의 기본 훈련을 받게 된다.

회중 단위의 교회의 경우 한두 사람의 목회자가 수십 또는 수백 명의 교인들의 영적 성장과 훈련을 관리·감독하는 일은 사실상 불가능하다. 그렇다고 단순한 교제와 예배를 위해 모이는 구역예배 모임이나 교회학교 반 모임으로는 실질적인 가족관계를 맺고 삶을 서로 책임을 지며 살아가기란 사실상 불가능하다. 또한 실질적으로 그러한 모임들이 가족관계를 맺고 구성원의 삶을 가정적인 분위기에서 돌아보며 양육하도록 하지도 않는다. 이러한 점에서 우리는 오늘날 교회의 본질과 관계된 교회론를 재조명해야 한다. 그러나 본 장은 그 범위를 신학적인 문제에까지 확대시키지 않기 때문에 교회론에 관한 신학적 재조명은 남겨둔다.

교회는 분명 하나님의 집이며 그렇기 때문에 교인들 간에는 서로 형제 자매라고 부른다. 하지만 오늘날 이러한 호칭은 서로 친근해지려는 노력의 일환이거나 신학적 당위성 때문에 그 의미를 희석하고 막연히 사용하는 통상용어에 불과한 것 같다. 이를테면 용어도 있고 신학적 개념도 있지만 그 용어가 담고 있는 실체는 상실하고 있다는 말이다. '하나님의 가족과 같은 관계'라고 유비하는 표현이 아니라 실질적으로 '하나님의 가족'이다. 따라서 교회의 구성원들은 이러한 가족관계를 실질적으로 경험할 수 있는 교회를 이루어야 마땅하다. 바로 이 점에서 셀 교회는 이러한 가족관계를 실현하고 경험할 수 있는 교회로서의 셀 그룹을 강조하고 있다.

셀 교회가 셀 그룹을 그토록 중요시하는 이유가 바로 여기에 있다. 따라서 많은 강조점이 셀 그룹에 주어지며 셀 그룹 활동을 위한 많은 연구와 노력이 기울여지는 것이다. 그러나 이러한 강조점이 지나쳐서 교회의 또 다른 기둥인 성경훈련을 위한 학교 또는 프로그램을 소홀히 해서는 안 된다. 이미 앞서 언급한 바와 같이 성경 그 자체를 교육하는 일이 신앙교육에 매우 중요한 요소가 되기 때문이며 제자훈련 역시 성경교육을 기본으로 하기 때문이다.

마치 한 인간이 가정에서 기본적인 돌봄과 양육을 받지만 일정한 나이가 되면 학교에 가서 가정에서 가족들로부터 배우기 어려운 다양한 내용들을 교육받으며 그 지성과 인격이 계속 성장하듯이 교회에 설립된 성경훈련학교(Bible Institute 또는 Bible Training Institute라고 부름)에 입학하여 일정한 과정을 이수하는 가운데 하나님 나라의 시민으로서 무한히 성장하고 발전하는 인격체로 변화될 수 있는 것이다.

　대부분의 셀 교회들이 아직까지 어린이들을 위한 교육을 기존의 주일학교나 교회학교를 통하여 실시하고 있는 실정이다. 성경훈련의 기회를 별도로 마련하지 않은 교회의 경우는 세대를 섞는 방법을 채택해 셀 그룹을 편성하기도 한다. 한 셀에 어린이와 성인을 넣음으로써 어른들로부터 어린이들이 배우는 관계를 가져야 한다는 생각 때문이다.

　이렇듯 셀 교회의 경우 어린이들을 위해 새로 고안된 교육기관이 없다는 점은 계속 보완해야 할 점이다. 그러나 성인들을 위한 성경훈련학교 제도는 기존 교회들의 성인 교육기관들에 비해 상당히 발전적으로 마련되어 있다. 어찌된 영문인지 셀 교회는 어린이들을 위한 교육기관은 미비하지만 성인들을 위한 성경교육기관은 상당히 발전했다. 그러나 기존 교회의 경우는 어린이들을 위한 교육기관은 상당히 발전했지만 성인들을 위한 성경훈련학교를 별도로 개설하고 있지 못한 경우가 많다.

　여기서 셀 교회의 성경훈련학교 제도는 아직까지는 주로 성인들을 위한 것임을 밝혀두며 또한 본 장에서도 성경훈련학교가 주로 성인들을 교육기관으로 인식하며 논하고 있음을 밝혀둔다. 그러나 셀 교회는 어린이로부터 노년층에 이르기까지 전 연령층에 걸친 성경훈련학교 제도의 개발을 시도해야 한다. 아직까지 이러한 문제에 관한 연구가 별로 이루어지지 않고 있음은 아마도 셀 교회 모델 자체가 충분한 검증을 받지 못했기 때문일 것이다.

셀 교회의 성경훈련학교는 그 기본 성격과 본질에 있어서 기존 교회의 교회학교와 동일하거나 유사하다. 전적으로 성경을 가르치고 배우는 일과 특정한 영역에 관한 훈련을 목적으로 다양한 프로그램을 학교 안에 개설하고 그 과정을 통하여 훈련받게 한다는 점에서 유사하다. 그러나 이 학교를 운영하는 방법이나 그 교육 내용의 구성에 있어서는 기존의 교회학교의 그것들과는 차이가 많다.

기존 교회학교의 경우 교회나 교단에서 3년 또는 6년, 심지어는 9년을 한 주기로 한 커리큘럼을 사용함으로써 성경을 장기간에 걸쳐 배우는 단조로운 운영방식을 채택하는 경우가 많다. 실질적으로 미국 남침례교단의 경우 성경책 시리즈(Bible Book Series)의 경우 9년을 한 주기로 설정하고 9년을 468주간으로 나누어 성경 66권을 공부하는 장기간의 교과과정을 운영한다. 물론 성경 그 자체를 공부한다는 점에서 가치 있는 일이지만 스마트가 지적한 바와 같이 성경 지식의 단편성이 지니는 문제점을 탈피하기 어려운 단점이 있다.

셀 교회의 두 기둥인 셀과 성경훈련학교는 학생들이나 교인들의 전인격적인 성장과 발전을 위해 상호보완관계를 지닌다는 점에서 이 양자의 적절한 협동은 매우 중요하다. 필자가 어렸을 적에는 초등학교에 사친회(師親會)라는 것이 있었다. 사친회의 목적은 학생의 부모와 교사가 함께 교육을 위해 협조하는 것이다. 미국에는 지금도 사친회는 존재한다.[9]

목장에서 성경훈련학교로 교인을 보내면 성경훈련학교 교사와 목자가 협조하여 그 교인의 영적 상태나 환경 등의 정보를 주고 받음으로써 목자는 목장에서, 교사는 훈련반에서 그 교인의 필요를 아는 가운데 적절히 도울 수 있게 된다.

셀 교회에서의 성경훈련학교 모델 제안

비록 셀 그룹이 기존의 성경학교나 구역예배 또는 기타 교회 내의 그룹에게 없었던 기능을 다양하게 소유했지만 셀 그룹만으로는 교육과 훈련을 충분히 감당할 수 없다. 따라서 성경교육과 제자훈련을 위한 교육전담 기구로서 성경훈련학교를 만들어서 교인들의 평생교육을 감당하는 것이 좋다.

성경교육과 제자훈련이 동시에 이루어지는 성경훈련학교

셀 교회에 있어서의 성경공부 및 훈련은 한 기관에서 동시에 하는 것이 효과적이다. 구약시대로부터 신약시대에 이르기까지, 유대인들의 교육으로부터 그리스도인들의 교육에 이르기까지 성경공부와 생활훈련을 따로 분리하여 신앙교육을 한 경우는 역사 속에서 찾아보기 어렵다. 특히 유대인들은 생활과 신앙과 교육이 삼위일체란 개념을 중심으로 이루어진 교육활동으로 이분법적 훈련을 염두에 두지 않았다.

유대인들의 경우 배우는 대로 믿었고 믿은 대로 생활했다. 이 점은 오늘날 대부분의 교회가 성경교육을 위해서는 주일학교 또는 교회학교를 활용하고 제자훈련을 위해서는 제자훈련부를 활용하고 선교교육 및 선교활동을 위해서는 여전도회나 형제회 등을 활용하는 것과는 판이하게 다르다. 이러한 현상은 초대교회 시대에도 그대로 이어졌다. 신약성서 시대의 교회가 주일학교나 신앙훈련을 위한 제자훈련 프로그램을 운영했다든지(비록 성격상 여기에 해당하는 활동을 강력히 실시하긴 했지만 조직화된 학교나 조직을 활용했다는 어떤 성경의 언급도 찾아 볼 수 없다) 또는 여전도회나 형제회(또는 남전도회) 같은 조직을 활용했다는 증거는 전혀 없다. 오히려 그들은 모일 때마다 사도의 가르침을 받고 교제하며 기도하기를 전혀 힘썼으며 복음을 전파는 일을 계속했다.

따라서 성경공부와 신앙훈련을 위한 교육활동을 가능한 단순화하거나 또는 동일한 기관에서 주도하여 실시하는 것이 효과적이다. 이를테면 교회 전체가 셀 그룹을 구성하여 강력한 셀 교회로서 가족적 관계를 실현함과 동시에 하나의 교육기관을 통하여 전체를 조망하는 가운데 교인을 교육하고 훈련하는 것이다.

여기에 성경훈련학교 제도의 강점이 있다. 복잡하거나 상호 연관성이 없는 가운데 성경공부나 신앙훈련이 단편성을 면치 못한다면 많은 시간과 노력과 정열을 투자하고도 그에 상응하는 결과를 얻지 못하는 경우가 많을 것이다. 따라서 성경공부와 신앙훈련을 함께 하는 성경훈련학교 제도가 바람직하다고 할 수 있다.

성경훈련학교의 과정

성경훈련학교는 신앙의 성장단계별로 적어도 세 과정 또는 그 이상의 과정을 개설할 수 있다. 즉 새로운 신자가 교회의 회원으로 가입했을 때 그의 영적 성장 정도를 고려하여 새신자 과정, 기신자 과정, 지도자 과정, 그리고 사역자 과정 등을 개설할 수 있다. 이러한 과정들은 다섯 또는 여섯 가지의 영역(목산침례교회의 경우 그리스도인의 성장, 교회와 지역사회, 지도력, 기독교 교리, 가정생활, 전도와 선교 등의 영역으로 나눔)에 걸쳐 과목들을 개설할 수 있다. 또 그 이상으로 세분화할 수도 있다. 나는 과정별로 4~5영역으로 나누고 각 영역별로 과목들을 개설하는 방식을 제시한다. 그리고 각 과정별로 이수해야 할 학점은 다음과 같다.

새신자 과정 12학점
기신자 과정 42학점
지도자 과정 42학점
사역자 과정 42학점

1) 새신자 과정

새신자 과정은 예수를 주님으로 믿은 중생한 사람들이 교회의 회원으로 가입해 기본적으로 필요한 그리스도인의 신분 확신과 교인 됨의 의미 이해를 배우는 과정이다. 새신자 과정은 성경훈련학교 속에 둘 수도 있고 별도로 운영할 수도 있다. 이 과정에서 다룰 주된 내용은 다음과 같은 것들이 될 수 있다.

· 구원의 확신
· 그리스도인의 신분의식
· 교인 됨의 의미

- 교회생활을 위한 오리엔테이션 등

2) 기신자 과정

기신자 과정이란 새신자 과정을 마친 사람들이 그리스도인으로서 본격적인 성장을 위해 공부하며 훈련하는 과정이다. 이 과정은 모든 교인들이 기본적으로 거쳐야 할 교육과정이다. 이를테면 초등학교나 중등학교에 해당하는 의무교육 과정인 셈이다. 이 과정은 다음과 같은 영역에 걸친 교과목들로 구성될 수 있다.

- 성경교육 – 성경개관, 신약개론 및 구약개론, 그리고 몇 권의 책별 공부
- 그리스도인의 성장 – 기초적인 제자도의 개발 훈련
- 사역개발 – 교회 안팎에서 행하는 전도, 선교 등 비교적 단순한 사역
- 가정생활 – 결혼을 위한 준비, 부부생활, 부모와 자녀 관계 등
- 기독교 교리 및 신학 등 – 신앙의 기초적 교리 및 신학 훈련

3) 지도자 과정

지도자 과정은 교회에서 지도자로서 사역할 사람을 훈련하는 과정이다. 이를테면 목자나 교사 또는 집사로 사역할 사람들을 훈련한다. 기신자 과정을 이수한 사람들은 자연스럽게 교회의 사역을 감당할 것이므로 그 다음 과정으로 지도자 과정을 이수하게 한다. 이 과정에 입학한 사람만을 교회의 지도자로 임명할 수 있게 함으로써 교

회에서의 지도자들의 사역의 질을 높힐 수 있다. 이 과정에서 다룰 교과목은 다음과 같이 구성될 수 있다.

1. 성경교육 – 심층 성경공부 방법을 중심으로 스스로 공부할 수 있는 능력 개발
2. 지도력 개발 – 개인양육으로부터 교회의 사역자에게 필요한 지도력 개발
3. 제자로서의 영성 개발 – 더욱 깊어지는 주님과의 관계 개발, 가정생활 개발
4. 교리 및 신학훈련 – 기독교 신앙의 근간인 교리와 신학 공부

4) 사역자 과정

사역자 과정은 정규 신학교에 진학하기 어려운 상황에 있는 교회에서 전도사 또는 목회자로 헌신한 사람들을 대상으로 개설한 신학훈련과정이다. 교회와 가까운 거리에 신학교가 있을 경우 위탁교육 형태로 대치할 수도 있다. 그러나 대부분의 경우 이러한 혜택을 받기 어려우므로 개교회 내에 사역자 과정을 설치하여 운영할 수 있다. 이 과정을 위한 커리큘럼은 신학교의 커리큘럼을 축소한 형태의 것이 될 수 있다.

성경훈련학교의 학사관리

교회의 정규교육과정으로서의 성경훈련학교는 운영에 필요한 조직을 두고 책임자를 임명하여 학사관리를 해야 한다. 필요한 운영책

임자로는 교장과 교감, 교무처장, 그리고 사무처 등을 둘 수 있다. 대개의 경우 교장은 담임목사 또는 교육목사가 맡으며 학교의 전반적인 감독과 책임을 진다. 교감은 교장을 대행하지만 주된 일은 학생들의 학업 성취 정도를 평가하고 더 나은 교육활동을 위해 노력한다. 교무처장은 모든 학사관리의 책임을 맡으며 학교의 수업이 정상적으로 진행되도록 하는 일을 주관하며 학생들의 학적부를 관리한다. 사무처장은 학교의 교육활동에 필요한 시설이나 교육 자료들을 확보하고 조절하는 책임이 있다. 필요하면 각 처에 사무원을 둘 수 있다.

성적은 'P/NP'로 주어진다. 각 과목을 패스하려면 첫째, 해당 학기의 과목에 3회 이상 결석하지 말아야 한다. 둘째, 해당 과목 교수가 요구하는 모든 숙제와 시험을 통과해야 한다. 한 학기에 선택할 수 있는 과목의 수는 제한이 없지만 여타 교회의 활동이나 학습효과 등을 고려하여 적정한 수준에서 선택한다. 과목을 선택할 때는 목자 또는 목회자와 상의해야 한다. 그렇게 함으로써 목자는 학생 개인에게 필요한 과목 이수를 적절한 단계별로 할 수 있도록 도움을 줄 수 있다.

과목 개설 시간은 교회의 정규 프로그램을 피한 시간으로 담당 교수와 학생, 교무처가 협의해 적절한 시간을 정한다. 교육 장소는 교회로 하는 것을 원칙으로 한다. 졸업은 년 1회로 하며 그 시기는 12월 중으로 한다. 각 과목당 기본 학점은 3학점이며 수업 시간은 1.5~2시간이다. 특강이나 수양회 등의 참여를 학점으로 환산할 때는 총소요시간을 계산하여 정규 과정에서의 한 학기 수업시간인 18

시간 또는 24시간에 견주어 학점을 부여한다. 예를 들어 총 참여 시간이 6시간일 경우 1학점을, 3시간일 경우는 0.5학점을 부여할 수 있다.

성경훈련학교의 학제

학기는 1년 3학기제가 바람직하다. 12주(3개월)를 한 학기로 한다. 이 기간은 과목 이수 기간이 지나치게 길어 도중에 흥미를 잃거나 잦은 결석으로 인한 유급을 피할 수 있게 할 수 있다. 이러한 학기제는 다음과 같이 3개월 학기와 1개월의 방학을 설정하여 시행할 수 있다.

제1학기　1월~3월　　4월 방학
제2학기　5월~7월　　8월 방학
제3학기　9월~11월　12월 방학

새신자 과정은 너무 오랜 기간 운영하면 오히려 비효과적일 수 있다. 최소 6개월 또는 최대한 1년 정도의 교육 기간이 바람직하다. 새신자 과정을 6개월 정도로 잡는다면 다른 과정에 적용하는 학기제나 학점제를 그대로 적용하기는 어려울 것이다. 그러나 교육기간을 1년 정도로 하면 정규학제와 학점제를 그대로 적용할 수 있다. 한 학기에 3학점짜리 한 과목씩 이수할 경우 세 학기에 걸쳐 9학점을 이수하게 되며 나머지 3학점은 특강이나 수양회를 통해 이수할 수 있다.

기신자 과정과 지도자 과정의 경우 한 학기에 한 과목씩 이수할 경우 각 과정을 졸업하는 데에 4년 반 이상이 걸린다. 하지만 특강이나 특별 집회 또는 수양회 등의 참여에 학점을 부여하면 한 과정을 졸업하는데 소요되는 기간은 3년 또는 3년 반이다. 그러나 한 학기에 두 과목 이상을 수강할 수 있기 때문에 1년 반 또는 2년 안에 졸업할 수도 있다.

셀 교회의 셀의 기능은 교제, 찬양, 교육, 전도, 지도력 개발 등 다양하다.[10] 그리고 하나의 셀은 '교회 속의 작은 교회'로서 교회의 기능을 한다. 따라서 랄프 네이버는 셀 교회에는 주일학교(또는 교회학교), 훈련시간, 전도를 위한 심방, 수요 기도회도 없다고 말한다. 그는 이러한 프로그램들을 대신하여 진정한 의미의 영적 공동체인 셀 그룹이 하나의 '확대된 가족'으로서 그러한 프로그램들이 가지는 기능을 대신한다고 주장한다. 그는 순수한 셀 교회는 그러한 것들을 필요로 하지 않으며 기본적인 필요를 목장이라는 셀 그룹에서 모두 충족한다고 주장한다.[11] 이와 같은 그의 주장은 한편으로는 일리가 있어 보인다. 그러나 기본적인 성경교육과 훈련이 모두 셀 그룹에서 이루어지기에는 셀 그룹 모임의 시간도 제한되고 목자 한 사람의 역량과 은사 등에 한계가 있기 때문에 비현실적이라는 비판을 받기도 한다. 비록 셀 그룹에서의 활동이 신앙공동체 속에서 많은 유익을 얻는다 해도 성경 교육은 필수이기 때문이다.

현존하는 셀 교회들의 경우 랄프 네이버의 주장을 따르는 교회들도 있지만 기본적인 성경교육 및 제자훈련을 위한 별도의 교육기관이 있는 교회도 계속 생겨나고 있다. 그리고 그 교육기관에는 장·

단점이 있음을 보았다.

가급적 구조와 조직을 단순화시킴으로써 불필요한 중복과 지식과 훈련의 단편성을 피할 수 있다는 면에서, 통합적인 교육과 훈련이 용이하다는 면에서 성경교육과 신앙훈련을 통합해 교육할 수 있는 장점이 있다. 하나의 학교에서 이 두 가지를 주관하는 것은 바람직하다. 이러한 형태의 학교가 새로운 교회 교육기관으로 등장하고 있기 때문에 앞으로도 지속적으로 연구하고 발전시켜야 한다.

본 장에서 제안한 모델은 많은 교회에서 효과적으로 활용하는 것들이다. 하지만 아직은 많은 임상실험을 통해 그 효용성을 검증해야 한다. 특히 모든 세대의 교인이 평생교육으로 성경과 제자훈련을 받을 수 있는 교회 내에서의 조직과 기구는 매우 중요한 의미가 있다.

셀 교회에서의 성경훈련학교 모델

성경훈련학교

성경훈련학교(Bible Institute)는 셀 그룹 사역이 지향하는 바, 모든 그리스도인이 사역자라는 성서의 진리를 실현하기 위해 셀 그룹에 속한 모든 성도들을 훈련하여 주님의 성숙한 일꾼이 되게 하는 것을 목적으로 한다. 이것은 산발적으로 필요할 때 공부하는 것과는 달리 조직적인 학교 시스템에서 폭 넓게 그리고 차원 높게 공부해 나갈 수 있도록 제도화한 교육기관이다.

1) 입학

원칙적으로 예수 그리스도를 구세주와 주님으로 영접하고 침례 받은 교회의 회원이 된 사람들 중에서 입학 원서를 작성한 후 교회 지도자의 추천을 받은 사람에 한하여 입학을 허락한다. 입학을 위한 추천은 셀 리더나 존 디렉터(다섯 개의 셀 그룹을 돌보는 사역자) 또는 교역자의 서명을 받음으로써 이루어진다. 입학 조건을 교회의 회원으로 한정하고 추천을 받는 이유는 자신의 배움을 지도자로부터 안내를 받음과 동시에 진지한 배움의 자세를 갖게 하는데 있다.

2) 학기제도

성경훈련학교의 학기는 일 년에 3학기로 1월부터 시작되는 봄 학기, 5월부터 시작되는 여름 학기, 그리고 9월부터 시작되는 가을 학기가 있다. 필요에 따라 수시로 특강을 개설할 수 있다.

3) 커리큘럼

성경훈련학교는 기초사역자 과정과 지도자 사역과정이 있다. 기초사역자 과정이란 교인이면 누구나 전공할 수 있는 프로그램이며 지도자 사역과정은 은사에 따라 교회의 지도자가 될 사람들에게 제공하는 과정이다.

- 기초 사역자 과정

기초 사역자 과정을 졸업하려면 필수 과목 30학점과 선택 과목 12학점 등 모두 42학점을 이수해야 한다. 기초 사역자 과정을 마친 사람은 그 다음 과정인 지도자 과정을 이수할 수 있다. 필수 과목 30학점에 해당하는 과목들은 다음과 같다.

제자의 삶 101 3학점 「예수님짜리」(혹은 「영적성장의 기본진리」)
　　　　　102 3학점 「영적 성장의 정상에서」
　　　　　103 3학점 「하나님을 경험하는 삶」
　　　　　104 3학점 「기도의 삶」

사 역	201	3학점	복음전도
	202	3학점	「최선의 삶」
신 약	301	3학점	신약개론
	302	3학점	요한복음
구 약	401	3학점	구약개론 1
	402	3학점	구약개론 2

- 지도자 사역과정

50학점을 이수해야 한다. 필수 학점 40학점과 특별 세미나 10학점으로 구성되어 있다. 이 과정의 필수 과목 40학점은 다음과 같다.

사 역	211	4학점	지도자론
	212	4학점	설교 및 성경교수법 1
	213	4학점	설교 및 성경교수법 2
신 약	311	4학점	신약공부

구 약	411	4학점	구약공부
선 교	511	4학점	선교학
신 학	611	4학점	조직신학
	612	4학점	성령론
교 회 사	711	4학점	기독교 교회사
기독교 윤리	811	4학점	신앙윤리

특별 세미나 10학점은 교회가 지정하는 과목들로 구성한다.

4) 학사관리

성적은 Pass/Non-Pass로 주어지며 과목을 패스하려면 해당 학기에 3회 이상 결석을 하지 말아야 하며 담당 교사가 요구하는 숙제와 시험을 통과해야 한다. 패스하지 못하면 다음 학기에 그 과목을 다시 수강해야 한다. 셀 그룹 활동에 지장을 주지 않는 범위 내에서 한 학기에 여러 과목을 선택할 수 있고 조기 졸업이 가능하다.

수업시간은 월요일 저녁, 화요일 오전, 화요일 저녁, 수요일 저녁, 목요일 오전, 목요일 저녁 중으로 정하며 특강은 정규학과와 무관하게 필요시 개설할 수 있다. 교회의 행사가 있을 경우 사정에 따라 휴강할 수 있고 졸업식은 일 년에 한 번 한다.

이 모델에 있어서 한 가지 특기할 만한 점은 가정으로서의 셀 그룹과 학교로서의 성경훈련학교가 서로 유기적인 관계라는 점이다. 또한 학교 교사와 학부모들이 사친회(Parent-Teacher Association)처럼 학생을 전인격적으로 교육할 수 있다.

통합 교회 모델

김현철 목사는 목산침례교회의 모델을 통합 교회 모델이라 부른다. 이는 "교회가 갖추어야 할 기본 요소 중 등한시하거나 아예 배제한 것이 있는 교회에 비추어 상대적으로 붙인 이름"이라고 밝히고 있다.[12] 이는 교회가 성경교육 프로그램, 제자훈련, 셀 사역이 필요하며 예수께서 자신의 생애를 통해 교회의 요소를 가르쳐 주신대로 전도, 교육, 치유 등 모든 요소들도 필요하기에 교회의 이상을 바라보며 붙인 이름인 것 같다.

여기서 단순한 성경훈련이나 제자훈련에 관한 것을 검토하기 전에 우선 목산침례교회 구조 전반을 간략하게 검토하는 것이 이해를 위해 도움이 될 것이다. 목산침례교회의 기본적인 모임과 프로그램은 주일학교 반모임, 신앙훈련 반모임, 기도모임, 구역모임, 작은 모임, 그리고 가족모임 등이 있다. 주일학교 반모임은 미국 남침례교회의 주일학교 반을 도입한 것으로서 여기에서 체계적이고도 지속적인 성경공부를 하고 더 나아가 일종의 목회 그룹 역할까지 담당한다. 주일학교반 모임은 어린이들만을 위한 것이 아닌 모든 연령층을 위한 것이다.

신앙훈련 반모임은 미국 침례교회의 제자훈련(Discipleship Training) 제도를 도입한 것이다. 특히 연령별로 모이는 주일학교 반모임에 비해 필요한 영역의 신앙훈련을 위해 모이기 때문에 다양한 연령층의 사람들과 단기적으로 세대 간의 교차 교제(Intergenerational Fellowship)를 할 수 있는 기회를 제공하는 이점이 있다. 기도모임은 1~1시간 30분 정도 기도에 전념하는 모임이다. 이 기도모임은 교회에서가 아닌 지역별로 이루어지는 모임이다.

구역모임은 지역을 12구역 이상으로 분할하여 인근의 교회 식구와 두 달에 한 번씩 교제하며 신앙적인 주제로 이야기하는 시간을 의미한다. 이 모임을 통해 교인들은 자연스럽게 선교의 필요성을 깨닫고 선교활동에 동참하게 된다.

작은 모임은 교인이 늘어나면서 최근에 생긴 모임으로서 서로 이름과 얼굴을 연결하지 못하는 일이 생기지 않도록 하기 위한 모임이다. 서로 간의 친숙도 정도로 세 그룹으로 교인들을 분류하여 낯선 사람들 다섯 가정씩 교제할 수 있는 기회를 갖게 한다.

가족모임은 목산침례교회의 교인들이 함께함을 위해 가지는 모임 중 가장 핵심적인 모임이다. 주일학교반원 중 교회 회원들이 주중에 자신들의 인도자 집에서 서너 시간씩 머무르며 교제하는 모임이다. 이 모임이 셀 모임인 것이다. 그리고 이 모임에서 나누는 내용은 다음과 같은 것들이다.

- 식사, 간식
- 지난 주간에 즐겨 불렀던 찬송가 같이 부르기
- 지난 주일 설교에 대한 반응과 적용
- 지난 주일 예배의식 경험
- 경건의 시간에 묵상한 것 나누기
- 성경 읽기와 암송

- 간증
- 성경공부 내용 중 나누고 싶은 이야기
- 부부생활(이성교제)에서 있었던 일
- 이야기하고 싶은 사회문제
- 의사결정에서 도움을 청할 일
- 전도 경험 또는 전도 계획
- 기도제목 나누기
- 주의 만찬

주일학교 반모임

앞서 말한 바와 같이 이 모임은 목산침례교회의 성경공부를 위한 기본적이면서도 정규적인 모임이다. 미국 남침례교회의 주일학교 반 구성의 원리를 그대로 적용하여 단순한 성경공부만을 하지 않고 셀 그룹이 가지는 관계를 통한 전도의 기능도 여기서 이루어진다. 예를 들면 남침례교회의 주일학교 성인들을 위한 반모임의 경우 교사를 중심으로 전도 책임자(Outreach-Evangelism Leader)와 기도 담당 지도자(Prayer Leader), 교제 담당 지도자(Fellowship Leader), 반서기(Secretary)가 있다. 그리고 한 반은 다시 돌봄의 그룹 지도자(Care Group Leader) 서너 명으로 구성한다. 그리고 이러한 반 모임의 지도자들을 성인반 지도자 팀(Adult Class Leadership Team)으로 부른다. 이 경우 사실상 돌봄의 그룹 지도자가 셀 그룹의 리더가 하는 일을 감당한다.

목산침례교회는 미국 남침례교회의 성경책 시리즈(Bible Book

Series)를 교재로 사용한다. 이 교재는 9년을 한 주기로 성경을 공부하는 방식으로 되어 있다. 실질적으로 목산침례교회의 성인주일학교 반모임은 작게는 9명, 크게는 28명으로서 셀 교회의 셀보다는 그 크기가 크다. 물론 이러한 크기는 성경공부에는 지장이 없지만 셀 그룹의 기능을 감당하기 위하여 이들 중 교회의 정회원들만 주중에 별도로 모인다.

성경공부의 경우 특수한 경우를 제외하고는 모든 연령층이 주일 오전 또는 오후에 교회에서 모인다. 이들 중 유아와 아동은 주일 오전 11시에 교회의 교실에서 각각 반별로 모이고 청소년과 성인은 11시에 주일 예배를 드리고 오후 1시 15분에 반별로 모인다.

신앙훈련

신앙훈련이라는 용어는 미국 남침례교회의 다섯 개의 교회교육기관 중 하나인 제자훈련(Discipleship Training)에 해당한다. 정규적이고도 체계적인 교육기관으로서 성경교육과 쌍벽을 이루는 신앙훈련은 그 영역을 다음과 같이 여섯 가지로 분류하고 각 영역에 다양한 훈련과정들을 제공하고 있다.

□ 그리스도인의 성장

NO-01	신앙생활입문
NO-02	교회입문
NO-03	예수님짜리
CT-01	주요 윤리문제들 1

CT-02	(주요윤리문제들 2)
CT-03	자아용납과 문제해결
CT-04	기도의 삶
CT-05	하나님을 경험하는 삶
CT-06	청지기 훈련
CT-07	(예수님의 금연학교)
CT-08	(당신의 감정을 다루는 법)
CT-09	(그리스도인과 스트레스)

□ 교회와 지역사회

| CT-21 | 침례교회의 역사와 신앙 |
| CT-22 | (교파별 특성의 이해) |

□ 지도력

CT-31	최선의 삶
CT-32	Wise Counsel(근간)
CT-33	탁월한 지도력
LT-01	교회학교 일꾼 대상자 기본 훈련
LT-11	집사의 사역

□ 기독교 교리

CT-41	성경이 우리 손에 오기까지
CT-42	주님의 비유
CT-43	성경개론(4년 주기)

CT-44   (영적 삶의 성경연구 원리)

☐ 가정생활

CT-51   그리스도인의 이성교제와 결혼
CT-52   부부의 삶(언약으로서의 결혼)
CT-53   Paranting by Grace(근간)

☐ 전도와 선교

CT-61   전도상담
CT-62   (구원에로의 초대)
CT-63   (이단과 이교)

이 외에도 수양회나 특강을 통한 특별 훈련의 기회가 열려져 있으면 가능한 특강의 주제들은 다음과 같은 것으로 한다.

· 그리스도인의 이성교제와 결혼
· 목표설정과 삶의 우선순위
· 제자가 되는 길
· 골로새서를 따라서
· 바나바 커넥션
· 무릎으로 사는 그리스도인
· Reaching People
· 가정생활 특강
· 청지기 훈련
· 제자 삼는 길

- 기도의 파수꾼
- 성령과 함께 하는 삶
- 청소년 부모 특강
- 결혼 특강
- 영적 전투
- 천국시민답게
- 노아홍수는 역사적 사실인가
- 대중문화 이해
- 대중음악의 폐해
- 올바른 의사결정
- 교회모델 이해
- 셀 교회와 침례교회

신앙훈련을 위해 모이는 시간과 장소는 다양하다. 일 주일에 평균 8~10개의 신앙훈련반이 개설되고 있다.

후주

1) Lucien E. Coleman, 「교육하는 교회」, 박영철 역 (서울: 요단출판사, 1986), 60-61.
2) Ibid.
3) Charles A. Tidwell, *Educational Ministry of a Church* (Nashville: Broadman Press, 1982), 119.
4) James D. Smart, *The Teaching Ministry of the Church* (Philadelphia: Westminster Press, 1954), 116-19.
5) Ibid., 144.

6) Jack Seymour and Donald Miller, *Contemporary Approaches to Christian Education* (Nashville: Abingdon, 1982), 35-52.
7) Ibid., 20-2.
8) 정일웅, 「교육목회학」(서울: 솔로몬, 1993), 221-24.
9) 사친회는 미국의 초등학교에서 일반적으로 사용하는 제도이다. 교사, 학부모 협동체제로서 학생의 교육은 부모들과 함께 의논하고 서로 협조하는 기구이다. 과거 우리 나라에도 이러한 제도가 있었으나 폐해가 많아서 폐지하고 육성회로 바뀐 바가 있다.
10) David Finnell, *Life in His Body* (Houston: Touch Publication, 1995), 87.
11) Ralph Neighbour, Jr. *Where Do We Go from Here?* (Houston: Touch Publications, 1990), 198.
12) 침례신학대학교 평생교육원에서 실시한 제7회 신학공개강좌(1996년 6월 24~26일)에서 김현철 목사가 목산교회 사례발표시 그 교회를 통합교회로 부르고서 그 이유를 밝힌 내용.

제13장

셀 리더 양육방법과 과정

 셀 교회로 전환하거나 성장하는 일에 있어서 결정적 요소는 셀 리더 양육이다. 아무리 셀 교회로 성장하기를 원하고 다양하고 풍부한 활동과 프로그램과 훈련 자료가 있어도 잘 훈련된 셀 리더가 없다면 그 모든 것들은 무용지물일 수밖에 없다. 사람이 일을 만들지 탁월한 자료나 프로그램이 사람을 만들어 내는 것이 아니기 때문이다. 따라서 셀 교회의 정착과 성장의 열쇠는 리더의 양성에 달려있다고 단언할 수 있다. 즉 셀 교회의 정신이 살아나고 실현될 수 있는 관건은 어떻게 셀을 책임지고 셀원들을 양육할 수 있는 목자들을 양육하고 개발할 것인가에 달려있다.

 셀 리더 양육은 단순하지 않다. 어떤 사람들은 셀 리더를 훈련하기 위해 몇 주간의 훈련과정을 만들고 그 과정을 이수하면 리더가 되는 것으로 생각한다. 그래서 훈련 방법을 의존해 리더를 육성하려고 한다. 하지만 리더는 단순히 자동차 운전학원에서 몇 주만에 운전 기술을 습득하는 것처럼 단순한 문제가 아니다. 몇 주간의 세미나나 훈련 과정을 통해 리더를 육성할 수는 없다. 이 사실은 주님께서 3년간 12명을 집중 훈련하시며 사역하신 사실을 통해서도 잘 나타난다. 그분은 능히 사람들을 변화시키고 충분히 능력을 부여할 수 있는 전능하신 하나님이셨다. 하지만 3년간 제자들을 데리고 다니시면서 영적 리더로서의 모든 훈련을 실제 상황 속에서 훈련하시는 방법을 택하셨다. 그렇게 훈련받은 제자들이었지만 주님께서 잡히시던 날 밤 제자들은 그분을 등지고 뿔뿔이 흩어졌다. 즉 그들의 주님께 대한 이해와 사랑의 헌신은 여전히 수준 이하였으며 그분께 쓰임받기에는 아직 미완성이었던 것이다.

사람은 태어나면서 일정한 성장 기간이 필요하듯이 영적 지도자가 되는 일도 일정한 영적 성장 기간이 필요하다. 어떤 셀 교회에 관한 저술가들은 세포가 자라서 분열되지 않으면 암세포가 될 수 있기 때문에 길면 1년, 또는 6개월 정도의 기간이 지나면 반드시 셀을 배가해야 한다고 주장한다. 이러한 강조는 결과적으로 빠른 기간 내에 사람들이 영적 리더로 성장하여 셀 리더가 될 것을 요구한다. 그리고 이러한 주장의 내면에는 교회성장지상주의(敎會成長至上主義)의 환영(幻影)이 자리 잡고 있다. 이러한 조급증은 결과적으로 셀 교회를 하나의 성장방법론으로 전락시킴으로써 그 근본정신을 망각하고 또 다시 교회의 질적 저하와 복음의 생명력을 결여하는 신앙으로 되돌아가게 만든다.

셀 교회의 결정적 열쇠인 셀 리더들을 양성하는 일에 있어서 중요한 것은 빠른 시일 내에 유능한 일꾼들을 얻게 되기를 바라는 비현실적 신화를 믿지 않고 성장에 필요한 시간과 사람들을 다듬어 주고 세워주는 시간이 필요함을 인식하는 것이 매우 중요하다.

필자는 많은 사람들로부터 한 영혼이 주님을 믿고 셀 리더로 성장하는데 필요한 시간이 얼마인지를 묻는 질문을 받는다. 이런 질문을 하는 사람들은 객관적인 답을 원하기보다 짧은 시간에 일꾼을 양성할 수 있기를 바라며 그들의 기대를 충족시켜주는 답을 듣기 원한다. 나의 대답을 들은 그들은 실망하는 경우가 많다. 언제나 나는 예수께서 제자들을 훈련하는데 몇 년이 걸렸는지를 질문하기 때문이고 제자들이 3년 걸렸다면 우리는 그보다 더 많은 시간이 필요한 것은 당연하지 않겠느냐고 말하기 때문이다. 나의 경험이나 다른 사역자들의 임상적 경험에 근거할 때 일반적으로 한 사람이 예수를 주님으로 모시고 셀 리더가 되는 데는 적어도 5~8년 이상의 시간이 필요하다. 물론 이것은 개인차가 심하다는 것을 전제로 한다.

전인격적 관계 속에서의 훈련

한 영혼이 그리스도인이 되고 셀 리더가 되기까지 오랜 시간이 필요한 이유는 전인격적 관계 속에서 훈련이 이루어지기 때문이다. 그리스도의 제자로 성장하여 그분의 사역을 대신 감당하려면 단순히 지식이나 특정한 기술을 습득하거나 능숙하게 사용할 수 있는 기술을 훈련받는 것 이상의 전인격적인 훈련이 있어야 한다. 삶의 목적과 동기, 이유가 주님 중심으로 바뀌고 더 나아가 목자 또는 영적 리더로서 온 세상을 구원하시려는 주님의 마음을 가져야 한다. 이러한 주님의 마음을 가지려면 그리스도의 제자, 하나님의 일꾼 그리고 하나님께로부터 세상으로 보내심을 받은 자라는 신분의식과 그 신분에 걸맞는 인생관과 세계관이 확고해야 한다.

인간은 자신이 성장한 전 과정을 통해 이미 몸에 밴 문화적 편안함, 습관, 전통, 가치관 그리고 삶의 태도 등을 허물고 새로운 가치관과 습관과 삶의 태도를 받아들이고 이를 자연스럽게 자기 것으로 만드는데 적지 않은 시간을 필요로 한다. 이것은 인간의 보수 성향에 기인한다. 그리고 이와 같은 정의적 영역(affective domain)에서의 변화와 학습은 그러한 삶을 사는 다른 사람들과의 관계 속에서 가장 자연스럽게 이루어진다는 것이 교육학자들의 정설이다.

이러한 세계관과 인생관의 변화는 단순한 지식 습득으로 생겨나는 것이 아니다. 성령의 임재와 함께 생겨나기 시작하여 실제적인 삶의 현장에서 주님을 중심으로 하는 삶의 과정을 통해 진정으로 자신의 것이 되고 그것들을 활용할 수 있는 것이다. 그리고 이러한 과정 속에서 세계관의 변화를 가져올 수 있도록 돕는 것은 다른 그리스도인의 모범과 모본이 된다. 따라서 한 인격체가 주님의 마음을 닮는 것은 전적으로 성령께서 하시는 일이지만 성령의 역사는 다른 그리스도인의 모본을 통해 이루어진다.

그렇기 때문에 그리스도인이 영적 리더로 성장하는 일에 결정 요소는 자신의 영적 리더와 관계를 맺고 삶의 모든 과정을 자신의 삶의 본을 통해 보여주는 영적 부모와 자녀 관계라는 특수한 관계상황을 요청한다. 이러한 일에 있어서 예수께서는 매우 중요한 본을 보여주셨다. 사도 바울 역시 본을 보여주었다. 예수께서 베드로에게 보여주신 사랑의 관계는 그분의 지상 사역 3년 동안 계속되었고 베드로가 결정적으로 그분을 배반하고 부인했을 때도 계속되었다. 나아가 예수께서는 베드로가 주님의 부활을 목격하고도 다시 물고기 잡는 옛 생활로 돌아간 자리까지 찾아가셔서 그를 다시 사랑하는 관계 속으로 인도하셨다.

요한복음 21장에서 갈릴리 바닷가로 제자들을 다시 찾아가신 예수님의 행적에서 우리는 영적 리더에게 필요한 오래 참음의 인내를 읽을 수 있다. 이러한 리더의 사랑과 헌신을 통하여 거의 끝장날 뻔한 주님과 베드로와의 관계(주님과 다른 모든 제자들과의 관계)가 다시 회복되었다. 그리고 그들을 주님의 나라를 위한 유용한 사역자로 세우셨다. 이와 같은 관계성을 중심으로 양육의 중요성을 예수께서는 그분의 지상명령인 마태복음 28장 19~20절에서도 강조하셨다.

"그러므로 너희는 가서 모든 족속으로 제자를 삼아 아버지와 아들과 성령의 이름으로 침례를 주고 내가 너희에게 분부한 모든 것을 가르쳐 지키게 하라 볼지어다 내가 세상 끝 날까지 너희와 항상 함께 있으리라 하시니라."

예수께서 3년간 제자들과 함께 생활하면서 그들을 제자 삼으시고 양육하고 가르치셨던 것처럼 자신의 제자들이 다른 사람들을 제자 삼고 그들과 함께 삶을 나누면서 자신들이 예수께 배우고 듣고 본 바를 똑같이 가르쳐 지키게 하기를 기대하셨다. 아무리 집중적인 훈련을 실시한다 할지지도 훈련과정 속에서 배운 영적 진리들을 실제 상황 속에서(O. J. T. : On the Job Training) 적용하지 않는다면 결코 진리는 자신의 것으로 정착되지 않는다.

바울도 제자들을 세우는 일에 있어서 관계성을 중심으로 실제적이고도 전인격적 훈련을 매우 중요하게 여겼다. 바울은 로마로부터 고린도로 온 유대인인 브리스가와 아굴라 부부와 맺었던 사랑의 관계를 "저희는 내 목숨을 위하여 자기의 목이라도 내어 놓았나니"(롬 16:4)라고 말했다. 이는 자신과 영원한 운명을 같이 하는 관계성을 가지고 있었음을 보여준다. 또한 그는 자신이 양육하고 리더로 세운 디모데를 '참 아들 디모데'라고 불렀다. 이는 바울이 디모데를 양육하는 일에 있어서 그와 가진 관계성이 어떠한 것이었음을 드러내준다. 바울은 자신이 세운 교회를 소중히 여겼음을 그의 서신서들을 통하여 거듭거듭 확인할 수 있다. 전인격적 관계 속에서 삶을 솔직하게 보여주며 그리스도인으로서 마땅히 살아가는 모습을 본으로 보이는 것만큼 강력한 훈련 수단은 이 세상에 존재하지 않는다. 바울의 이와 같은 관계성에 관한 확신에 찬 말을 고린도전서 4장에서 찾아 볼 수 있다.

"그리스도 안에서 일만 스승이 있으되 아비는 많지 아니하니 그리스도 예수 안에서 복음으로써 내가 너희를 낳았음이라 그러므로 내가 너희에게 권하노니 너희는 나를 본받는 자 되라"(고전 4:15~16).

바울은 자신을 본받는 자가 되라고 말하고 있다. 이는 말씀을 원론적으로 가르치기만 하는 스승이 아니라 삶의 모든 영역을 전인격적으로 돌보고 양육하는 아비의 입장에서 그들을 복음으로 낳았다는 사실을 본받으라는 의미다. 그는 단순히 지식과 기술을 전달하는 스승의 입장에서 사역하지 않았다. 그는 영적으로 그들을 해산했고 아비의 입장에서, 어미의 입장에서 교인들을 훈련하고 양육하는 삶을 살았다. 그리고 고린도 교인들도 이러한 자기를 본받으라고 간곡히 권면했다.

영적 부모로서의 역할은 사실상 그의 사역 전체를 통하여 나타난다. 바울의 아비로서의 심정과 어미로서의 심정은 데살로니가전서에 잘 나타나 있다. 그는 여기에서 교인들을 어떠한 입장에서 가르치고 돌보았는지를 나타냈다.

> "오직 우리가 너희 가운데서 유순한 자 되어 유모가 자기 자녀를 기름과 같이 하였으니 우리가 이같이 너희를 사모하여 하나님의 복음으로만 아니라 우리 목숨까지 너희에게 주기를 즐겨함은 너희가 우리의 사랑하는 자 됨이니라"(살전 2:7~8).

여기에서 바울은 유모가 아이를 기른 것처럼 교인을 양육했다고 말하면서 그들에게 유순한 자가 되었다고 말한다. 나아가 그들을 사모하여 복음만이 아니라 자신의 목숨까지 주기를 즐겨했다고 말한다. 바울은 교인을 위해 목숨까지 건 사랑으로 그들을 양육한 소중한 본을 우리에게 제시했다. 또한 바울은 교인들이 하나님께 합당히 살도록 하는 일에 있어서 아비와 같은 입장에서 강권하는 일을 마다하지 않았다.

"너희도 아는 바와 같이 우리가 너희 각 사람에게 아비가 자기 자녀에게 하듯 권면하고 위로하고 경계하노니"(살전 2:11).

바울은 진정으로 사랑하는 자녀에게 필요할 경우 책망하며 엄하게 대하는 일도 마다하지 않았다.

목숨을 건 관계성 속에서 깊은 신뢰와 사랑과 존경을 바탕으로 리더를 세워야 그 속에서 생명과 영적 능력이 함께 전달된다. 대부분의 세상 교육은 이러한 전인격적 관계를 필수적으로 요구하지는 않는다. 스승이 학생의 삶이나 인격에 관여하지 않고도 특정한 분야의 지식이나 기술을 성공적으로 전수하고 가르칠 수 있다. 인격적 교류가 없어도 일반적인 교육은 할 수 있다. 하지만 영적인 삶의 교육은 그렇지 않다. 이것은 가르치고 훈련하는 사람의 인격과 배우는 사람의 인격이 서로 영적으로 교감하며 교류해야 비로소 진정한 교육 결과를 기대할 수 있다. 하나님의 사람을 가르치고 변화시키는 것은 선생이 아니라 성령께서 하시는 일이기 때문이다. 다만 선생은 자신이 이미 경험한 성령의 역사하심을 성경 말씀과 자신의 본을 학생에게 전해주고 소개함으로써 성령께 의지하여 학생의 삶 속에서도 동일한 성령의 역사하심이 발생하도록 상황을 만들어 제공할 뿐이다. 이 과정에서 성령께서 역사하실 수 있는 통로가 바로 교사의 실제적인 삶의 본이다. 또한 이 본을 따를 때 학생도 동일한 성령의 가르치심을 받게 된다.

이와 같이 셀 리더를 세우고 훈련하는 일은 단순히 강의실이나 소그룹에서 하는 일련의 성경공부와 강의를 통하여 이루어지는 것이 아니다. 영혼과 영혼이 어우러지는 관계 속에서 이루어진다. 따라서 셀 리더를 훈련을 통해 세우는 일은 가르치는 자와 배우는 자 사이의 복음 안에서의 생명력 있는 관계가 있어야 한다. 그리고 이러한 관계성은 서로를 이해하고 서로 속에 있는 성령의 인도하심을 확인하고 순종하는 삶의 과정을 통하여 이루어진다. 이러한 점에서 열두 명의 제자들을 데리고 다니시면서 그들과 관계를 맺고 그 관계성 속에서 이들을 훈련하신 예수님의 방법은 그 어떤 것으로도 대체할 수 없는 왕도라는 사실을 웅변적으로 보여준다.

본을 통한 교육과정

사람들은 대부분의 삶의 과정을 본을 통하여 배운다. 교육학적으로는 인간의 기본적인 행동 방식이나 삶의 태도 등은 모방을 통해 학습된다고 한다. 모방학습이론이 바로 그것이다. 인지 영역에서의 학습은 주로 반복의 원리(지식 습득을 위한 학습의 경우)와 해석의 원리(이해수준의 학습의 경우)에 의해 이루어지지만 가치관이나 태도, 신념, 확신체계 그리고 라이프스타일 등과 같은 정의적 영역은 주로 모방을 통해 이루어진다는 것이 교육심리학자들의 공통된 견해이다. 모방은 본이 되는 대상을 세밀히 관찰한 다음 자신도 똑같이 따라 해보는 것이다.

바울은 그리스도인의 삶을 제대로 살지 못하고 실패하고 있던 고린도 교인들을 향하여 다음과 같이 권면했다.

"내가 그리스도를 본받는 자 된 것같이 너희는 나를 본받는 자 되라"(고전 11:1).

바울은 교인들에게 자신을 본받으라고 강력히 권고했다. 이러한 말을 할 수 있으려면 먼저 자신의 삶을 보여주어야 한다. 바울은 모든 삶을 교인들에게 투명하게 보여주었다. 바울은 모방을 통한 교육이 영적 세대를 거쳐 계속 이어져야 한다고 믿었던 것 같다.

"형제들아 너희는 함께 나를 본받으라 또 우리로 본을 삼은 것같이 그대로 행하는 자들을 보이라"(빌 3:17).

바울은 여기에서 자신의 본을 받는 빌립보 교인들이 또 다른 사람들에게 본이 될 것을 명령하고 있다. 즉 그는 이러한 본을 통하여 계속적으로 복음이 전해지고 복음 안에서의 삶이 훈련되어질 것을 기대한 것이다. 동일한 원리를 말씀하고 있는 성경이 디모데후서 2장 2절이다.

"또 네가 많은 증인 앞에서 내게 들은 바를 충성된 사람들에게 부탁하라 저희가 또 다른 사람들을 가르칠 수 있으리라."

그는 자신으로부터 시작된 복음이 디모데에게, 디모데가 충성된 사람들에게, 그리고 충성된 사람들이 또 다른 사람들에게 부탁하여 영적 배가가 계속 이어져 갈 것을 기대하고 있었다. 이와 같이 영적 리더를 세우는 일은 모본을 통해 지속적으로 이어져 가는 것이다.

예수께서도 제자들과 3년 동안 함께 하시면서 모든 삶의 영역에서 본을 보이셨다. 이렇게 함으로써 당신의 제자들이 어떻게 하나님 나라의 사람으로서 바른 삶을 살 수 있는지, 어떻게 다른 사람들을 지도자로 세울 수 있는지를 가르치셨다. 그러기에 지상명령에서 "내가 너희에게 분부한 모든 것을 가르쳐 지키게 하라"고 당부하시면서 단순히 가르치는 차원만이 아니라 지키게 하는 사역의 중요성을 강조하셨다. 제자훈련은 들음으로써 이루어지는 것이 아니라 봄으로써 이루어지는 것이다. 셀 리더를 훈련하고 세우는 일은 이와 같이 삶의 현장에서 살아가는 본을 통하여 이루어져야 한다. 리더의 삶과 사역을 잘 관찰하고 그대로 모방할 수 있는 기회를 통하여 비로소 성공적인 결과를 얻을 수 있다. 바로 이런 점에서 리더를 세우는 일은 시간이 필요한 사역인 것이다.

일대일 양육과정을 통한 훈련

모본을 보이는 과정은 도제훈련(apprenticeship)[1]을 필요로 한다. 이 과정에서 양육의 책임을 맡은 사람은 자신의 삶과 사역을 훈련받는 사람이 자세히 관찰하게 한다. 그리고 그가 관찰한 바를 실제로 해보게 한다. 그리고 나서 이를 평가하고 그의 능력을 향상시키기 위한 조언을 해준다. 이러한 일이 가능하려면 반드시 개인적인 사랑의 돌봄이 가능한 일대일 양육과정이 있어야 한다. 사도 바울 역시 이러한 사실을 잘 알고 있었다. 그래서 그는 골로새 교인들을 향하여 다음과 같이 말했다.

> "우리가 그를 전파하여 각 사람을 권하고 모든 지혜로 각 사람을 가르침은 각 사람을 그리스도 안에서 완전한 자로 세우려 함이니" (골 1:28).

여기서 '각 사람'이란 개개인이다. 즉 바울은 골로새 교인들을 가르칠 때 설교나 강의뿐 아니라 개인적인 가르침과 돌봄을 시행했다. 셀 리더를 양육함에 있어 이와 같은 일대일 양육과정을 통해서 개개인과의 관계성과 모본과 도제훈련이 비로소 가능하기 때문에 셀 리더로 훈련받는 사람들에 대한 양육인의 관심은 반드시 개인적인 것이어야 한다. 또한 개인과의 관계 속에서 표현되는 과정이 있어야 한다. 어떤 의미에서 일대일 관계는 가급적 회피하고 싶은 과정이다. 하지만 일대일 관계를 소홀히 하지 않는 것이 성공적인 양육 사역의 결정적 요건이다.

기본적인 제자훈련

지금까지 훈련받는 방법에 관해 논의했다면 이제는 무엇을 훈련

받아야 하는지에 대해서 논의하고자 한다. 셀 리더로, 사역자로 세워지는 일은 그로 하여금 그리스도인으로서의 기본적인 삶, 즉 주님의 제자로서의 삶에 충실할 것을 전제로 한다. 예를 들면 예수님을 주님으로 모신 사람만 매일 매순간 정규적으로 그분의 음성을 듣고 그 음성에 순종해야 한다. 또한 매일 매순간 주님께 기도함으로써 그분과의 관계가 날마다 깊어지며 넓어지도록 애써야 한다. 이러한 말씀과 기도의 삶을 통하여 성령님께 순종하고 그분께서 역사하시는 삶을 경험하면서 견고한 그리스도인의 삶을 살 수 있게 된다.

그러므로 셀 리더로서의 제자훈련은 중요하다. 이러한 제자훈련과정은 다른 동료 그리스도인들과의 생산적인 영적 교제를 나누는 삶을 포함한다. 영적 교제란 코이노니아로서 성령의 임재하심이 나타나는 교제를 의미한다. 제자로서 성장해 가는 삶의 훈련과정에는 이러한 주님이 함께 하시는 교제를 훈련하는 것을 포함한다. 뿐만 아니라 제자로서의 훈련과정에는 그리스도를 믿지 않는 불신자들에게 복음을 전하는 훈련도 중요한 부분을 차지한다. 한 영혼을 만나면 몇 마디 대화를 통해 그의 영적 상태와 주님과의 생명의 관계가 있는지를 파악할 수 있는 능력을 길러야 한다. 그리고 구체적이고도 실질적인 복음을 그에게 전하고 예수님을 소개함으로써 그가 복음과 직면하게 하는 능력을 길러야 한다. 이런 과정은 소위 제자훈련으로 잘 안내하고 훈련한다. 이러한 점에서 셀 리더를 훈련하는 일은 기본적인 제자훈련이 근본 전제이다.

제자훈련 전문선교기관들인 파라처치 그룹들이 개발하여 사용한 제자훈련과정은 매우 유익한 결과들을 보여주었다. 대부분의 선교

단체들이 제자들을 훈련하는데 사용한 훈련 프로그램과 훈련 자료들은 다음과 같은 것들로 집약될 수 있다.

구원의 확신, 그리스도의 주재권, 성경말씀의 섭취(말씀 듣기, 읽기, 공부, 암송, 묵상, 적용), 응답받는 기도의 삶, 경건의 시간, 다른 그리스도인들과의 영적 교제, 복음전도, 순종하는 그리스도인의 삶 등이다. 이러한 분야의 훈련은 제자로서의 기본 훈련이다. 이것이 이루어지지 않으면 아무리 리더로서 필요한 기술 훈련을 받아도 그것들을 활용하여 사역하는 헌신과 계속적인 동기부여에 실패하게 된다. 따라서 배운 기술이 무용지물이 될 수 있다.[2]

기본적인 사역기술의 훈련

영혼을 주님께로 인도하는 사역기술

셀 리더가 개발해야 할 첫째 사역기술은 잃어버린 영혼을 사랑하고 그에게 생명의 복음을 전하는 기술이다. 이는 셀 그룹이 가지는 핵심적인 기능과 목적이다. 또한 근원적으로는 모든 그리스도인의 기본적인 사역이기도 하다. 이미 기본적인 제자훈련에서 다룬 내용이긴 하지만 셀 리더는 어떤 영혼들을 만났을 때 즉각적으로 그들이 영적 상태를 파악하고 그에게 생명의 복음을 전할 수 있는 접촉점이 무엇인지를 알아서 효과적으로 복음을 제시할 수 있는 기술적인 훈련이 필요하다. 적어도 자신이 맡고 있는 셀에 오게 된 영혼들을 책임감 있게 주님 앞으로 인도하여 그들이 예수님을 자신의 주님으로 고백하고 영접할 수 있도록 해주어야 한다.

불신자들은 예수를 주님으로 영접하지 않거나 못하는 다양한 이유가 있다. 리더는 그러한 이유들을 알았을 때 그 이유를 극복하는 말씀들을 소개하고 그들을 인도할 수 있는 능력이 있어야 한다. 셀의 생명력과 활력의 대부분이 영혼을 주님께서 인도하여 영원한 생명을 얻게 하는 생명의 역사에 달려있다는 점에서 셀 리더가 전도와 관계된 기술을 훈련받는 것은 매우 중요한 일이다. 리더는 한 영혼이 자신의 삶에 있어서 예수께서 주님 되심을 철저히 고백하고 그분께 자신의 일생을 걸고 의지하는 결단을 할 수 있도록 인도하는 능력이 있어야 한다. 이러한 일은 앞서 말한 바와 같이 실제 상황에서 영혼들을 실질적으로 돕는 일을 통하여 자신의 것으로 개발하는 것이 가장 바람직하다.

새신자를 충성스러운 제자로 훈련하는 사역기술

셀 리더에게 필요한 두번째 사역기술은 예수를 주님으로 모신 새신자를 주님의 충성스러운 제자로 훈련하는 일이다. 주님의 제자로서 신분 의식을 확신하는 것부터 시작하여 성경말씀을 통하여 주님의 음성을 들으며 기도를 통하여 주님과 대화하는 매일의 경건생활 훈련, 말씀을 섭취하는 훈련, 응답받는 확신을 가지고 기도하는 삶의 훈련, 다른 그리스도인들과 복음 안에서 깊이 있는 사랑을 나누며 주님이 함께 하시는 교제의 훈련, 그리고 또 다른 영혼에게 복음을 전하는 전도의 훈련 등이 여기서 집중적으로 이루어져야 한다. 현대 제자훈련 사역이 집중적으로 훈련하는 영역들이 여기에 해당하는 것으로서 네비게이토의 수레

바퀴 예화에 소개되는 내용과 같은 것들이다. 여기에는 구원의 확신, 기도 응답의 확신, 성령 내주의 확신, 말씀을 섭취하는 삶, 기도의 삶, 경건의 시간, 주님이 함께 하시는 영적 교제, 전도, 순종 등을 주요 훈련 내용으로 다룬다. 이 훈련은 다음과 같은 다섯 단계의 양육 과정을 통해 가능하다. 첫째, 이유를 말해주고 충분한 동기를 부여하는(Tell him why--motivation) 단계이다. 훈련할 내용을 충분히 소개하고 반드시 자신이 훈련받는 대로 살겠다는 강한 동기를 주어야 한다. 예를 들어 경건의 시간에 관한 훈련을 할 경우 어떻게 효과적으로 할 것인가 보다 왜 매일 아침 주님과 대화하며 사랑을 나누는 시간을 가져야 하는지를 분명하게 가르치고 훈련받는 사람이 경건의 시간을 성실하게 가져야겠다는 충분한 동기를 부여해야 한다. 그 뒤에 따르게 되는 지루한 양육과정의 성공 여부는 바로 이 첫번째 단계인 동기부여에 달려있다고 해도 과언이 아니다.

둘째, 시범을 보여주는(Show him how--demonstration) 단계이다. 사람은 많은 것을 듣고 배우기도 하지만 보고 배우는 것이 더 많다. 또한 듣고 배우는 것은 추상적이거나 애매모호하지만 보고 배우는 것은 확실하고 구체적인 면이 있다. 특히 삶의 태도나 습관, 행동양태 등은 거의가 보고 배우는 것이다. 따라서 그리스도의 제자로서의 삶은 일련의 성경과 교리를 지식적으로 배우지만 여전히 다른 사람을 보고 배우는 것을 요청한다.

셋째, 제자가 본대로 시작하게 하는(Get him start) 단계이다. 삶의 행동과 습관은 행함으로써 형성된다. 인지 수준에서의 학습으로는 결코 충분치 못하다. 따라서 동기를 부여하고 어떻게 하는 것인지를 보여준 다음에는 그로 하여금 스스로 해보도록 기회를 주어야 한다. 아무리 철저히 이해하고 숙지했어도 그대로 살기는 어렵다. 또한 배워서 아는 것을 행하기 전까지는 실제로 배운 것이라 할 수 없다. 군에서는 훈련시킬 때 우선 이론 교육을 하고 숙달된 조교가 시범을 보인다. 조교의 시범이 끝나면 훈련병들이 그대로 따라한다. 제자교육이라 하지 않고 제자훈련이라고 하는 이유가 실제적인 훈련과정을 가지기 때문이다.

넷째, 일단 배우고 시작한 것을 지속적으로 반복해서 자신의 것으로 만드는(Keep him going on) 단계이다. 군인들이 사격훈련을 받을 때 팔꿈치와 무릎이 까져서 피가 흐르기까지 반복적으로 훈련하는 것과 같이 영적 훈련도 반복이 필요하다. 한번 배운 것은 자신이 알아서 스스로 할 것이라고 생각하는 것은 제자의 삶을 살도록 돕는 일을 포기하는 것이다. 이 말은 제자의 삶이 기계적인 것이라는 말이 아니라 인간의 행동양식은 일정한 훈련과정이 필요하다는 의미이다. 몸에 익숙해지는 과정을 필요로 한다는 말이다. 따라서 성경을 매일 읽고 기도하는 것이나 전도하는 일, 성경공부나 암송 등은 지속적인 점검과 격려가 있어야 한다. 이러한 꾸준한 격려는 훈련시키는 사람이나 훈련받는 사람의 서로에 대한 사랑과 관심을 철저히 요구한다.

다섯째, 제자로 하여금 자신이 배우고 훈련받은 것을 다른 사람들에게도 권하고 가르치도록 돕는(Help him to pass on others) 단계이다. 다른 사람에게 전하고 가르칠 수 있다는 말은 그것이 자신의 것이 되었다는 사실을 나타낸다. 자신이 배운 것을 다른 사람에게 전해주고 권할 수 있으려면 그것에 대한 자신의 확신이 있어야 하며 또 어떻게 하는 것인지를 분명하게 알고 있어야 한다. 이러한 단계를 거침으로써 우리의 영적 사역은 배가되는 열매를 얻게 된다.

영적 사역 기술의 개발

새신자들을 주님의 성실한 제자로 성장시키는 훈련과정은 그들로 하여금 자신이 훈련받아 누리게 된 복들을 다른 사람들에게 전해주는 사역을 시작하도록 해주어야 한다. 이를테면 모든 그리스도인이 사역자라는 믿음을 가지고 자신들이 배우고 확신한 것을 다른 사람들에게 전하는 것이다. 셀의 일대일 양육관계를 통하여 자신이 훈련받고 성장해온 과정을 다른 새신자에게 사역함으로써 교회의 성장은 배가된다.

영적 사역을 위해 필요한 기술은 이미 제자훈련과정에서 자신이 배우고 훈련한 것들을 다시 새신자들에게 가르치는 것으로 이루어진다. 여기에는 불신자들에게 복음을 전하는 기술부터 시작하여 새신자들에게 기본적인 양육과정을 훈련하는 것 등이 포함된다. 그리고 개인적인 훈련 외에도 사역기술로서 반드시 포함될 사항은 셀 그룹을 돌보고 인도하는 기술이다. 이 과정을 위하여 필요한 것이 예비목자 또는 인턴 과정이다. 양육에 필요한 상담기술이나 소그룹 성경공부 인도법, 셀 모임 인도법 등이 여기에서 이루어진다.

셀 사역의 유익점들 중 하나가 바로 셀 그 자체가 소그룹으로서 그 속에 있는 사람들 상호 간의 작용을 통하여 주님의 제자로 성장하는 일에 매우 중요한 모델들이 되며 서로가 서로에게 격려와 도전을 주어 계속적인 성장을 위한 동기 부여를 한다는 점이다. 셀 속에서의 일대일 양육과정이 반드시 필요하지만 그와 동시에 셀 모임을 통하여 셀이 하나의 소그룹의 역할을 해 그룹 다이나믹스의 유익점을 충분히 누릴 수 있다는 점에서 특기할 만하다.

후주

1) 옛날 도공이나 장인이 자신의 기술을 배우려고 제자로 들어온 사람들을 훈련하는 방법이다. 오랜 세월동안 자신이 하는 것을 보게 한 뒤 한 가지씩 실제적으로 해보게 한다. 이때 제자가 하는 것을 철저히 감독하고 평가하여 훈련하는 방식을 말한다.
2) 기본적인 제자훈련은 네비게이토에서 개발한 수레바퀴 예화 속에 가장 간결하면서도 종합적으로 잘 나타나고 있다(중심되신 그리스도, 말씀, 기도, 교제, 전도, 순종). CCC의 10단계 성경공부 교재 역시 이 기본적인 훈련을 중심으로 하는 교재이다. 미국 남침례교단에서 출판한 「최선의 삶」에서 다룬 '제자의 십자가' 역시 이러한 기본적인 영역들에 대한 반복적인 훈련을 위해 구성되었다.

제14장

셀 교회로의 **전환 전략**

　기존 교회를 셀 교회로 전환하는 일은 결코 쉽지 않다. 랄프 네이버는 셀 교회에 관한 그의 교과서적인 저서인 1990년 판 *Where Do We Go from Here?*[기]에서 그 동안의 경험들을 토대로 기존 교회가 셀 교회로 전환하는 일은 절대 불가능(absolutely impossible)하다고 단언한 적이 있다. 하지만 후에 그와 그가 이끄는 터치 미니스트리(Touch Ministries)에서는 셀 교회로의 전환 전략에 관한 세미나를 개최해 오고 있다. 아무튼 기존 교회의 셀 교회로의 전환은 매우 신중하게 시도되고 매우 지혜롭게 진행되어야 한다.

셀 교회로 전환하는 일이 당면하는 근원적인 함정

    셀 교회로 전환하는 일은 우선적으로 그 동기부터 정직해야 한다. 왜 셀 교회이어야 하는지에 관한 확고한 신학적 근거와 목회적 이유를 성서로부터 확인하고 확신해야 한다. 단순히 교회 성장을 위해 또는 영적 활력을 위한 수단으로 생각하고 셀 교회로 전환을 시도한다면 실패할 수밖에 없다. 그럼에도 불구하고 실제적으로 셀 교회로 전환하려는 목회자들이나 교회 지도자들 가운데 많은 이들이 교회 성장의 강박관념 때문에 일단 숫자를 늘리는 묘책으로서 셀 교회 방법을 도입하려 한다.

    셀 교회는 단순히 교회성장을 위한 한 방법이나 원리가 아니다. 그것은 기독교 신앙의 본질을 회복하려는 노력이며 교회를 교회답게 하려는 몸부림이다. 지난 30여 년 동안 전 세계의 교회 성장을 주도해온 교회들이 셀 교회였기 때문에 그 모델을 도입하여 교회성장을 꾀하겠다는 동기는 분명코 셀 교회로 전환함에 있어 넘어지게 하는 함정이다. 단순한 교회 성장 방법으로서의 셀 교회 모델로 전환하는 일도 결코 쉽지만은 않다. 그런데 어려움을 당하면 쉽게 좌절하고 포기하려는 마음이 생기는 것은 너무도 당연한 일이기 때문이다. 랄프 네이버의 책에 따르면 그가 세미나나 컨퍼런스를 개최해 셀 교회로 전환을 시도한 목회자들이 1천여 명이 넘었지만 그들 중 상당수가 목회하던 교회에서 사임하거나 포기했다고 했다.[2] 이러한 사실은 셀 교회로의 전환에 있어서 교회성장방법으로서의 셀 교회 이해와 그에 따른 전환 시도가 얼마나 위험한 함정인지에 대한 적절한 경고이다.

셀 교회를 교회성장의 한 방법으로 이해하고 접근하는 태도가 함정인 또 다른 이유는 대개의 경우 셀 교회로 전환한 후 가급적 빠른 시일 내에 효과를 보려는 유혹을 받게 되는데 있다. 불과 6주~8주 정도의 목자훈련과정을 이수하면 곧바로 목자로 임명하고 셀을 인도하도록 하고 1년 안에 그 셀이 번식하기를 기대한다. 그리고 1년 후에 셀들의 번식 여부가 그 셀 사역에 대한 평가 기준이 된다. 그러나 셀의 배가가 그렇게 쉽지 않기 때문에 목자 자신은 물론이고 목회자도 그 결과에 쉽게 실망하고 셀 교회 전환에 실패했다고 결론을 내리기 쉽다. 많은 목회자와 교인들은 조급증에 걸려서 단시간 내에 어떤 '효과'를 보지 못한 것을 실패한 것으로 평가하게 된다.

담임목사의 확신이 중요하다

기존 교회가 셀 교회로 전환하기로 결정을 함에 있어 가장 중요한 출발점은 담임목사 자신이다. 목회자의 목회 철학이 셀 교회 정신을 중심으로 재정립되어야 한다. 셀 교회로 전환하는 과정에서 발생할 수 있는 저항이나 비협조, 또는 예기치 못했던 어려운 상황들을 만날 때마다 그 난관을 극복함에 있어 담임목사의 굳건한 철학이 가장 중요하고 전통적인 목회 철학의 패러다임을 셀 교회 패러다임으로 바꾸어야 모든 것을 새롭게 보는 시야가 확실해지기 때문이다.

예수를 주님으로 고백하는 일이 한 인생에 있어서 얼마나 엄청난 사건이며, 또한 예수를 주님으로 모시고 살아가는 결단이 자신의 인생 모두를 걸고 그분을 주님으로 모시고 살아가는 것이라는 사실을 주목하고 목회자로서 결단의 의미를 확고히 가르치고 결단에 걸맞는 삶을 살도록 가르치겠다는 의지가 있어야 한다. 이것은 결코 단순히 강의나 설교를 통해서 이루어지지 않는다. 한 인생이 예수께 온전히 의탁하고 자신의 삶의 진로를 그분 중심으로 바꾸는 일은 개인적인 돌봄이 있어야 한다. 따라서 목회자는 이러한 사역에 필요로 하는 헌신을 각오하고 시작하는 준비를 해야 한다.

또한 예수를 주님으로 모신 사람들을 모두 복음을 전하고 가르칠 '왕 같은 제사장'으로 보고 그들 각자가 사역자의 삶을 살도록 가르치고 훈련해야 한다. 아울러 실제적으로 그들이 사역자로서의 삶을 살도록 격려하고 사역할 수 있는 기회들을 제공하겠다는 결심과 결단이 있어야 한다. 특히 이러한 결단은 지금까지 목회자(성직자)로서의 일종의 기득권을 포기하는 겸허함을 요구한다. 이러한 점에서 평신도 신학에 관한 분명한 인식 전환이 있어야 하며 과감한 사역 이양을 사전에 계획하는 결단이 필요하다.

한 걸음 더 나아가 교회론의 재정립이 요청된다. 지난 세기 동안 대형교회 또는 교회성장지상주의가 제시한 대형교회 개념으로부터 신약성서에서 만나게 되는 가정에서 소규모로 모임을 가짐과 동시에 전체가 하나의 교회로 기능을 수행했던 교회 모습을 신중히 재검토해야 한다. 그리고 그것이 2000년 전 당시의 시대적 상황에서만 필요했던 교회 모델인지 또는 성서가 제시하는 교회의 원형으로서 모든 시대를 초월하는 우주적 교회 모델인지를 확인하는 신학적 작업이 있어야 한다. 신학적, 성서적 검토와 확인 과정을 통해 수립된 자신의 목회철학이 셀 교회를 하지 않으면 안 된다는 결론을 내릴 때 셀 교회로의 전환을 시도하는 것이 목회자에게 필요한 작업이다.

토양작업을 하는 준비시간을 넉넉히 잡아야 한다

셀 교회로 전환함에 있어 중요한 준비과정은 영적 토양 작업이다. 성경은 종종 사람들의 마음을 땅에 비유한다. 여기서 토양이란 교인들의 마음 밭을 의미하고 또한 그러한 마음들이 모인 교회의 전반적인 영적 분위기를 의미한다. 토양준비작업이란 셀 교회의 정신을 자연스럽게 받아들이고 그 정신에 교회가 초점을 맞추는 과정이라고 말할 수 있다. 이러한 토양 준비는 그리스도의 주재권, 만신자 제사장직 교리, 영적 가족공동체로서의 교회 본질, 즉 셀 교회의 세 가지 정신이 그 주된 내용을 이룬다. 교회가 전반적으로 이러한 정신들을 자연스럽게 수용하고 확신하는 데는 상당한 시간이 걸린다. 이러한 정신이 뿌리를 내리고 정착되는 일은 단순히 몇 편의 설교와 몇 차례의 세미나 강의를 통해 이루어지지 않는다. 그것은 반복되고 다양한 형태로 제시된다. 그럼으로써 교인들이 다각적으로 생각해 보고 다각적으로 확인하는 과정이 필요하다. 또한 이러한 과정은 교인들 스스로 자신들의 영적 상태를 반성해 보고 성서적이지 못한 자신의 상태를 정화하는 부단한 노력을 요구한다.

설교나 성경공부를 통하여 전반적인 개념을 소개하라

셀 교회의 정신을 가르치고 확신하도록 하기 위해 우선 해야 할 일은 셀과 관계된 기본 개념들을 소개하고 가르치는 것이다. 이를 위해 설교 시간을 활용하는 것이 일차적인 기회를 제공한다. 설교가 전체 교인들을 교육시킬 최고의 기회임은 두 말할 나위가 없다. 또한 교인 전체가 모이는 기회이며 누구나 들을 수 있는 기회이다. 또한 매주 주일이나 주일 저녁, 그리고 수요일 저녁 예배 시간 등 적어도 일 주일에 1~3회의 기회가 있기 때문에 반복적이며 연속적으로 가르칠 수 있다. 그와 동시에 정규적인 성경공부시간이 있다면 성경공부를 통하여 조직적으로 기본적인 개념들을 공부할 수 있을 것이다. 성경을 직접 확인해 가면서 그 배경을 공부하는 일은 교인들의 셀 교회에 대한 기본적인 이해를 깊이 있게 만들어 줄 것이다. 그러나 설교나 정규적인 성경공부만으로는 충분하지 않다.

세미나를 개최해 셀 교회의 기본 개념을 집중적으로 가르치라

정규적인 설교가 비록 연속적일 수는 있지만 단편적인 것으로 끝날 수 있다는 점을 보완하기 위해 세미나를 개최하는 것도 한 방법이다. 세미나를 통해 전체적으로 한 번에 개념들을 집중적으로 가르칠 수 있는 기회를 제공하는 것이 필요하다. 세미나의 장점은 한 개념 한 개념에 대한 심도 깊은 공부를 통하여 흔들림이 없는 성서적 토대를 제공해 주는 것이다. 교인들은 세미나를 통해 셀 교회의 성서적 배경을 확고하게 다질 수 있고 분명한 확신을 가질 수 있다.

전교인 수양회를 활용하라

셀 교회의 영적 토양작업으로 중요한 통로 중 하나가 전교인 또는 연령별 수양회이다. 2박 3일 또는 3박 4일 기간 동안 교인들이 함께 숙식하면서 집중적으로 공부하는 것이다. 실제적으로 셀 교회 경험이 있는 목회자를 강사로 초청하여 셀 교회의 신학적, 성서적 배경을 배우고 목회 현장에서 그 신학적, 성서적 배경들이 어떤 열매를 맺게 되는지를 듣는다면 이런 기회를 통해 영적 토양준비작업에 있어서 매우 중요한 전환점을 제공해줄 수 있다. 신학적, 성서적 개념은 다분히 추상적인 반면, 실제적인 목회 현장에서의 실례들은 개념의 실체화를 가능케 해준다. 따라서 사람들이 개념으로 이해한 것을 구체적으로 이해하는데 결정적 역할을 한다. 이러한 수양회에서 단순히 강사 한 사람의 증언이나 가르침뿐 아니라 그 강사가 목회하는 교회의 목자들이나 교인들을 동시에 초청하여 자신들이 목회자로부터 배운 것을 어떻게 실제적으로 행하게 되었으며 또 어떤 결과를 경험하고 있는지에 관한 간증을 들음으로써 셀 교회의 실제적인 모습을 볼 수 있는 기회를 제공하는 것이 필요하다.

셀 교회를 방문하라

"백문이 불여일견"이라는 말이 있다. 사람들은 들음으로써 배우는 것이 아니라 보고 배운다는 말도 있다. 특히 영적인 진리나 개념적인 것들은 구체적 실체를 볼 때 분명하게 이해한다. 이것은 개인적인 차원에서 뿐 아니라 교회적 차원에서도 동일하게 적용된다. 셀 교회가 무엇이며 또 어떻게 셀 교회가 신약성서적 모습의 교회인지에 대해서 배우고 실제로 셀 교회를 방문하여 실체화된 것을 볼 때 비로소 사람들은 감동을 받으며 확신을 갖는다. 이러한 일은 이미 셀 교회로 전환한 교회 또는 셀 교회로 개척하여 일정한 수준에 도달한 교회를 목회자와 함께 잠재적 지도자들을 데리고 견학함으로써 가능하다.

예를 들면 교회의 제직들이나 장로나 안수집사와 같은 교인 지도자들이 먼저 방문하는 것이 좋다. 교인 모두가 견학하면 좋겠지만 현실적으로 불가능하므로 5명, 또는 10명~50명 선에서 방문하는 것이 좋다. 이러한 방문에는 셀 탐방까지를 포함하는 것이 중요한데 실제적으로 셀 모임에 참석함으로써 격려와 자극을 받을 수 있기 때문이다.

시간을 넉넉히 잡으라

인간의 본능적인 보수성이 무너지는 데는 시간이 필요하다. 이미 기득권화된 교회 질서를 새로운 질서로 재편하는 일은 필연적으로 기득권의 저항을 받게 된다. 사람들이 익숙해 있는 상황에서 새로운 것을 받아들이거나 변화되기를 원하지 않는다. 이것은 미래에 대한 두려움 때문이기도 하다. 따라서 이러한 교회와 신앙 근본에 관한 변화를 요구하는 셀 교회로의 전환은 이러한 자연스러운 저항을 최소화하면서 무리 없게 그 과정을 밟으려면 충분한 시간이 필요하다. 셀 교회로 전환함에 있어 조급함은 금물이다. 목회자 자신이 아무리 확신한다 할지라도 교인들이 개념에 동의하지 못하거나 확신을 가지지 못한 상태에서 목장 사역을 서두르는 것은 셀 사역을 실패하겠다고 작정한 것이나 다를 바 없다.

목회자 자신의 셀을 시작하는 것이 중요하다

셀 교회 토양 작업이 어느 정도 이루어졌으면 목회자 자신이 셀을 시작해야 한다. 목회자의 최초의 셀은 그 교회의 모든 셀의 원형이 된다. 따라서 목회자는 사전에 셀에 관한 충분한 이해와 확신이 있어야 한다. 이것은 절대적으로 중요하다. 이러한 확신은 단순히 신학적 차원만이 아니라 셀 사역의 실제적인 측면과 방법적인 측면들을 포함한다. 후에 최초의 셀 멤버들이 목자가 되었을 때 그들은 목자로서 자신의 사역을 수행할 때마다 자신들의 리더였던 담임목사의 사역을 기억하며 그대로 따라한다. 그리고 그들에 의해 목자로 성장한 자들 역시 그들과 똑같이 하기 때문에 최초의 원형 셀이 그만큼 중요하다. 최초의 셀이 교회의 장래를 결정하게 된다. 결국 한 교회의 셀 사역은 최초의 원형 셀의 복사판이 된다.

목회자 자신의 셀은 가급적이면 교인들 중 기존 리더십을 중심으로 시작하는 것이 좋다. 예를 들면 장로나 안수집사를 중심으로 하라는 말이다. 대개의 경우 교회의 중요한 리더들이 오히려 새로운 것을 배우기를 꺼려하는 성향이 있기 때문에 목회자들이 받는 유혹 중 하나가 기존의 교회 리더십들을 제쳐놓고 젊은 부부를 중심으로 시작한다. "묵은 닭은 변하지 않는다"는 신화를 믿기 때문에 내심 그들을 포기하고, 배우려는 마음과 자세를 가진 젊은 사람들을 중심으로 시작해 일단 열매를 맺게 하겠다는 생각이다. 그러나 젊은 사람들이 훈련되고 자라났을 경우 오히려 교회가 교인들 간의 리더십 인정 문제로 분란을 겪을 소지가 다분하다. 차라리 셀 교회로의 전환이 늦더라도 기존 리더십의 참여가 있을 때까지 기다리며 토양 작업 시간을 더 갖는 것이 좋다.

최초의 셀이 형성되는 여부가 셀 교회의 전환 성공 여부를 결정짓는다는 점에서 목회자는 기존 리더들과의 개인적인 관계를 강화해야 한다. 그리고 필요하다면 그 관계성 속에서 개인적으로 설득하는 작업을 부단하게 해야 한다. 그룹 속에서는 찬성하는 것 같던 사람들도 개인적으로 접촉해 보면 오히려 셀 교회로의 전환을 강하게 반대하는 경우가 있기 때문이다. 따라서 잠재적 셀원들 모두를 개인별로 접촉하고 확인하며 격려해야 한다. 셀 교회로의 전환을 거부하거나 회의적인 사람들이 있다면 그 사람에게 집중하여 복음 안에서 교제하며 교회 전환의 필요성을 알려주는 다양한 자료들을 접하게 하는 것도 좋다. 이를테면 셀 교회와 관계된 서적이나 셀 교회의 구체적 사례를 수록한 책들을 소개하는 방법도 매우 효과적이다.

특정 연령층을 공략하는 것도 좋다

학생들이나 청년들을 대상으로 우선적으로 셀 사역을 시작하는 것도 좋은 전략 중 하나이다. 아무래도 젊은 사람들은 쉽게 받아들이며 또한 삶에 얽매임이 적기 때문에 집중하여 훈련하기가 상대적으로 쉽다. 뿐만 아니라 그들을 철저히 훈련시킴으로써 교회의 장래 일꾼들을 확보한다는 점에서 매우 필요한 일이기도 하다. 이러한 전략을 통하여 성공적으로 셀 교회로 전환한 교회가 공주침례교회(2003년에 이 교회는 꿈의 교회로 그 명칭을 바꾸었다)이다. 이 교회는 매우 보수적 성향을 지닌 공주시에 있으며 100년도 넘은 역사를 지녔다. 그러나 교인은 300명 정도였다. 미국에서 유학을 하고 돌아온 안희묵 목사는 당시 10여명 밖에 안 되는 청년들을 철저히 훈련했고 소수 청년들의 삶은 획기적으로 변화하기 시작했다. 이러한 그들의 변화는 필연적으로 장년층의 이목을 받았고 그들 가운데 시작된 성령의 역사에 사람들은 놀라기 시작했다.

안희묵 목사가 마음속에 품은 전략은 연못에 돌을 던졌을 때 돌이 떨어진 자리에서부터 파문이 일기 시작하여 결국에는 연못 전체에 그 파장이 번져나가는 것이다. 젊은 청년들에게서 시작된 셀 사역은 결국 모든 연령층으로 확산될 것을 바라본 것이다. 그의 전략은 적중했으며 불과 4년도 못 되어 장년들은 그러한 훈련을 받을 수 있게 해달라고 했다. 이로써 그 교회 전체가 셀 교회로 전환되었고 매우 괄목할 만한 성장을 기록하고 있다.

기도로 마음을 준비하라

셀 교회로의 전환은 교회의 체질을 근원적으로 바꾸는 거대한 작업이다. 이 전환은 본질적으로 성령께서 하신다. 우리가 우리의 지혜와 열심으로 그리스도의 몸인 교회의 체질을 바꾼다는 것은 어불성설이다. 따라서 셀 교회로 전환하는 일에 있어서 성령의 지도를 받는 것은 너무도 중요한 일이다. 그리스도인들은 우리가 원하는 바를 행하는데 성령께서 도와주시기를 바라는 식의 사역을 하는 사람들이 아니다. 교회의 체질을 바꾸기 원하시는 분이 성령 자신이라는 사실을 확신하는 일이 셀 교회로 전환하는 과정에 있어서 가장 중요한 출발점이다. 또한 가장 중요한 과정이기에 교회는 처음부터 끝까지 기도로 성령님의 인도하심을 따라야 한다. 이것이 아니라면 우리의 모든 수고가 우리의 것에 불과하며 따라서 그것은 주님의 일일 수 없는 것이다.

토양을 준비하는 전 과정은 반드시 집중적인 기도를 수반해야 한다. 기도는 목회자 자신으로부터 시작하여 모든 교인들에게로 확산되어야 한다. 이를 위해 토양 준비를 위한 모든 기회 때마다 기도해야 한다. 교회 전체로서 또는 소그룹으로, 그리고 개인으로서 셀 교회로 전환하는 일이 전체 교인들의 기도가 되고 교회의 중요한 기도제목이 되어야 한다. 성령께서 교인들을 하나로 묶어주시는 경험이 필요하다. 이러한 기도의 중요한 모델이 예루살렘 교회이다.

그들은 기도하는 가운데 오순절 마가 다락방에서의 성령 강림사건을 경험했다. 그들은 모일 때마다 기도했고 기회 있을 때마다 기도에 전혀 힘썼고 그러한 기도 가운데 놀라운 성령의 역사가 일어났다. 이 원리는 오늘날도 동일하다. 따라서 셀 교회로의 전환은 우리가 원하는 것보다 성령께서 더욱 원하시는 것이기에 그분의 인도하심과 역사하심을 의지하는 기도야말로 토양작업의 전 과정에 필수적인 요소이다.

셀 교회로의 전환 과정에서 직면하는 문제

하나님의 위대한 일이 일어날 것을 누구보다 잘 아는 존재가 사탄이다. 그렇기 때문에 사탄은 하나님의 역사가 일어나려 할 때 처음부터 그 일이 일어나지 못하도록 훼방한다. 이러한 사탄의 수법은 모세가 태어났을 때 바로를 통해 아기 모세를 죽이려 했던 사건이나 예수께서 탄생하셨을 때 헤롯을 통하여 아기 예수를 죽이려 했던 사건을 통해 역력히 드러난다. 뿐만 아니라 사탄은 하나님의 위대한 일이 진행되는 동안에도 그 일에 쓰임받는 사람을 낙담시키거나 좌절하게 해서 결과적으로 하나님의 위대한 일이 발생하지 못하도록 한다. 예수님께서 십자가를 지지 못하도록 유혹한 사탄의 모습과 모세가 이스라엘을 이끌고 광야를 지날 때 지속적으로 백성들을 통해 목적지에 대한 불신과 회의를 던짐으로써 리더인 모세를 낙담시키려던 사탄의 전략 속에서 사탄의 전형적 전략을 볼 수 있다.

셀 교회가 창세 전부터 하나님의 의중에 품으셨던 교회의 본질을 회복하려는 노력임을 누구보다 잘 알고 이해하는 존재가 사탄이다. 따라서 우리는 셀 교회로 전환함에 있어 사탄의 전형적인 전략이 구사될 것을 미리 예견하고 대처해야 한다. 우리가 주목해야 할 난관과 어려움은 다음과 같다.

1. 셀 교회로의 전환의 당위성을 끊임없이 부정하려는 사탄의 계략을 간파해야 한다. 앞서 언급한 바와 같이 셀 교회로의 전환은 성령께서 요청하시는 일이며 그 부르심에 믿음으로 응답하는 것이다. 따라서 이 부르심에 응답한다는 사실을 확신하지 못하도록 사탄은 계속적으로 공격을 한다. 셀 교회로의 전환에 대한 회의를 품게 하고 낙담시키려고 온갖 노력을 한다. '꼭 셀이어야 하는가?' 라는 전형적 질문을 통하여 계속적으로 하나님의 부르심을 부정하게 만든다.

2. 교인들이 셀 교회로의 전환 비전을 자신들의 것으로 받아들이지 못한다. 모든 교인들이 동의하고 전심전력으로 원하는 마음을 가진 상태에서 셀 교회로 전환하는 일은 거의 드물다. 대개의 경우 목회자와 다수 평신도 지도자들이 동의하고 확신하는 상태에서 전환한다. 따라서 지속적으로 모든 교인들은 셀 교회의 당위성과 필요성에 관한 성경적 배경을 배워야 한다. 그럴 때 성령께서 그들이 확신하도록 도울 것이다. 이 부분에 있어서도 기도가 결정적 역할을 한다.

3. 교회 지도자들의 연합이 중요하다. 사탄은 계속적으로 교회 지도자들의 연합을 시험하고 망가뜨리려 든다. 지도자들을 분열시키면 셀 교회로의 전환이 불가능하다는 사실을 사탄은 너무도 잘 알고 있다. 매우 신뢰하는 평신도 지도자라도 목회자는 수시로 만나 계속 격려하며 그들의 확신을 다져주어야 한다. 때로는 이러한 문제가 적절히 다루어지지 않음으로 사람들이 교회를 떠나기도 한다. 그리고 그러한 문제는 교인들과 목회자

들을 낙심시킨다.

4. 셀 리더들을 계속적으로 훈련하고 배출하는 일이 안 됨으로써 일꾼 부족 현상을 겪을 수 있다. 따라서 모든 교인이 사역자로서의 신분의식을 철저히 인식함으로써 목자가 되는 것을 중요한 목표로 삼는 태도를 가져야 한다. 그리고 이러한 문제는 충분히 훈련되지 못한 사람들을 리더로 세움으로써 셀의 배가가 계속적으로 발생하지 못하게 되는 원인을 제공하게 된다. 또한 이러한 일꾼 부족 현상은 갑작스럽게 교인들의 숫자가 늘어나는 데도 기인한다. 따라서 셀 교회로 전환하는 일에 있어서 갑작스러운 교회의 양적 팽창은 오히려 복이 아니라 화를 부르는 독일 수 있다.

5. 셀 리더의 훈련에 있어서 개인적인 돌봄과 양육훈련을 생략함으로써 영적 배가사역을 망가뜨릴 수 있다. 따라서 리더의 훈련과정은 철저히 개인관계를 경험할 수 있게 하는 과정이 있어야 한다. 이것 역시 한 사람의 리더가 탄생하는 데는 일대일의 관계를 절대로 필요로 한다는 사실을 보여준다.

6. 이전에 경험한 소그룹이 셀을 이해하고 경험하는데 방해를 줄 수 있다. 특히 과거의 소그룹 경험이 성공적이라면 셀 그룹을 이해하고 받아들이는데 과거의 경험이 기준이 되어 그것 이상으로서의 셀을 이해하려 들지 않을 수 있다. 셀은 단순한 성경공부나 기도모임 또는 교제모임이 아니라 삶의 전반을 함께 하는 '교회 속의 교회'로서의 정체성을 가지고 하나의 교회로서 기능하는 것이라는 사실을 확신할 수 있도록 도와야 한다.

변화를 수용하는 일에 대한 반응 유형

셀 교회로의 전환에 관하여 지금까지 언급한 사항들과 조화를 이루는 설명을 래리 크레이더(Larry Kreider)가 제시하고 있다. 그는 다음과 같은 사항들을 셀 교회로의 전환에 있어서 기본적인 단계들로 설명하고 있다. 이것들은 앞서 언급한 것들을 단계적으로 서술한 것이다.3)

1. 서두르지 말라. 하나님께서 필요로 하는 시간을 기다려라.
2. 담임목사가 셀 목회에 대한 비전이 있어야 한다.
3. 담임목사가 셀 교회로 전환하려는 의지가 있어야 한다.
4. 담임목사가 셀 교회 개념을 모델화 해야 한다.
5. 핵심적인 평신도 지도자들을 선택하여 셀을 시작해야 한다.
6. 관계를 중심으로 최초의 셀원들 각자가 자신들의 셀들을 시작해야 한다.
7. 셀 리더들의 모임을 계속해야 한다.
8. 필요할 때 절기별로 셀 사역의 가치를 성경에서 찾아 가르쳐야 한다.
9. 교회의 모든 장로(안수집사)들이 셀 비전을 갖도록 인도해야 한다.
10. 리더들을 충분하게 개발할 때 모든 교인들이 셀에 참여하도록 격려한다.
11. 융통성을 가지고 다양한 형태의 셀을 개발하도록 격려한다.

12. 모든 과정을 기도로 진행해야 한다.
13. 일단 셀 교회로 전환하겠다는 결단을 한 뒤에는 다시 되돌아갈 생각을 하지 말라.
14. 궁극적으로 교인 각자가 결단을 해야 한다.
15. 셀 사역에 확신이 없는 교인들을 축복하고 다른 교회로 보내라.
16. 교회의 행정과 정책이 신약성서적인 신본주의가 되어야 한다.

후주

1) 이 책은 2000년에 도서출판 NCD에서 셀 교회 지침서로 번역, 출판되었는데 여기서는 이 부분을 수정했다. Ralph Neighbour 자신도 기존 교회의 셀 교회 전환을 가능한 일로 여기고 있다.
2) Ralph Neighbour, *Where Do We Go from Here?* (Houston: Touch Publications, 1990),.
3) Brian Sauder and Larry Kreider(Compiled), *Helping You Build Cell Churches* (Ephrata, PA: House to House Publications, 2000), 196-198.

참고문헌

Arnold, Jeffrey. *The Big Book on Small Groups*. Downers Grove: IVP, 1992.

Beckham, William A. *The Second Reformation*. Houston: Touch Publication, 1995.

Bilezikian, Gilbert. *Community 101*. Grand Rapids: Zondervan Publishing House, 1997.

Clemmons, William and Hester, Harvey. *Growth Through Groups: Innovative Approaches to Renewal*. Nashville: Broadman Press, 1974.

Crenshaw, Curtis I. Lordship Salvation. Memphis, TN: Footstool Publications, 1994.

Dawn, Marva J. *The Hilarity of Community*. Grand Rapids, Wm. B. Eerdmans Publishing, 1992.

Edges, Findley B. *The Doctrine of the Laity* (Nashville: Broadman Press, 1985).

Finnell, David. *Life in His Body*. Houston: Touch Publications, 1995.

Gentry, Jr., Kenneth L. *Lord of the Saved: Getting the Heart of the Lordship Debate* Phillipsburg, NJ: P & R Publishing, 1992.

Gorman, Julie A. *Community That is Christian: A Handbook on Small Groups*. Wheaton: Victor Books, 1993.

_____. *A Training Manual for Small Group Leaders*. Wheaton: Victor Books, 1991.

Hadaway, C. Kirk; Wright, Stuart A. and DuBose, Francis M. *Home Cell Groups and House Churches*. Nashville: Broadman Press, 1987.

Hadidian, Allen. *Successful Discipling*. Chicago: Moody Press, 1979.

Hanson, Grant W. *Foundations for the Teaching Church*. Valley Forge, PA:

Judson Press, 1986), 43.
Henderson, D. Michael. *John Wesley's Class Meeting.* Nappanee, IN: Evangel Publishing House, 1997.
Henrichsen, Walter A. *Disciples Are Made--Not Born*(Wheaton: Victor Books, 1976), p. 31.
Hull, Bill. *Can We Save the Evangelical Church?* Grand Rapids: Fleming H. Revell, 1993.
Icenogle, Gareth Weldon. *Biblical Foudations for Small Group Ministry.* Downers Grove: IVP, 1994.
Kuhne, Gary W. *The Dynamics of Personal Follow-up.* Grand Rapids: Zondervam Publishing House, 1977.
_____. *The Dynamics of Discipleship Training.* Grand Rapids: Zondervan Publishing House, 1978.
Lindgren, Alvin J. *Foundations for Purposeful Church Administration.* Nashville: Abingdon, 1981.
Luft, Joseph. *Group Process: An Introduction to Group Dynamics.* 3rd Ed. Palo Alto: Mayfield Publishing, 1984.
Mcbride, Neal F. *How to Lead Small Groups.* Colorado Springs: Navpress, 1990.
Meissner, W. W. *Group Dynamics in the Religious Life.* Notre Dam, Indiana: University of Notre Dam Press, 1966.
Navigators. *Lead Out.* Colorado Springs: Navpress, 1974.
Neighbour, Jr., Ralph W. *Where Do We Go from Here?* Houston: Touch Publications, 1990.
_____. ed. *Cell Leader's Guidebook.* Singapore: Faith Community Baptist Church, 1994.
_____. *Small Group Leaders' Handbook.* Downers Grove: IVP, 1982.
Prior, David. *Creating Community: An Every Member Approach to Ministry in the Local Church.* Colorado Springs: Navpress, 1992.
Reiner, Thom S. *The Book of Church Growth.* Nashville: Broadman Press, 1990.

Reinsinger, Earnest C. *Lord & Christ*. Phillipsburg, NJ: P & R Publishing, 1994.

Robinson, Darrell W. *Total Church Life: Exalt. Equip. Evangelize*. Nashville: Broadman Press, 1993.

Sauder, Brian and Larry Kreider. Compiled. *Helping You Build Cell Churches*. Ephrata, PA: House to House Publications, 2000.

Smith, James Bryan. *A Spiritual Formation Workbook: Small Group Resources for Nurturing Christian Growth*. New York: HarperSanFrancisco, 1993.

Snyder, Howard. *The Problem of Wineskin*. Houston: Touch Publications, 1996.

Stockstill, Larry. *The Cell Church*. Ventura, CA: Regal Books, 1998.

Tidwell, Charles A. *Educational Ministry of a Church*. Nashville: Broadman Press, 1980.

Tillapaugh, Frank R. *Unleashing the Church*. Ventura, CA: Regal Books, 1982.

Turner, Nathan W. *Effective Leadership in Small Groups*. Valley Forge: Judson Press, 1979.

Watson, David Lowes. *The Early Methodist Class Meeting*. Nashville: Discipleship Resources, 1987.

Westerhoff, John H. *Tomorrow's Church: A Community of Change*. Waco, TX: Word Books, 1976.

Williams, Dan. *Seven Myths about Small Groups: How to Keep from Falling into Common Traps*. Downers Grove: IVP, 1991.

Wilson, Carl. *With Christ in the School of Disciple Building*. Grand Rapids: Zondervan Publishing House, 1978.

Arnold, Heinrich. 「공동체 제자도」, 이상신 역, 서울: 도서출판 쉴터, 1997.

Beckham, William. 「자연적 부흥」, 이병헌, 박경은 역, 서울: 도서출판 NCD, 2001.

Bonhoeffer, Dietrich. 「신도의 공동생활」, 문익환 역, 서울: 대한기독교서회, 1998.

Colson, Charles. 「이것이 교회다」, 김애진 외 옮김, 서울: 홍성사, 1997.
Comiskey, Joel. 「셀 그룹 폭발」, 박영철 역, 서울: 도서출판 NCD, 2000.
_____. 「지투엘브 이야기」, 정진우, 홍원팔 역, 서울: 도서출판 NCD, 2000.
Conner, W. T. 「기독교교리」, 권오갑 역, 서울: 침례회줄판부, 1962.
Crabb, Larry. 「끊어진 관계 다시 잇기」, 이주엽 역, 서울: 요단출판사, 2002.
Finnell, David. 「셀 교회 평신도 지침서」, 박영철 역, 서울: 도서출판 NCD, 2000.
Groome, Thomas H. 「기독교적 종교교육」, 이기문 역, 서울: 대한예수교 장로회 총회교 육부, 1983.
Hemphill, Ken. 「안디옥 이팩트」, 이명희 역, 서울: 도서출판 서로사랑, 2000.
Horton, Michael Scott. 「미국제 복음주의를 경계하라」, 김재영 역, 서울: 도서출판 나침반사, 1996.
Kreider, Larry. 「셀 그룹 지도자」, 박영철 역, 서울: 도서출판 서로사랑, 2000.
Mullins, Edgar Young. 「조직신학원론」, 권혁봉 역, 서울: 침례회출판사, 1982.
Neighbour, Ralph, Jr. 「셀 교회 지침서」, 정진우 역, 서울: 도서출판 NCD, 2000.
_____. 「셀리더 지침서」, 박영철 역, 서울: 도서출판 NCD, 2002.
Nicholas, Ron and others. 「소그룹 운동과 교회성장」, 신재구 역, 서울: 한국기독학생회 출판부, 1986.
Reid, Clyde. 「성숙한 교회를 위한 소그룹운동」, 고용수 역, 서울: 한국장로교출판사, 1993.
Schwartz, Christian. 「자연적교회성장」, 윤수인 외 2인 역, 서울: 도서출판 NCD, 1999.
Sine, Tom. 「하나님 나라를 이루는 제자도」, 주순희 역, 서울: 두란노서원, 1987.
Trudinger, Ron. 「가정 소그룹 모임」, 장동수 역, 서울: 기독교문서선교회, 1991.
Westerhoff III, John. 「교회의 신앙교육」, 정웅섭 옮김, 서울: 대한기독교교육협회, 1983.
김영호. 「공동체 교회운동과 기독교교육」, 서울: 종로서적, 1991.
은준관. 「기독교교육현장론」, 서울: 대한기독교 출판사, 1988.
이남하. 「평범한 사람들의 별난 교회」, 서울: 도서출판 나침반, 1996.
장학일. 「밴드목회의 이론과 실제」, 서울: 서로사랑, 1999.
최영기. 「구역예배를 가정교회로 바꾸라」, 서울: 도서출판 나침반, 1996.
_____. 「가정교회로 세워지는 평신도 목회」, 서울: 두란노서원, 1999.

"또 내가 네게 이르노니
너는 베드로라 내가 이 반석 위에
내 교회를 세우리니
음부의 권세가 이기지 못하리라"

(마 16:18)

21c 교회성장과 축복의 통로

교회진흥원은 기독교한국침례회 총회의 교육, 문서선교 기관으로서 교회의 교육, 목회, 선교활동에 관한 실제적인 연구와 프로그램 개발, 기독교 정보를 제공하고, 자료 출판 및 보급사역을 하고 있습니다.

- 각 연령별 교회학교 공과, 구역공과, 제자훈련 교재, 음악도서를 기획, 출판하고 이와 관련된 각종 강습회를 실시합니다.
- 요단출판사를 운영하며 매년 70여 종의 각종 신앙도서와 제자훈련 교재를 기획, 출판합니다.
- 3개의 직영서점을 운영하고 있습니다.

요단출판사의 사역정신

그리스도인들의 올바른 신앙성장과 영성 개발에 필요한 신앙도서를 엄선하여 출판, 보급함으로써 이 땅에 하나님나라 확장을 위해 헌신하고 있습니다.

- **F**or God For Church
  하나님과 교회의 유익을 위하여 도서를 기획 출판합니다.
- **O**nly Prayer
  오직 기도뿐이라는 자세로 사역합니다.
- **W**ay To Church Growth & Blessings
  교회성장과 축복의 통로가 되기 위해 사명을 감당합니다.
- **G**ood Stewardship & Professionalism
  선한 청지기와 프로정신으로 사역합니다.
- **C**reating Christianity Culture & Developing Contents
  각종 문화 컨텐츠를 개발함으로 기독교 문화 창달에 기여합니다.

직영서점

요단기독교서적 서울특별시 서초구 잠원동 69-14 반포쇼핑타운 6동 2층
교회용품센타 TEL 02)593·8715~8 FAX 02)536·6266 / 537·8616(용품)

대전침례회서관 대전광역시 동구 중동 21-27
TEL 042)255·5322, 256·2109 FAX 042)254·0356

요단인터넷서점 www.jordanbook.com

"그러므로 너희는 가서 모든 민족을 제자로 삼아 아버지와 아들과 성령의 이름으로 침(세)례를 베풀고 내가 너희에게 분부한 모든 것을 가르쳐 지키게 하라 볼지어다 내가 세상 끝날까지 너희와 항상 함께 있으리라 하시니라." _마 28:19~20